M'aimeras-tu encore ?

Jean-Philippe Pry

M'aimeras-tu encore ?

Roman

NOVASYS

Éditions Novasys SPRL

13, rue Sous-la-Vaux

5310 Noville sur Mehaigne

Belgique

www.maimerastuencore.com

ISBN : 978-2-9601479-2-6

Dépôt légal : mars 2014

« L'amour ne voit pas avec les yeux, mais avec l'âme. »
William Shakespeare

« Aimer, ce n'est pas se regarder l'un l'autre,
c'est regarder ensemble dans la même direction. »
Antoine de Saint-Exupéry

Méditation préliminaire

Accepteriez-vous de signer un pacte avec le diable ? C'est très simple... Imaginez-vous en 2006. Les Bourses caracolent de record en record. Toujours plus haut, toujours plus vite. Rien ne peut entraver l'envolée des indices vers de nouveaux sommets. Vous vous dites qu'il est temps de profiter, vous aussi, des opportunités infinies qu'offrent les marchés financiers.

Vous avez donc pris rendez-vous avec votre banquier. Ou plutôt, votre banquière. Une note de féminité aide grandement. Prénommons-la Alexandra pour ne pas rester entre anonymes. Elle est là, assise devant vous, parfaite dans son tailleur noir. Elle parcourt la solution qu'elle a conçue pour vous assurer un rendement optimal. Tout y est : un cocktail astucieux de fonds d'actions, d'obligations, de comptes d'épargne et même de matières premières. Un peu d'or pour faire bonne mesure. Quelques produits dérivés pour couvrir votre portefeuille...

Vous êtes ébloui, même si vous ne saisissez pas toutes les subtilités de cette diversification. Qu'à cela ne tienne... Le regard persuasif dont elle vous embrasse achève de vous séduire. Alexandra sent toutefois l'audace poindre en vous. Elle se penche et vous susurre les mots que vous avez envie d'entendre. Elle loue votre dynamisme, votre jeunesse, votre enthousiasme. *Et si vous alliez plus loin ?* vous demande-t-elle avec connivence.

Elle vous flatte en vous certifiant que vous êtes un client exclusif, qu'elle peut vous proposer une alternative aux placements sans relief du bon père de famille. Elle vous parle avec éloquence de formules qu'elle réserve à l'élite des investisseurs à laquelle vous appartenez évidemment, malgré votre épargne modeste. Vous êtes sous le charme, ravi de faire partie de ces heureux élus à qui elle présente des produits structurés, nés de l'inventivité débordante de ses collègues des salles de marché. Elle vous submerge d'informations. Vous apprenez notamment que les banques ont titrisé des crédits hypothécaires. Vous restez perplexe… Rassurez-vous. Elle a pensé à tout. Alexandra a une réponse à tout. Un schéma simple vaut mieux qu'un long discours.

Elle plonge la main dans un classeur et en sort une courbe qui ne vous dit rien, mais dont l'irrésistible amplitude haussière vous laisse sans voix. Elle souligne du bout des doigts la promesse de rendement à deux chiffres qu'illustre le graphique. Vous avez l'impression d'être un client important. Vous êtes même convaincu qu'elle vous fait une faveur en vous parlant de ces placements certes spéculatifs, mais à la rentabilité exceptionnelle.

Alexandra vous sent indécis. Vous osez poser la question qui fâche : *y a-t-il un risque ?* Elle esquisse un sourire condescendant en vous rappelant que ces produits, commercialisés par les principales banques américaines, sont adossés à un actif à toute épreuve : l'immobilier. Vous vous souvenez que la valeur de votre appartement a pratiquement doublé en dix ans et vous vous dites qu'elle n'a peut-être pas tort. Elle vous demande un simple paraphe sur un document qui l'autorise à diriger une partie non négligeable de votre patrimoine vers cette formule innovante, résolument moderne. Vous hésitez encore... Elle vous lance son dernier argument, celui qui fait mouche. *Faites-moi confiance, vous ne le regretterez pas !* Vous vous sentez pousser des ailes.

Que faites-vous ? Vous cédez à la cupidité ? Vous acceptez, aveuglé par la perspective d'un gain facile ? *Félicitations !* Elle imagine déjà le bonus stratosphérique qu'elle recevra grâce à vous et à tous les clients qu'elle a convaincus avant vous. Alexandra est belle, talentueuse, professionnelle, mais c'est une prédatrice et elle vous a mystifié… Si elle avait eu le don de divination en plus de ses autres qualités, elle aurait dû ajouter que cette banale signature faisait de vous un des innombrables rouages d'un engrenage diabolique qui allait mener le monde au bord du gouffre, deux ans après.

Repensez-y… Auriez-vous signé ?

1

Michael Sommers s'écroula et pleura comme un enfant...

Cette journée était irréelle. Il venait de tout perdre en deux heures...

Les effluves du parfum entêtant de Catherine Swann achevaient de se dissiper, emportant dans une ultime arabesque olfactive le souvenir de neuf semaines vertigineuses.

Il avait été trop loin, certes. Il l'avait poussée à bout, d'accord. Il aurait dû se maîtriser, bien sûr... Mais pourquoi ? Pourquoi l'avait-elle fait souffrir à ce point ?

Il resta interdit une seconde, puis se tourna vers son téléviseur. Il revit jusqu'à la nausée les mêmes images en boucle de la faillite de Lehman Brothers. Ce 15 septembre marquait un virage. Il y aurait désormais un avant et un après. Pour le monde entier, mais surtout pour lui.

Il se sentit soudain infiniment seul. En proie à une douleur insondable. Meurtri au plus profond de sa chair et de son âme. Assommé, foudroyé, terrassé...

Il tituba devant la perspective infinie de bâtiments ternes qui s'offrait à ses yeux, à travers les vitres de son luxueux appartement new-yorkais. La vie lui avait fait le plus beau des cadeaux et lui avait repris. Et cette fois, sans doute pour toujours...

Tout avait pourtant commencé par une banale réunion. S'il avait su... S'il pouvait réécrire le fil des événements... S'il s'était exprimé d'une autre manière, quelques instants plus tôt... S'il lui avait fait confiance... Si...

Catherine... Catherine... Pardonne-moi. M'aimeras-tu encore ?

Trop tard. Son cri n'eut aucun écho, aucune réponse. Ce matin-là, il ne restait à Michael Sommers que le poids du passé et la flamme incertaine de l'espoir qu'un jour, peut-être…

Flash-back. Rendez-vous à Wall Street, le 29 juin 2007. Le soleil brille sur Manhattan.

2

— Bon, pour résumer mon exposé en deux mots : nous avons un gros souci.

Sûr de lui, Dan Ashcroft avait détaché chaque syllabe de sa synthèse.

— Et tu nous sors cinq mots pour tout résumer en deux ! plaisanta Michael Sommers.

— Marre-toi tant que tu peux… Tu auras bientôt tout le loisir de pleurer.

Le regard noir que Dan lança à Michael Sommers, Mark Spencer et Diane Preston glaça l'ambiance et trahit d'un coup l'ampleur de ses inquiétudes. Dan était certes un éternel pessimiste, mais c'était surtout un magicien des chiffres, capable de déceler une tendance à dix ans dans trois courbes vaguement tracées sur un graphique. Son visage oblong s'était raidi, ses traits fatigués s'étaient crispés et le silence qui suivit était aussi oppressant qu'une nuit sans lendemain.

Sommers, Spencer et lui faisaient partie du comité de direction de Global Invest Corporation, un gestionnaire de fortune modeste, mais qui avait largement gagné ses lettres de noblesse à Wall Street. Si elle n'était pas encore officiellement membre du Saint des Saints, Diane Preston y avait obtenu un siège officieux pour la pertinence de ses analyses et de ses recommandations.

La clientèle de Global Invest se composait d'investisseurs peu enclins au risque, soucieux de faire fructifier leur patrimoine sans devoir trop s'y intéresser. Comme la plupart des agences de courtage, elle se livrait à la spéculation. Elle vantait cependant son architecture ouverte et la personnalisation extrême de ses services pour fidéliser des clients triés sur le volet. Dirigée par Fred Alistair, un ancien trader proche de la soixantaine, elle avait vu le jour après le krach des valeurs technologiques, en 2001, et s'était toujours différenciée des principales banques d'affaires en optant pour des placements sûrs, à défaut d'être captivants.

— Dan, nous avons lu et relu tes chiffres. Il n'y a pas lieu de s'inquiéter, lança Mark Spencer. Nous sommes lourdement placés, c'est vrai. Ça va sans doute tanguer sur l'un ou l'autre titre, d'accord. Mais bon... Je reste tout de même perplexe...

— Ça te pose un problème d'ouvrir les yeux ? On est en juin. Je te rappelle que la Banque HSBC a connu quelques petits soucis de liquidités en février. Et ils sont loin d'être résolus. Bear Stearns vient d'annoncer la fermeture de deux de ses fonds immobiliers. Ça aussi, ça me préoccupe...

— Dan, répliqua Michael Sommers. Nous savons tous que tu es le meilleur d'entre nous. Mais là. Avoue... Ces subprimes dont tu nous parles depuis six mois, c'est juste un aléa. Ça n'a rien à voir avec 2001. Et puis... En quoi cela concerne-t-il Global Invest ?

— D'abord, ce sera pire qu'en 2001. Bien pire. Tu n'as encore rien vu. Et puis, ça nous touche directement. Fred a commencé à se placer sur des produits structurés qui contiennent des subprimes. J'ai la liste ici, dit-il en pointant un épais classeur.

— Ça m'étonnerait qu'il ait accepté que nous nous exposions à ce genre d'investissements, trancha Mark. Je suis d'accord avec Michael : a priori, cela ne nous concerne pas.

— Vous êtes vraiment naïfs, les gars. Fred est sûr de lui. Il a demandé au front-office d'acheter sans nous consulter. Sur le plan du rendement, il n'y a pas mieux d'après lui. Et du rendement, il en faut pour nos clients ! Mais pas de chance... L'immobilier est une bulle énorme qui va exploser. Les subprimes ne seront que le détonateur. Les banques devront déprécier des milliards de dollars d'actifs toxiques. Essayez au moins de conserver nos liquidités. Nous devons à tout prix les préserver !

— D'accord. On en parlera à Fred. Mais mets-toi à notre place. Subprimes ou pas, nous sommes sur du solide. Du Lehman, souffla Mark en insistant sur le nom de la prestigieuse institution. Soyons sérieux... Tu imagines Lehman disparaître ?

12

— Même Lehman Brothers peut tomber un jour. Que Dieu nous en garde, mais nous allons droit dans le mur.

Dans un geste de rage et d'incompréhension, Michael leva les yeux au ciel et lança son crayon devant lui en poussant un soupir exaspéré. Mark tenta de ramener le calme.

— Diane, qu'en penses-tu ? Tu partages le point de vue de Dan ?

— Il n'a pas tort sur le fond, nuança Diane Preston en relevant la frange de cheveux qui lui barrait le visage.

Vêtue d'un tailleur noir assorti à la couleur de sa toison qui débordait largement sur sa poitrine, elle prononça cette phrase avec l'élégance naturelle qui la caractérisait depuis les quatre ans qu'elle épaulait Michael. Elle était belle sans être exceptionnelle, charmante sans être mémorable, efficace sans le revendiquer, invariablement pondérée... Autant de qualités qui faisaient d'elle l'assistante idéale d'un hyperactif comme Michael Sommers.

— Sérieusement ?

— J'ai déjà analysé la situation. Il y a un risque systémique théorique parce que tout est lié. Mais la Fed[1] réagira en cas de pépin. Et si ce n'est pas la Fed, ce sera le gouvernement. Dan a raison de nous inciter à la prudence, mais je n'irais pas jusqu'à tirer le signal d'alarme...

— Diane, s'énerva Dan. HSBC, ce n'est pas rien. Bear Stearns, non plus. Je sais que je suis parfois pessimiste. Mais là, c'est votre optimisme qui me fait peur. Nous sommes allés trop loin ! Tous ! Nous... Ceux de HSBC, même ceux de Lehman. Croyez-moi, il va falloir payer l'addition. Et je peux vous promettre que vous retiendrez le mot *subprime* jusqu'à la fin de vos existences !

---

[1] La Réserve fédérale des États-Unis, l'équivalent américain de la Banque centrale européenne.

Il s'était empourpré. Son intelligence analytique supérieure lui parut soudain définitivement incompatible avec l'opportunisme cupide de Wall Street. Peut-être était-il temps qu'il tourne la page de la finance ? Mark reprit la parole, espérant mettre un terme au débat.

— Soit. De toute façon, nous sommes largement couverts en contrats dérivés.

— Ça ne me convainc pas ! Tes dérivés, ils viennent d'où ? Réfléchis ! Une banque te propose d'en assurer une autre. La belle affaire ! Si la première tombe, le deuxième se noiera avec elle. Et pour répondre à Diane : la Fed sera dépassée par les événements. Ça va se chiffrer en centaines de milliards. La Fed, le gouvernement, le Fonds monétaire international... Personne n'aura assez de cartouches pour éviter le naufrage. Les jeux sont faits, les amis.

— Bon, très bien. On en reparle dès le retour de Fred.

Comprenant que son intervention était close, Dan Ashcroft rassembla ses documents et se croisa les bras, attentif à la suite. Mark tourna les yeux vers Diane.

— Autre chose... Notre implantation en Europe. Tu as du neuf ?

— C'est bien parti. Compte tenu de notre trésorerie, nous pourrions procéder à une acquisition sans trop dépendre des banques. Ça nous mettrait en position de force. J'ai repéré quelques cibles, dont une en France.

— Victoria, poursuivit Michael. Elle est mûre comme une pomme bien juteuse. Une petite capitalisation de cent millions d'euros, pile dans nos cordes. Elle a une belle clientèle fortunée et une rentabilité hors norme. À peu de choses près, c'est notre alter ego en Europe. La majorité est cadenassée, mais la direction n'est pas hostile à une offre amicale. Un rapprochement avec ABN a échoué à deux doigts du but, en 2005.

— Parfait, je te fais confiance. Quand penses-tu nous faire une proposition ?

— Laisse-moi six mois pour tout préparer. Si nous partons sur Victoria, je devrais pouvoir soumettre mes conclusions vers la fin de l'année.

— D'accord, mais pas plus tard. Tu sais à quel point Fred veut une tête de pont en Europe. Ça nous ferait gagner un temps précieux dans nos projets de développement.

— Ne t'inquiète pas. Diane m'a concocté un dossier en béton. Il ne me reste qu'à aller négocier sur place, répondit-il avec un sourire éclatant.

Diane Preston piqua un fard. Ce compliment de Michael lui allait droit au cœur, mais elle ne trouva pas les mots pour l'en remercier et feignit de se plonger dans ses notes.

— À propos, il faut impérativement reporter cette opération, lança Dan. En cas de pépin, elle absorberait toute notre trésorerie. Il n'est pas question de courir un tel risque.

— Quoi ? s'étrangla Michael. On en parle depuis deux ans et tu proposes de tout lâcher ?

— Du calme ! Nous déciderons le moment venu, en fonction de l'étude de faisabilité. Bon, restons-en là. On se revoit la semaine prochaine… Dan, tu as encore une minute ?

Michael et Diane quittèrent la salle de conférence sous le regard de marbre de leur collègue. Mark le prit en aparté, sur un ton moins formel.

— Écoute, Dan… Nous savons tous ce que tu vaux. Mais comprends-nous. On vogue sur une mer d'huile et tu t'acharnes à nous promettre un cyclone…

— Aucun souci. J'ai pigé. Je ne te convaincrai pas. Mais fais marcher tes méninges : les banques vont sauter, c'est mathématique. Je crois même que le bal commencera avec Bear Stearns. C'est la plus vulnérable de toutes. Je t'ai préparé leurs ratios de solvabilité. Ça devrait te parler plus que mes longs discours…

Mark se pencha sur le tableau que Dan avait méticuleusement dressé. Il sentit un souffle froid lui glacer le dos. Soigneusement alignés, apparemment anodins, les chiffres avaient quelque chose d'effrayant : pas une des banques passées au crible ne pouvait faire face à une fraction de ses obligations en cas de coup dur.

— Un bourbon, Dan ?

— Pourquoi pas ?

— Et cette liste sur notre exposition aux subprimes ?

— La voici… J'ai croisé nos participations avec leur teneur en crédits hypothécaires douteux. C'est de la folie, Mark. On court à la catastrophe. Tout ça n'est que du vent !

— Détends-toi. Je n'avais jamais entendu que nous étions concernés par ces subprimes…

— Nous en avons une pile en stock. À travers une foule de produits opaques que nos amis les banquiers nous vendent avec plaisir. Ils les bradent, certes. Et ça attire la convoitise de Fred et d'autres. Mais nous devrons les déprécier, tôt ou tard.

— Bon, d'accord. Je lis ton rapport et on voit ça avec lui.

— Nous sommes assis sur une bombe à retardement, mon vieux. Ça va éclater, crois-moi. Et ça fera un feu d'artifice de tous les diables. Il suffit maintenant d'une étincelle pour allumer l'incendie…

Dan quitta la salle sur cette mise en garde. Songeur, Mark Spencer fit quelques pas jusqu'à la fenêtre et admira la perspective rectiligne qui s'offrait à lui sur Wall Street. Il haussa les épaules, emporta ses dossiers et se rappela qu'il devait préparer son autre réunion de l'après-midi. Cette échéance à court terme lui sembla soudain nettement plus concrète que les élucubrations d'Ashcroft et l'emplit de joie.

3

Paris

Quelque chose de merveilleux flottait dans l'air, en ce début d'été. Paris s'offrait sans retenue sous ses plus beaux atours. Tout semblait léger, facile et à portée de main. La lumière ruisselait sur la ville et lui donnait une fraîcheur méridionale. Une douce chaleur invitait à la paresse et les berges de la Seine avaient elles-mêmes un peu de la magie des îles.

Au détour de la rue de Berri et du Faubourg Saint-Honoré, Michael Sommers entra dans une brasserie, quelques quotidiens sous le bras.

— Guy, pourriez-vous me servir un café ? Un café américain, s'il vous plaît... Je ne me ferai jamais à vos minuscules expressos !
— Tout de suite, Monsieur Michael...

Son français était un brin ampoulé et mâtiné de l'accent posé typique de New York, mais il le parlait couramment. S'ils l'avaient dédaigneusement surnommé « l'amerloque » à son arrivée, les Parisiens du quartier du 8e arrondissement où il s'était installé avaient fini par l'adopter, en le baptisant affectueusement *Monsieur Michael*.

Les deux semaines qu'il passait à Paris pour étudier l'acquisition de Victoria s'apparentaient à des vacances. Le projet avait été différé de six mois par la crise de 2007 et Michael avait quitté New York en pleine tourmente.

En décembre, Merrill Lynch avait annoncé 2 milliards de dollars de perte. Du jamais vu. La Maison-Blanche avait tenté de relancer l'économie en injectant 150 milliards de dollars, sans succès. Au Royaume-Uni, Northern Rock s'était écroulée en février et il avait fallu tout le flegme du gouvernement britannique pour la préserver de la faillite en la nationalisant in extremis.

Même Bear Stearns avait capitulé, en mars, avant d'être sauvée de justesse par JP Morgan et la Réserve fédérale. Les subprimes, dont Dan avait révélé l'existence un an plus tôt, avaient fait leurs premières victimes.

Global Invest avait limité les dégâts, mais son portefeuille restait fragile et exposé à des produits structurés dont personne ne comprenait vraiment toutes les subtilités. Malgré ce contretemps, Michael Sommers était optimiste. Les marchés semblaient avoir surmonté le choc et la reprise se profilait, en dépit d'une volatilité exténuante sur les Bourses.

Il s'était consacré avec bonheur au dossier Victoria. Comme à l'accoutumée, il avait tout examiné de main de maître. Il avait valorisé sa cible à la perfection et avait calculé une prime dont il savait que les actionnaires ne pourraient pas la refuser. Il avait passé un mois à identifier des synergies, à imaginer de nouveaux relais de croissance, à anticiper tous les scénarios et à s'y préparer. *Ne rien laisser au hasard* et *ne jamais improviser* : ses deux devises apparaissaient en filigrane de tout le montage qu'il avait mis sur pied.

À trente-deux ans à peine, Sommers incarnait à merveille le rêve américain. Séduisant en diable, il avait un visage angélique, merveilleusement ponctué d'yeux d'un bleu azur profond et couronné par des cheveux noirs dans lesquels brillaient déjà de légers reflets grisonnants. Doué par la nature d'un charme contagieux, il usait avec malice de son sourire désarmant pour se faire aimer dès le premier regard.

Michael pouvait aussi s'enorgueillir d'une réussite professionnelle sans faille. Après deux ans au back-office, il avait démontré ses talents de trader et était rapidement devenu l'étoile montante de Global Invest. Au prix d'un travail acharné, son ascension avait été météorique. Sa consécration fut sans nul doute son accession au comité de direction, où se prenaient toutes les décisions stratégiques. D'un modeste appartement à Brooklyn, il était passé à un penthouse dans le quartier chic de l'Upper West Side, à Manhattan, où il se plaisait à inviter la jet-set avec un faste qui sonnait, pour lui, comme une juste revanche sur une enfance faite de privations et de labeur.

Les journaux du vendredi n'égrenaient qu'une actualité déjà marquée par les vacances. Rien n'y inspirait l'inquiétude. Quant aux marchés financiers, qu'il surveillait avec une assiduité toute professionnelle, la fermeture de Wall Street pour l'*Independance Day* les plongeait dans une torpeur estivale digne d'un fleuve tranquille après l'agitation du printemps.

Aucune rumeur n'avait filtré dans la presse sur l'opération qu'il préparait dans le plus grand secret. Tout suivait son cours dans le meilleur des mondes. Avec de la chance, il pourrait même cueillir la belle Victoria au prix le plus bas, en argumentant que le contexte ne laissait pas de marge à des primes exubérantes, comme cela s'était vu au début 2007.

— Monsieur Michael, vous êtes dans la finance, non ? demanda Guy en déposant la tasse de café.
— En effet…
— C'est quoi, cette crise dont on nous parle partout ? Vous devez avoir votre idée…
— Rassurez-vous… Elle ne sera bientôt qu'un mauvais souvenir. Tout va s'arranger, croyez-moi.

Sommers lança un sourire imparable au serveur, puis tourna la tête vers la rue. Paris l'avait certes subjugué, mais il avait la nostalgie des États-Unis. Son retour était prévu quelques jours plus tard. Il ne lui restait qu'à obtenir l'aval du conseil d'administration de Victoria sur la poursuite des négociations et à régler les derniers détails pratiques.

Un couple vint s'asseoir à côté de lui. Prévenant et affectueux, le jeune homme caressait avec douceur l'avant-bras de sa fiancée qui le maternait d'un regard brûlant. Ils échangèrent quelques mots, puis s'embrassèrent. Toute la promesse de l'amour se lisait dans leur connivence. La promesse de réveils paisibles, lovés l'un contre l'autre, de passions partagées, d'une belle histoire à deux… Autant de bonheurs simples que Michael ne connaissait pas. Son travail ne laissait que peu de place à une vie sentimentale

19

stable. Des conquêtes d'un soir, vite oubliées le lendemain, se succédaient dans son lit sans qu'il n'ait jamais éprouvé pour elles plus qu'une attirance purement physique.

La fin de la matinée s'égrena au rythme paresseux de l'été, devant un vin rouge. Michael se remémora les multiples entrevues qu'il avait eues avec Bernard Royant, le directeur de Victoria, pour préparer le projet d'acquisition. Ils avaient étroitement collaboré et s'étaient quittés au moment de négocier une prime suffisamment généreuse pour inciter les actionnaires à apporter leurs titres à l'offre.

Après avoir vidé son verre, il déposa un billet sur la table et déploya son mètre quatre-vingt-trois vers les Champs-Élysées, où il flâna une heure. Il appréciait cet art de vivre à la française, regrettant que l'effervescence de New York ne lui laisse que le temps d'avaler un sandwich entre deux cafés, les yeux rivés sur son écran. À Paris, il éprouvait la délicieuse sensation d'être dépaysé, sans être perdu.

Son appartement se nichait au quatrième étage d'un immeuble haussmannien classique, typiquement parisien. Global Invest lui avait facilement trouvé ce pied-à-terre meublé avec style, rue de Berri, à un jet de pierre du Palais de l'Élysée. Michael en aimait la décoration pompeuse et anachronique. Les tapis cramoisis, l'ascenseur en fer forgé et le marbre qui ornait les murs donnaient un cachet unique à la réception. Après sa promenade, il monta, se fit couler un bain et alluma la télévision. Les chaînes d'information n'avaient rien à annoncer en ce bel après-midi et consacraient la une de leur bulletin aux traditionnels bouchons qui engorgeaient déjà la route des vacances.

Parmi les dizaines de courriels que lui révéla sa messagerie, Michael nota le rappel de Dan Ashcroft, qui lui demandait une réponse urgente à un rapport envoyé en juin. Qu'avait-il diagnostiqué, cette fois ? Un krach sur le pétrole ? Sur l'or ? Ou pourquoi pas la fin du monde ? Il ouvrit son e-mail et le parcourut rapidement. Ashcroft y insistait à nouveau sur l'imminence d'une crise plus grave encore que celle de 2007. Michael poussa un soupir de mépris, convaincu que Dan se trompait. Dans l'univers de la finance, la psychologie et le sens du timing sont au moins aussi importants que la théorie. Il s'ingénia à rédiger une fin de non-recevoir diplomatique. Le système avait bien réagi aux incidents de 2007. Les banques centrales et les gouvernements avaient largement démontré qu'ils pouvaient intervenir. Il était temps de tourner la page et de passer à la suite.

Après s'être détendu dans son bain, il enfila un costume taillé sur mesure. Il composa le numéro de Mark Spencer et patienta quelques secondes que la magie de la technologie porte sa voix au-delà de l'Atlantique.

— Michael ? Comment vas-tu ?

— Bonjour, Mark. Alors ? Tu es au boulot malgré la fête nationale ?

— Que veux-tu ? Un week-end studieux s'annonce et je dois tout préparer. Dan a convaincu Fred d'auditer tous nos portefeuilles. Tu vois l'exercice...

— Toujours les subprimes ?

— Oui. Nous pensions en être quittes, mais il en a apparemment identifié dans ce que nous avons acheté au printemps. Pas de quoi paniquer. J'appréhende seulement un samedi aussi passionnant qu'un matin d'hiver. Et toi ? Victoria ? Ça se décante ?

— Aucun souci. Je présente un projet finalisé à Royant ce soir. Je m'attends à ce qu'il tique sur certains points... C'est de bonne guerre.

— OK. Ne t'engage pas formellement sur une prime. On en reste à la phase d'analyse, d'accord ? Tu sondes Royant et on en parle avec Fred.

— D'accord, répondit-il en ayant l'impression que Mark n'avait pas tout dit.

— Michael, pour t'avouer le fond de ma pensée... Je crois que Fred s'est déjà décidé. Il la veut, Victoria.

— Dans une optique purement comptable, elle cote à son juste prix. Une prime de 20 % me paraît correcte. À la limite 25 %...

— Il ira beaucoup plus haut. Sois large dans ta valorisation, sans rien annoncer à Royant. Nous avons commencé à nous placer en douce. Tout ce qui est pris au cours actuel est pris. Mais silence absolu… Nous procédons discrètement pour rester sous les radars.

Michael frémit en songeant aux conséquences d'une fuite.

— Évidemment. Et si notre projet ne passe pas au conseil de Victoria ?

— Nous achèterions des titres Victoria à tout-va sur le marché jusqu'à 30 % du capital. Ça nous obligerait à lancer une offre publique sur le solde, quoi qu'il arrive. L'idéal pour forcer la main des actionnaires réticents…

La conversation se poursuivit ensuite sur un ton plus enjoué.

— Et vous, ça tourne à New York ?

— Pas besoin de te faire un dessin… C'est très volatil. Le Dow Jones[2] gagne ou perd 5 % sans crier gare. Tu me tiens au courant pour Victoria ? J'en toucherai déjà un mot à Fred ce week-end...

— D'accord.

— Une dernière chose : Diane t'a envoyé un complément d'information sur Royant. Toujours utile.

— Tu la remercieras !

— Tu sais… Je crois que tu ne lui es pas indifférent, susurra Mark. Elle a bossé jour et nuit pour compiler ces infos. Et dire qu'elle a fait ça pour toi, rien que pour toi ! ajouta-t-il dans un soupir suggestif.

— Diane est une sainte, dis-lui de ma part.

— Hum, Michael. Tu veux que je te dise ? Je pense que c'est une sainte à qui tu devrais montrer quelque chose d'un peu plus passionnant que des rapports comptables ! Elle en pince vraiment pour toi, notre petite Diane !

---

[2] Le Dow Jones est un des indices vedettes de la Bourse de New York.

— Tu crois ? demanda-t-il benoîtement, un sourire aux lèvres. Bon, dis-lui que je me plonge religieusement dans ses conclusions !

*

Michael raccrocha et se pencha sur son ordinateur, tout en appréciant les couleurs changeantes de Paris en cette fin d'après-midi. Il repéra le message de Diane Preston, ouvrit le document annexé et le dévora d'un trait, de plus en plus fébrilement. *Pff,* siffla-t-il après avoir tout lu. *Eh bien... Voilà donc la face cachée de Monsieur Royant !*

Après de fastidieuses recherches et de minutieux recoupements, Diane démontrait que Bernard Royant n'était pas l'homme policé qu'il laissait paraître au bureau et qu'il avait une vie privée plutôt dissolue. En marge de la passion immodérée qu'il nourrissait pour les très jeunes femmes, il se livrait aux jeux pervers du libertinage, de l'échangisme et de la sexualité débridée. *Et alors ? Diane a oublié que je suis de l'autre côté de l'Atlantique. Nous sommes à six mille kilomètres de la prude Amérique !*

Il avait toujours eu des relations platoniques avec Diane, dont l'intelligence et l'efficacité n'avaient d'égal que la pudeur et la vertu. Elle portait un regard bienveillant sur chacun, mais davantage encore sur lui. Était-elle une sainte ? Sans doute. En quatre ans de collaboration, il ne se souvenait pas d'un faux pas. Elle imposait sa présence rassurante, à toute heure du jour ou de la nuit. La prendre en faute était un défi : elle avait réponse à tout. Même Fred Alistair la considérait affectueusement comme l'incarnation de la Vierge revenue en ce bas monde pour apporter leur rédemption aux marchés financiers, un compliment inestimable venant d'un homme plus prompt aux blasphèmes qu'aux métaphores bibliques.

Ravi d'enfin savoir à qui il avait affaire, Michael sortit, héla un taxi et lui indiqua une adresse à La Défense. Il avait glissé son ordinateur portable et son projet dans un étui en cuir brun, qu'il couvait des yeux d'un amour presque paternel. Non... Rien ne pouvait décidément troubler ce bel été 2008. Tout allait rentrer dans l'ordre et les Bourses repartiraient en bonne logique à la hausse. Il suffisait d'être patient.

Le chauffeur emprunta les Champs-Élysées, traversa Neuilly et déposa Michael au siège de Victoria vers 18 h. Il monta dans un ascenseur qui le propulsa vers le quarantième étage, où une vue à couper le souffle sur la capitale s'offrit à lui. Bernard Royant l'y accueillit avec une extrême amabilité. Il devait avoir la soixantaine, mais sa constitution athlétique et son teint bronzé lui donnaient quinze ans de moins. Tout au long de leurs entretiens préparatoires, Michael avait découvert un interlocuteur d'une exquise politesse, toujours cordial, presque maniéré. Ce soir-là, il réfréna un rictus moqueur en repensant secrètement aux conclusions salaces de Diane quand il serra la main de Royant.

— Alors, Monsieur Sommers ? Avez-vous réglé les points qui restaient en suspens après notre réunion de mardi ?

— Bien sûr, Monsieur Royant. Pardonnez-nous ce délai... Ce vendredi est férié aux États-Unis et a quelque peu perturbé l'organisation de notre travail.

— Oui, évidemment... L'*Independance Day* ! Ah... L'Amérique ! Si j'avais trente ans de moins, quelle fortune j'y ferais ! Quelle chance vous avez d'y déployer votre talent !

Cette tirade lyrique, accompagnée de trémolos vibrants dans la voix, arracha un sourire dubitatif à Michael qui changea rapidement de sujet.

— J'ai passé deux semaines à examiner la situation de Victoria et je vous remercie pour votre collaboration. J'ai encore quelques questions, si vous le permettez.

— Je vous en prie.

— Je me suis penché sur votre tour de table. Quarante-cinq pour cent du capital de Victoria cotent sur Euronext. Appelons-les le flottant. Les cinquante-cinq pour cent qui restent me semblent très morcelés... Hormis la banque anglaise Pinnacle Trust, aucun

24

actionnaire de référence ne dispose de plus de trois ou quatre pour cent des parts.

— Voyez-y le fruit d'une vie de travail, Monsieur Sommers. J'ai fondé Victoria, il y a quinze ans. J'y ai investi mon énergie, mon temps, mon enthousiasme. Je vous avoue que j'ai parfois cédé à la tentation de vendre une partie de mes titres à l'un ou l'autre fonds. J'ai toutefois toujours veillé à ne jamais leur donner le pouvoir d'interférer avec la ligne de conduite de notre entreprise : la probité vis-à-vis de ses clients. Quant à notre partenaire britannique, il détient, en effet, une dizaine de pour cent. Il ne s'intéresse qu'aux dividendes que nous lui versons chaque année. Il n'entravera pas votre projet, pour autant que vous puissiez le satisfaire sur le plan du rendement.

— Je vois aussi que vous possédez encore deux pour cent du capital.

— C'est exact. J'ai gardé cent mille actions pour compte propre.

— Pensez-vous les amener à notre offre, si d'aventure elle se matérialise ? demanda Michael avec une pointe d'humour.

L'œil de Royant brilla un court instant.

— Tout dépend de la prime... Mais il va de soi que je ferai ce que je recommanderai à nos actionnaires de faire.

— À ce sujet, nous n'avons pas arrêté de chiffre définitif. Nous sommes en phase d'analyse, je vous le rappelle.

— Vous me décevez, déplora Royant en manifestant une grande contrariété. J'aurais aimé pouvoir présenter dès maintenant quelque chose de concret à nos associés.

— À quoi vous attendiez-vous ? Le contexte financier plaide pour une certaine retenue sur le plan des primes... Nous ne sommes plus en 2007.

— Permettez-moi de vous dire que mon conseil m'a mandaté pour mettre haut la barre. Il me semble qu'une prime de 30 % serait une base de négociation minimale.

— 30 % ? Très bien. J'en prends note et j'en référerai à notre comité de direction.

— Tenez-moi informé au plus vite. Je ne pourrai défendre votre proposition que si je dispose d'arguments chiffrés.

— Monsieur Royant... J'insiste sur le fait que Global Invest étudie actuellement cette acquisition. Nous n'en sommes pas encore à la finalisation. Combien de personnes sont au courant ?

— Rassurez-vous... Je vois où vous voulez en venir. Nous sommes une dizaine dans le secret des dieux. Vous comprendrez aisément que j'aie dû en parler à mon conseil d'administration, en toute confidentialité bien sûr.

— D'accord...

— Nous restons sur l'idée d'une clause de caducité de l'offre en cas d'incapacité financière de votre part ? Je doute fort que nous devions l'invoquer un jour, mais sait-on jamais ?

— Certainement. Tout comme l'offre serait nulle et non avenue si nous n'arrivions pas à 50,01 % des droits de vote au terme de l'opération.

— En cas d'approbation de votre comité, quand pensez-vous que nous pourrions rendre cette transaction publique ?

— Sans doute à la rentrée, Monsieur Royant. Tout dépendra de l'évolution des marchés...

Le crépuscule naissant plongeait Paris dans la pénombre. Michael était heureux. Son projet se présentait sous les meilleurs auspices. Il eut le sentiment fugace que Royant se contenterait d'une prime de 25 % et imagina rapidement une couverture sur le taux de change entre l'euro et le dollar qui lui permettrait de consentir cette largesse par rapport à la surcote budgétée.

Il s'ingénia, avec un sens aigu de la comédie, à évoquer cette possibilité comme un effort significatif. Royant savourait en connaisseur le prodigieux numéro d'acteur que lui interprétait Sommers. Tout cela faisait partie des règles. Feindre l'indignation, jouer avec les nerfs de l'adversaire, accepter à contrecœur des concessions pourtant dérisoires... L'univers trouble des affaires est décidément le plus beau théâtre du monde.

— Cher Monsieur Sommers... Puis-je vous offrir un cognac ?

— Auriez-vous un bourbon ?

— Ah... Cognac ou bourbon ? La France ou les États-Unis ? Éternel débat, non ? répliqua Royant, piqué dans son chauvinisme.

Michael se mordilla les lèvres pour ce faux pas qu'il rectifia aussitôt.

— Oui, pardonnez-moi. Je prendrai un cognac !

Royant déposa deux verres sur le bureau en affichant un sourire triomphant.

— Excellent. Je vois que vous préférez notre savoir-faire national. Je me félicite de notre collaboration et j'espère que nous pourrons sceller l'alliance entre nos deux entreprises. Pour vous remercier de vos bons offices, je vous lance une invitation plus... informelle.

— Une invitation ?

— Passez chez moi demain, à Versailles. J'organise une soirée décontractée entre amis. J'aimerais vous compter parmi eux. Voyez-y une occasion de découvrir concrètement les différences d'art de vivre qui font toute la richesse des liens qui unissent l'Amérique et la France depuis La Fayette.

Sommers avala son cognac d'un trait. Le ton suggestif sur lequel Royant avait évoqué cette invitation ne souffrait aucun refus. Il chercha à réorienter la conversation sur certains derniers détails restés en suspens dans la préparation de l'offre, mais son interlocuteur se fit soudain plus évasif.

— Laissons cela pour plus tard. Soyez chez moi demain, vers 20 heures. Voici mon adresse.

Il lui remit sa carte de visite, que Michael glissa dans sa poche.

— Très bien. Je vous remercie. Je serai là. Pourrions-nous nous revoir lundi ou mardi ? Je pense que j'aurai alors une proposition chiffrée à vous soumettre.

— Entendu, Monsieur Sommers. Je vous rappellerai en début de semaine. En attendant, je compte sur vous demain pour une expérience résolument... différente.

Charlottesville (Virginie, États-Unis)

Les quatre colonnes de Monticello, la maison de Thomas Jefferson, étaient décorées d'un immense étendard bleu-blanc-rouge, aux couleurs du drapeau américain. À peine cinq marches séparaient le public et les caméras de la tribune, au milieu de laquelle trônait un pupitre brun, protégé par une vitre pare-balles. Vêtu d'un costume gris et d'une cravate bleue, George W. Bush[3] fit quelques pas et se dirigea vers les micros en saluant la foule. Pour son dernier discours de fête nationale en qualité de président, il avait préparé une harangue patriotique comme il les aimait. Des mots simples, clairs, capables de gagner à sa cause une population que l'interminable intervention militaire en Irak avait démoralisée. Il souhaitait honorer les héros américains, en évitant toute allusion à une crise dont ses concitoyens commençaient à ressentir les premiers effets.

Dès les premières phrases, il sentit une tension palpable dans l'air. Chacune était accueillie par des sifflets et des insultes. *Criminel de guerre !* entendit-il. Il tenta l'esquive par un sourire pincé. Du haut de la tribune, il vit la police et les services secrets s'interposer et évacuer les fauteurs de trouble. Les bras en croix en signe d'ouverture, il prononça la suite de sa tirade : *nous croyons en la liberté de parole, aux États-Unis d'Amérique !*

Il s'arrêta un instant devant les applaudissements, puis poursuivit en saluant la mémoire de Jefferson, rappelant que son illustre prédécesseur avait, un jour, dit préférer fêter le 4 juillet à son propre anniversaire. S'essayant à l'humour, Bush trancha ce dilemme en soulignant que ce week-end était précisément celui de ses 62 ans. L'ovation qu'il reçut ne parvint pas à noyer les quolibets. Impassible, Bush clôtura son allocution en se lançant

---

[3] George W. Bush était président des États-Unis à l'époque des faits.

dans un long hommage aux autorités qui avaient organisé son déplacement. Il se tourna vers la foule pour la remercier de sa présence, mais ne put dissimuler une étonnante appréhension face à ce qui arrivait, malgré son hilarité.

Ce discours visait à rassembler, pas à diviser. Il avait prononcé des mots fédérateurs, mais avait été rabroué par la vindicte d'une minorité. Au fond, il était moins préoccupé par les sarcasmes de ces quelques fanatiques que par l'impact de ces images sur l'opinion publique, quand elles passeraient en boucle sur les chaînes nationales.

À peine son intervention terminée, George W. Bush s'engouffra dans sa limousine sécurisée, accompagné d'Henry Paulson, le secrétaire au Trésor. Toutes sirènes hurlantes, le cortège officiel mit le cap sur Washington, à deux heures de route à peine.

— Eh bien, souffla Bush en desserrant sa cravate. Ils ont le sang chaud, par ici…

— Je crois qu'ils n'ont rien à perdre, Monsieur le Président, répondit Paulson.

— Que voulez-vous dire ? Ce texte devait rassembler les Américains. Que pensez-vous qu'on en retiendra, ce soir, sur CNN ? Rien que les huées ! Sandy, demanda-t-il en tournant les yeux vers une assistante, où en sont les sondages ?

— Le sénateur Obama devance nettement le sénateur McCain, Monsieur le Président. Je crains que l'avantage de Barack Obama soit désormais… irréversible.

— Nous verrons. Je n'ai pas dit mon dernier mot. Laisser la Maison-Blanche à un démocrate, ce serait finir sur une fausse note.

— Monsieur le Président, reprit Paulson, j'ai fait le voyage pour m'entretenir avec vous de la situation économique, entre autres de la réunion d'Aspen. Je suis au regret de vous informer que les experts qui y étaient présents ont tiré la sonnette d'alarme. Je vous ai préparé une synthèse des principaux événements.

— Oh, Henry… Épargnez-moi cette lecture. Dites-moi tout, lança Bush en regardant l'*Interstate 95* défiler à toute allure dans la vitre de la voiture.

— Bien… Pour résumer les choses, l'élite du monde de la finance s'est donné rendez-vous à Aspen, dans le Colorado. Les chefs d'entreprise participants se sont montrés peu enthousiastes. Et... Le secrétaire au Commerce Guttierez a indiqué que le climat n'était pas au beau fixe à Washington.

— De quoi se mêle-t-il ? Depuis quand le secrétaire au Commerce se croit-il investi du pouvoir divin de faire part de ses états d'âme à la presse ?

— Ce n'est pas tout, Monsieur le Président. Il a affirmé, je le cite, que l'inertie à Washington empêche tout accord sur les problèmes auxquels nous devons faire face sur le plan de l'énergie, de l'immigration ou de la fiscalité.

— Je le recadrerai. Quoi d'autre, Henry ?

— En bref, le CEO[4] de JP Morgan espère que nous avons touché le fond, mais sans en être sûr.

— Toujours pessimiste, ce cher Jamie Dimon. Après ce que la Fed a fait pour lui en le soutenant dans la reprise de Bear Stearns, il aurait pu se montrer plus coopératif. Et la suite ?

— L'éditorialiste du New York Times a synthétisé la crise en un article cinglant…

— Quoi ? Thomas Friedman a encore frappé ? J'ai décidément l'impression que le premier amendement permet d'écrire tout et n'importe quoi !

Paulson sourit à cette allusion et tendit une manchette de presse à Bush.

— Voici… Il rappelle, non sans un certain humour, que le futur de l'Amérique est calqué sur celui de General Motors.

---

[4] *Chief Executive Officer*, une fonction qui correspond à celle de président-directeur général en France.

— Il n'a pas tort, approuva Bush après avoir lu en diagonale la chronique de Friedman. Les choses sont parfois tellement simples. Tant que les Américains achètent des voitures, tout va bien…

— C'est tout l'enjeu du débat. General Motors est à l'arrêt et son cours de Bourse est au plus bas depuis 34 ans… Quant à Ford…

— Henry... Nous avons fait tout ce que nous devions faire. Cette crise n'est pas le seul de mes soucis. Il appartiendra à mon successeur de prendre les mesures qui s'imposent.

— Je crains que certains problèmes économiques puissent se poser avant le terme de votre mandat, Monsieur le Président.

— Eh bien… Nous verrons le moment venu. Vous ne pensez pas que la situation en Irak soit autrement plus grave que vos péripéties bancaires ? Et l'Iran, Henry ? Selon la CIA[5], ils procéderont incessamment au tir d'un missile d'essai. Cela mettrait en péril tous nos efforts pour débloquer le processus de paix au Moyen-Orient ! Vous ne croyez pas que ce soit une priorité ?

— Certes, Monsieur le Président. Mais la problématique que je vous expose ne se limite plus aux banques. L'économie américaine est désormais frappée de plein fouet. Le chômage est alarmant. L'inflation devient incontrôlable avec l'envolée des matières premières. Les entreprises ferment les unes après les autres. Pour tout vous dire, rien n'exclut que nous entrions en récession à l'automne. Ne pourriez-vous pas en toucher un mot à vos homologues, lors du G8 de la semaine prochaine ?

— J'y penserai si les conditions s'y prêtent. Je n'ai nulle envie de lancer les Européens sur ce sujet. Et puis, j'aimerais que nous cessions d'effrayer inutilement les Américains. Les marchés vont se ressaisir. La reprise est en vue. Nos mesures du début de

---

[5] *Central Intelligence Agency*, une des agences fédérales chargées de l'espionnage et du contre-espionnage aux États-Unis.

l'année commencent à porter leurs fruits. Accordons-nous un peu de temps avant d'agiter le spectre d'une hypothétique récession.

George W. Bush n'avait pas desserré les lèvres depuis trente minutes quand le cortège passa les grilles de la Maison-Blanche. Il salua les marines alignés au garde-à-vous et écrasa une larme, en se rappelant avec mélancolie qu'il franchissait ce portail pour la dernière fois un jour de fête nationale.

*

Paris

En rentrant, Michael prit place sur une terrasse et commanda un cocktail. Il exultait de pouvoir préparer son retour, même si ces quelques journées insouciantes à Paris lui avaient procuré un immense plaisir. Entre deux gorgées, il envoya un texto à Mark Spencer, en indiquant simplement : *tout est sur les rails. Préviens Fred. Encore quelques détails à régler. Je serai sans doute là en milieu de semaine.*

Un bref éclat de lumière l'aveugla et un homme en complet noir vint discrètement s'asseoir deux tables plus loin. Michael se retourna machinalement. Leurs regards se croisèrent une fraction de seconde, puis le nouveau venu fit mine de se consacrer à la lecture d'un magazine. L'espace de ce court vis-à-vis, il eut la désagréable impression que cet anonyme, perdu dans la foule d'une terrasse en été, s'intéressait particulièrement à lui.

Il fouilla sa poche pour en tirer quelques pièces qu'il déposa à côté de son verre. Ses doigts effleurèrent la carte que Royant lui avait donnée. Il la parcourut avec perplexité. Elle ne portait que le nom de Bernard Royant et son adresse, typographiés avec soin en lettres italiques. Il se souvint de cette promesse ambiguë. *Une expérience résolument différente...* Après ce que le rapport de Diane lui avait révélé, il pouvait se faire une vague idée de ce qui l'attendait...

Il laissa son imagination vagabonder en rejoignant son appartement. En se glissant dans ses draps, ce soir-là, Michael préparait déjà son retour prochain en Amérique. Il devrait mettre Mark au courant, soumettre sa proposition aux juristes de Global Invest et présenter son montage financier à Fred. Il lui semblait oublier un détail important. *Diane.* Il saisit son téléphone et dicta un mémo rapide : *offrir un bouquet à Diane.* Elle le méritait amplement. Satisfait d'avoir enfin tout planifié, il se perdit avec délice dans un sommeil réparateur.

*

New York

Mark Spencer avait passé la soirée penché sur les chiffres d'Ashcroft, en proie à une tension de plus en plus palpable. *Ce n'est pas possible...* se répétait-il en boucle. *Il s'est forcément trompé...* Il pianotait frénétiquement sur le clavier de sa calculatrice, mais sans trouver la moindre faille dans le raisonnement parfaitement étayé de Dan. Il consulta les cours de clôture de tous les fonds dans lesquels ils avaient placé leur trésorerie. Il examina leur composition, sentant une sourde appréhension s'emparer de lui. Il croisa les totaux avec ceux des tableaux que lui avait préparés le service comptable. *Bon Dieu ! Qu'avons-nous fait ? Comment avons-nous pu être aveugles à ce point ?* Si le scénario de Dan se concrétisait, Global Invest allait devoir déprécier non seulement l'essentiel de ses participations en produits structurés, mais aussi ses investissements conventionnels.

Il se leva et se versa un bourbon. La nuit était tombée depuis longtemps sur Wall Street et il n'aperçut dans la fenêtre de son bureau que son reflet déformé, éclairé par un néon terne. Face à lui-même, reclus dans ce grand bâtiment vide, il comprit soudain que les prophéties d'Ashcroft, qu'il considérait comme inconcevables un an plus tôt, se matérialisaient dangereusement. Et surtout, beaucoup plus vite que prévu. Il tenta d'appeler Fred, mais obtint sa messagerie vocale. Il chercha à joindre Dan, sans succès. Il pensa téléphoner à Michael avant de réaliser qu'il devait être 5 heures du matin à Paris… Il se sentit infiniment seul, en avalant la dernière gorgée d'alcool qui restait dans son verre.

4

Versailles

Michael Sommers avait profité de son dernier samedi à Paris pour se laisser vivre et se détendre. En fin d'après-midi, il s'offrit une douche et enfila un jean noir, une chemise blanche et une veste. Royant avait parlé d'une soirée décontractée. Pour éviter toute faute de goût, Michael avait opté pour cette tenue simple, mais élégante à la fois. Il quitta son appartement, embarqua dans un taxi et indiqua au chauffeur l'adresse de Royant, dans un quartier chic de Versailles.

Il ne put dissimuler son émerveillement en arrivant. Un immense manoir éclairé se détachait au fond d'un parc apparemment gigantesque. Son architecture classique se distinguait par son exquise précision et formait un ensemble harmonieux, mais imposant. La voiture s'enfonça dans une allée et s'immobilisa en contrebas d'une porte vitrée, encadrée par deux petits orangers. Des buis taillés à merveille ponctuaient les plates-bandes. Il paya, sortit et monta les quatre marches en pierre bleue qui le séparaient de l'entrée.

Un huissier en livrée lui ouvrit avant même qu'il sonne et le salua avec déférence d'un mouvement de la tête. Sans un mot, il lui indiqua de le suivre et le fit pénétrer dans une galerie lambrissée, dont les parquets grinçaient sous le poids de leurs pas. Michael eut besoin d'un instant pour habituer ses yeux à l'obscurité.

Il régnait en ces lieux une atmosphère occulte, presque oppressante. Des cierges projetaient un halo onduleux sur les murs. Des couples se livraient à des simulacres divers, s'offrant ostensiblement à la vue des hôtes. Il longea une cage depuis laquelle une jeune femme outrageusement maquillée et déguisée d'une combinaison en léopard lui adressa un féroce rugissement de bienvenue. Plus loin, il passa devant une alcôve dans un angle de laquelle deux mains massaient lascivement un corps, dans un concert feutré de gémissements suggestifs. *Nous y voilà*, pensa-t-il. *Vous aviez encore une fois raison, Mademoiselle Preston. Je suis tombé en pleine orgie. Tu parles d'une soirée décontractée...*

Toujours aussi silencieux et inexpressif, l'huissier indiqua une porte, avant de saluer à nouveau et de se retirer. Cette mise en scène et ce décor avaient éveillé la curiosité de Sommers. Il posa deux doigts sur la poignée, la tourna et pénétra dans une pièce plus intime et vide, au centre de laquelle trônaient un bar et quatre chaises hautes. Une douce lueur blanche éclairait le comptoir et un serveur sembla surgir de nulle part lorsque Michael approcha.

— Bonsoir, Monsieur. Je m'appelle Fabrice et je suis à votre disposition pour exaucer le moindre de vos désirs. Que puis-je vous offrir ?

— Une coupe de champagne, répondit-il, pris de court par cette proposition explicite.

— Voici, Monsieur.

— Merci, Fabrice. Je ne vois personne. Suis-je le premier ?

— Non, Monsieur. Les hôtes de Monsieur Royant sont déjà passés au salon vert. Je pense que vous y serez très bientôt convié, vous aussi. Êtes-vous venu seul ou accompagné ?

— Euh... Je... Je suis seul.

— Très bien. Cela ne posera aucun problème. Monsieur trouvera à n'en pas douter une compagnie digne de lui faire passer une soirée inoubliable. Puis-je me permettre de vous inviter à enfiler cette toge et ce masque ?

Interloqué, il vit à peine Fabrice déposer une robe noire et un loup à côté de sa coupe de champagne. Face à sa perplexité, le serveur se pencha vers lui et ils adoptèrent soudain un ton de conspirateur.

— Je vois que Monsieur n'est pas un habitué des lieux.

— En effet. Je ne peux rien vous cacher...

— En toutes choses, il faut une première fois. Rassurez-vous. Tout ira bien.

Au moment où Michael se saisit de la toge, une porte s'ouvrit et il aperçut Royant dans l'encadrement. Il portait, lui aussi, une lourde robe foncée et releva son masque sur son front.

— Monsieur Sommers ! Quelle divine surprise ! Fabrice vous a-t-il exposé les règles du jeu auquel je vous convie ce soir ?

— Nous en parlions à l'instant.

Royant adressa un clin d'œil à Fabrice, puis se tourna vers Michael.

— Monsieur Sommers, pensez-vous que la Bourse soit un marché où s'exerce en tous points l'infaillibilité de la main invisible qui est censée le gouverner ?

— Non. Les marchés financiers sont, au contraire, des espaces où aucune concurrence loyale n'est possible. L'information y est biaisée, les délits d'initié y sont monnaie courante, l'équilibre entre l'offre et la demande est fallacieux. La seule loi y est celle du plus fort.

— À la bonne heure, coupa Royant, manifestement mis en joie par la lucidité de cette argumentation. Préparez-vous à devenir acteur d'un marché réglementé par mes soins, où l'offre peut se confronter à la demande en toute transparence et sans distorsion. Un marché où une toge et un loup dissimulent les imperfections pour permettre aux vendeurs et aux acheteurs de se rencontrer sans préjugés et de déterminer librement entre eux la valeur du plaisir. Êtes-vous prêt à participer à cet exercice ?

Michael sentit le fantasme de l'inconnu le griser. Il enfila la toge et ajusta son masque. Il était émoustillé, curieux de découvrir ce qui allait suivre et de voir les portes du salon vert s'ouvrir sur l'inédit.

— Oui. Je suis prêt à participer.

— Venant de vous, le contraire aurait été dommage. Soyez attentif aux règles. Il vous est interdit de parler et d'ôter votre masque. Vous pouvez circuler comme vous l'entendez dans la salle, côtoyer les autres invités et les toucher. Soyez toujours courtois et respectueux, nous ne tolérons aucun écart. Quand vous aurez fait votre choix, posez la main sur l'épaule de votre élu et laissez tourner la roue de la Fortune. Si la personne sur laquelle vous avez jeté votre dévolu pose, elle aussi, sa main sur votre épaule, vous pourrez quitter le salon et prolonger la soirée ensemble si vous le souhaitez. Si votre élu ne réagit pas, vous devrez capituler et tenter votre chance avec quelqu'un d'autre. Nous n'avons aucun tabou : le sexe du partenaire que vous choisissez n'a pas d'incidence pour autant qu'il consente à vous accompagner. Acceptez-vous ces règles ? Vous ne pourrez en aucun cas les transgresser.

— Je les accepte.

— Suivez-moi. Et souvenez-vous… Pas un mot.

Royant ouvrit les portes du salon vert. Il devait son nom aux lourdes tentures émeraude qui recouvraient les fenêtres et à l'épaisse moquette pistache qui atténuait le bruit de pas des invités. Malgré la chaleur écrasante de ce mois de juillet, un feu crépitait dans la cheminée et donnait un éclat rougeâtre ondoyant aux corps et aux choses. Discrètement dissimulés dans les coins, quatre haut-parleurs diffusaient une musique relaxante. L'ambiance feutrée et la douce lumière tamisée incitaient à la détente et à l'abandon de soi.

Une trentaine de personnes, toutes revêtues d'une toge et d'un loup, se mêlaient les unes aux autres, s'effleurant parfois avec un petit gémissement de connivence. Michael vit une main se poser sur une épaule, mais l'élu se figea, inerte, et le prétendant qui lui faisait face baissa le bras et poursuivit sa flânerie solitaire. Ses yeux s'acclimatèrent à la pénombre et il commença à arpenter la pièce, prenant lentement goût au jeu pervers et troublant du libertinage aléatoire.

Au fond de la salle, il aperçut furtivement une créature fantomatique dans le contre-jour de l'âtre. Il lui sembla qu'elle serpentait entre d'autres ombres pour fendre la foule. Pourquoi ce détail avait-il attiré son attention ? Le destin, peut-être… Elle se faufila gracieusement parmi les invités. Une main lui arrêta l'épaule et elle s'astreint au rituel, mais ne bougea pas, signifiant son refus d'aller plus loin. Cette silhouette incertaine prit peu à peu la forme d'un corps étonnamment svelte, ceinturé par une toge trop grande pour lui servir d'écrin. Michael se retourna et chercha machinalement Royant du regard. Il reconnut ses tempes grisonnantes sous la capuche de sa bure et vit qu'il se régalait des alliances anonymes qui se nouaient au gré du hasard.

Michael tourna la tête et tenta sans succès de retrouver la nymphe diffuse qu'il avait aperçue une seconde plus tôt. La prémonition étrange que sa vie allait basculer l'envahit aussitôt. Au moment où il pensait avoir identifié sa mystérieuse inconnue parmi les convives, il eut la surprise de la voir apparaître devant lui.

Son cœur explosa instantanément. Un parfum lourd l'enivra et il se sentit électrisé. La vision qui s'offrait à lui le fit chavirer et perdre tout contact avec la réalité. L'étoffe du capuchon camouflait mal une crinière de longs cheveux d'un blond fauve hypnotique. Le loup doré dissimulait à peine une physionomie aux proportions parfaites, à la peau hâlée, aux lèvres brûlantes et au menton engageant. Qu'elle soit ange ou démon, cette créature exhalait un magnétisme ensorcelant et une aura irrésistible.

Elle l'observait intensément et il eut le sentiment déplaisant que ce regard inquisiteur et masqué plongeait dans les replis de son intimité pour en percer tous les secrets. Ébloui, il sombra dans un univers parallèle. Ce parfum envoûtant... Ce visage enjôleur duquel il ne pouvait se détourner... Ces yeux qu'il ne voyait pas, mais dont il ressentait intérieurement qu'ils balayaient les tréfonds de son âme… Tout tanguait autour de lui. Il sentit une main se poser sur son épaule.

De ses doigts fins, la silhouette commença à décrire de petits cercles concentriques dans le cou de Michael, avant de délicatement les faire glisser sur sa joue pour monter lui titiller le lobe de l'oreille. Une onde de choc le terrassa. Jamais il n'avait été frappé avec une telle puissance par le charisme d'une femme. Ses jambes l'abandonnaient. Sa respiration devint haletante et il eut l'impression que son ventre se tordait en lentes convulsions.

Il leva mécaniquement le bras, tétanisé par le pouvoir de séduction qui émanait de cette sylphide. Après une éternité, il lui caressa aussi le haut du dos. Feignant de s'intéresser à ses hôtes, Royant n'avait rien perdu de cette accolade énigmatique.

Ils se jaugèrent quelques secondes, sans un geste. Elle l'enlaça ensuite par les hanches et l'accompagna jusqu'à la porte du salon vert, qu'ils quittèrent pour retrouver le bar. Sans un mot, Fabrice les invita à le suivre. Ils passèrent dans une autre pièce, où le serveur leur indiqua une alcôve discrète, meublée d'un futon, d'une table et de deux fauteuils, et leur apporta deux coupes de champagne.

Avant même que Michael tente d'ouvrir la bouche, l'ombre posa un doigt sur ses lèvres et lui ordonna le silence. Ils se dévisagèrent un long moment. Malgré le masque, il sentait une rage furieuse briller dans les yeux de sa cavalière. Elle dégageait une attraction indomptable, une dominance naturelle. Des bruits de pas feutrés troublèrent le calme pesant. Il se retourna et vit Bernard Royant se faufiler vers eux.

— Catherine vous a choisi, chuchota-t-il. Je pense que le destin vous a été favorable, ce soir. Son expérience vous étonnera. Je vous laisse faire connaissance.

Michael était déconcerté. Dans sa vie tant professionnelle que sentimentale, il avait toujours dominé, dirigé, pris l'initiative. Face à cette silhouette féerique dont il était l'élu, il était irrépressiblement soumis, sans qu'un mot ait été prononcé, sans qu'un geste ait été nécessaire. Il chercha à se donner une contenance.

— Vous êtes donc Catherine, m'a dit Monsieur Royant.
— Catherine Swann, répondit-elle d'une voix sensuelle et suave. Et vous êtes…
— Sommers, Michael Sommers...
— Michael Sommers, répéta-t-elle rêveusement.

Une bouffée de chaleur le submergea. Elle ouvrit légèrement les lèvres et il vit le bout de sa langue rapidement les humecter. Cette femme le pétrifiait.

— Vous êtes anglais, Monsieur Sommers ?

40

— Américain. De New York. Ou plutôt de Brooklyn... Mais c'est très proche et...

Elle le coupa avec douceur, mais sur un ton sans appel.

— Je sais où se trouve Brooklyn, Monsieur Sommers... Je ne pense pas vous avoir déjà croisé chez Bernard. Êtes-vous échangiste ?

— Euh... Non. Pas vraiment, non. Monsieur Royant m'a invité. Je n'avais encore jamais... Euh... C'est une première.

Quoi qu'il dise, il se sentait examiné, ausculté, mis à nu. Il déployait des efforts surhumains pour paraître détendu, mais tous ses muscles étaient contractés à l'extrême.

— Je vois... Vous connaissez Bernard par les affaires ?

— Euh, oui. Par les affaires.

— Quel genre d'affaires, Monsieur Sommers ?

— Monsieur Royant souhaite mon avis sur certaines décisions qu'il compte prendre.

Elle se fit langoureuse, mais éprouvait un plaisir malsain à pousser Michael dans ses derniers retranchements.

— Je vois... Vous parlez admirablement le français, Monsieur Sommers.

— Je vous remercie. Et vous, euh... Comment connaissez-vous Monsieur Royant ? demanda-t-il sans conviction, pour ne pas laisser la conversation se perdre dans un mutisme oppressant.

— J'ai mes habitudes chez Bernard...

— Et si nous enlevions ces toges ? osa-t-il pour briser à nouveau le silence.

— J'allais vous y inviter...

Ils ôtèrent leur bure, l'un et l'autre. Ils baissèrent leur masque et s'assirent face à face. Michael se liquéfia sur place et son cœur s'emballa à un rythme effréné. Si cette silhouette diffuse, drapée dans sa robe sombre, l'avait hypnotisé, la femme qui se révélait maintenant à lui l'aveuglait.

Tout en elle inspirait l'harmonie, la grâce et la distinction. Son teint cuivré se mariait divinement à la blondeur de ses cheveux, qui retombaient en fines mèches sur ses épaules. Ses yeux bleus en forme d'amande avaient un éclat insoutenable. Sa bouche pulpeuse dévoilait des dents d'une pureté immaculée. Elle devait avoir vingt-cinq ans, trente au plus. Elle portait un blazer fauve et un t-shirt échancré. Un foulard enserrait négligemment son cou gracile. Elle avait élégamment assorti son pantalon moulant à sa veste et chaussait des escarpins blancs.

Consciente d'avoir pris l'ascendant d'entrée de jeu, Catherine observait Michael avec gourmandise. Curieusement, elle n'était plus aussi décontractée qu'elle en donnait l'air et sentait une pulsion physique incontrôlable peu à peu l'envahir. Elle n'avait jamais éprouvé une intensité aussi violente, à aucune des nombreuses réceptions de Royant auxquelles elle avait participé. Ce vertige vers l'inconnu la troublait et l'excitait. Elle avala une gorgée de champagne.

— Vous me dévisagez, Monsieur Sommers ?

— Vous êtes tellement... Vous êtes... Pardonnez-moi. Je... J'ai du mal à...

— À exprimer ce que vous ressentez ?

— Je n'ai jamais ressenti pareille impression. Je... Je ne parviens pas à trouver les mots.

— Apprenez à vous exprimer d'une autre manière...

— Euh, dites-moi... En général, comment finissent ce genre de fêtes ?

— Nous sommes libres d'écrire le scénario de notre soirée. Bernard n'y verra aucune objection.

Elle ne le regardait pas : elle le radiographiait, gravant dans sa mémoire chaque détail de son anatomie. Quelque chose d'indéfinissable l'attirait en lui. Une tentation, une promesse... L'intuition fulgurante qu'il pourrait lui faire passer un cap et l'emmener là où seule une femme avait été capable de la guider auparavant.

Il se désintégrait. Aucune de ses nombreuses aventures éphémères ne lui avait apporté une expérience à ce point érotique et déroutante. Catherine croisa les jambes, laissant paraître un court instant toute la finesse de ses chevilles. D'un subtil fléchissement des orteils, elle enleva un escarpin, puis l'autre. Ses pieds nus décrivirent un arc de cercle et elle les posa sur le tapis, après avoir déplacé ses souliers d'un délicat mouvement du talon.

— Vous n'êtes pas très bavard, Monsieur Sommers, murmura-t-elle en se penchant vers lui.

— Vous m'impressionnez...

— Et vous rougissez. Que dois-je en conclure ?

Il déboutonna son col en tentant de soutenir le regard pénétrant de Catherine.

— Cette pièce m'oppresse un peu...

— Nous pouvons partir. Je vous le répète, Bernard n'y verra aucune objection.

— Que voudriez-vous faire ?

Elle se raidit, puis se figea devant lui.

— En France, Monsieur Sommers, les convenances imposent à un homme poli de raccompagner sa cavalière.

Il sentit un énorme soulagement l'envahir. La solennité pesante de cette alcôve, le silence qui régnait dans la salle et la chaleur étouffante dans laquelle baignait le manoir l'incommodaient de plus en plus.

— À moins... continua-t-elle, sur un ton suggestif. À moins que nous ne brisions encore un peu la glace ici. Ce futon me semble tellement confortable... Qu'en pensez-vous ?

Elle avait posé cette question en dénouant lentement son foulard, qu'elle lâcha sur la table. Le décolleté qu'elle découvrit ébahit Michael. Elle se délectait de le tourmenter par ces petits jeux. Dès qu'il tentait de reprendre l'initiative, elle s'ingéniait à le désorienter, à le pousser plus loin vers ses limites.

— Je pourrais vous offrir un verre...

— Pourquoi partir, alors ? Fabrice nous servira tout ce que nous désirons.

— Nous pourrions rentrer à Paris et nous y promener ?

— J'habite à Paris, Monsieur Sommers. Je m'y promène très souvent.

— Nous pourrions passer chez vous ou chez moi, si vous le souhaitez.

— Dès le premier soir ? Voilà une proposition inconvenante pour une jeune fille bien éduquée, s'amusa-t-elle.

Michael trembla en posant les doigts sur sa coupe. Il était entièrement sous le charme. Chaque battement de ses cils, chaque mouvement de ses lèvres avaient une charge érotique inouïe. Il eut le sentiment de vivre un moment d'une telle sensualité que rien de ce qu'il avait déjà éprouvé ne pouvait le surpasser. Le futon attisait sa convoitise. Le désir se mêlait à l'angoisse de l'inconnu. La langueur de leur conversation suscitait tous les fantasmes. Il croisa les jambes et se cala dans son fauteuil, cherchant désespérément une manière d'échapper à la pesanteur étouffante de cette alcôve et de cette maison.

— Une proposition inconvenante que j'accepte, ajouta-t-elle malicieusement, après une éternité de silence.

Il manqua de défaillir. Un poids énorme lui glissa des épaules. Un vent de fraîcheur fouetta d'un coup son esprit. Catherine noua son foulard, chaussa ses escarpins et se leva d'une rapide flexion des reins. Elle secoua la tête d'un ample mouvement du cou pour faire retomber avec élégance ses cheveux sur son dos.

— Avez-vous un véhicule, Monsieur Sommers ?

— Non, euh... Je ne suis à Paris que pour deux semaines.

— Je vois... J'espère que votre virilité s'accommodera d'un chauffeur féminin. Nous prendrons ma voiture.

Ils quittèrent la pièce et retrouvèrent Fabrice en secrète conversation avec un couple auquel il remettait la toge et le loup. L'homme et la femme, assurément matures et habitués des lieux, enfilèrent leur masque dès qu'ils distinguèrent les silhouettes de Michael et de Catherine se dessiner dans l'embrasure de la porte.

— Souhaitez-vous un dernier verre ? demanda-t-il, pensant être galant.

— Vous êtes indécis... Il me semble que vous m'avez proposé de passer chez vous. Je crois que rien ne nous retient plus longtemps ici.

Il l'accompagna dans le grand couloir d'entrée, incapable d'oser lui saisir la main ou l'enlacer. Elle tourna la poignée d'un boudoir qu'il n'avait pas remarqué à son arrivée et en ressortit, portant une pochette blanche qui lui servait de sac. Ils continuèrent et croisèrent soudain un visage révérencieux, surgi tout droit des ténèbres.

— Philibert, ma voiture s'il vous plaît.

Ils restèrent quelques instants seuls et muets devant la porte de la propriété de Royant. La nuit était tombée et elle frissonna légèrement. Un sourire énigmatique la rendait encore plus désirable. Michael sentit une émotion inédite lui tordre les tripes. Les pneus d'une puissante décapotable crissèrent enfin dans l'obscurité et Philibert l'arrêta précisément au bas des marches.

— Merci, Philibert. Dites à Bernard que cette soirée m'a comblée.

— Je n'y manquerai pas, Mademoiselle Swann, répondit Philibert avec toute l'obséquiosité dont il était capable. Bonne soirée, Mademoiselle Swann. Bonne soirée, Monsieur.

Elle prit le volant et fit vrombir le moteur de son bolide. Il prit place à ses côtés et elle passa la première vitesse.

— Alors, Monsieur Sommers. Où allons-nous ?

— Rue de Berri, je peux vous guider si vous le souhaitez, murmura-t-il en espérant à nouveau faire preuve de courtoisie.

Elle posa sur lui un regard condescendant en démarrant.

— Je ne pense pas que vous devrez vous livrer à cet effort insurmontable…

*

Catherine immobilisa sa voiture devant l'immeuble où séjournait Michael. Ils en sortirent et se blottirent dans le minuscule ascenseur. Ce tête-à-tête impromptu le mit dans un terrible embarras. L'exiguïté des lieux les avait rapprochés et leurs mains s'effleuraient parfois, au gré des soubresauts de la cabine. Il aurait cédé à la tentation de profiter de la situation avec n'importe quelle autre femme. Il en était incapable avec Catherine. Il sentit son cœur battre à tout rompre lorsqu'il ouvrit la porte et se félicita d'avoir bouclé l'essentiel de ses valises avant de partir à la soirée de Royant pour rendre présentable l'appartement dans lequel elle pénétra avec entrain.

— Vous êtes assurément un homme, Monsieur Sommers... Je ne vois aucune fleur dans votre petit nid.

— Pardonnez-moi. Mon retour aux États-Unis est prévu la semaine prochaine et je... Je n'ai...

— Détendez-vous ! Je ne faisais qu'une remarque purement féminine... Sans arrière-pensée ! Ne vous sentez pas continuellement jugé...

— Arrêterez-vous un jour de m'appeler Monsieur Sommers ? Appelez-moi Michael...

Il tentait à nouveau une ouverture, désespéré d'être tétanisé au point de ne pas faire preuve de plus d'audace, mais Catherine la refoula sur un ton glacial.

— Nous verrons en temps opportun, Monsieur Sommers.

Elle fit le tour du salon, visiblement contrariée par la qualité inégale du mobilier. Son parfum se répandit d'emblée dans la pièce, pour ne plus la quitter. Elle se retourna vers lui.

— Vous ne vivez pas en musique ? Il me faudrait un peu de gaieté et de rythme si vous souhaitez me garder la soirée.

Michael s'exécuta immédiatement. Les mains moites, il passa rapidement différents disques en revue avant de se décider pour un récital de Mozart. Il ne l'avait jamais écouté, mais il savait d'instinct qu'elle l'aimerait.

— L'andante du concerto n° 21 de Mozart. Un excellent choix…

Elle enleva son blazer dès les premières notes et se rapprocha de lui.

— Je suis ravie de constater que vous avez du goût...

Troublé, il la guettait du coin de l'œil, incapable de se départir de l'emprise qu'elle exerçait sur lui. Elle empoigna alors brusquement le revers de sa veste et fit basculer sa tête vers son menton. Elle posa ses lèvres contre les siennes et se fraya un passage, du bout de la langue, vers sa bouche. Elle laissa ses bras glisser le long des épaules de Michael, puis les figea sur ses reins. Il sentit la puissance de ses muscles lui ceinturer le bas du dos et éprouva une sensation de plaisir inouïe. Il capitula finalement aux assauts de Catherine et ils échangèrent un baiser fougueux et enflammé. Elle desserra enfin l'étau dans lequel elle l'avait emprisonné et fit un pas de côté.

— Vous voyez, Monsieur Sommers. Il existe une infinité de façons d'exprimer ce que vous ressentez lorsque les mots ne suffisent plus.

— Je… Pardonnez-moi, lança-t-il, contrit.

Avant même qu'il puisse se justifier, Catherine lui appuya l'index sur les lèvres.

— Arrêtez de constamment vous excuser. Et taisez-vous. Vous finirez par regretter de dire ce que les mots ne peuvent refléter. Apprenez à le faire d'une autre manière, je vous l'ai déjà enseigné.

Elle s'assit lascivement dans le canapé et lui ordonna en pliant le doigt de la rejoindre. Il obéit, transi par l'autorité qu'elle dégageait. Elle posa ses ongles sur la joue de Michael et les fit tournoyer sur sa peau en l'enveloppant d'un regard de braise. Soudain, elle dénoua son foulard et le passa d'un geste rapide autour du cou de son cavalier, avant de le tirer vers elle d'un mouvement sec. Il se sentit galvanisé par le souffle chaud dont elle lui caressait le visage.

— Et maintenant, donnez-vous à moi, Monsieur Sommers. Donnez-vous entièrement à moi. Laissez-moi percer tous vos secrets.

À bout de nerfs, il se lâcha et enlaça violemment Catherine. Ils s'enfoncèrent dans le canapé et se perdirent dans une étreinte sans fin. Avant de s'abandonner, il vit l'étole blanche de Catherine glisser de sa main, léviter un instant entre ciel et terre, puis toucher délicatement le sol.

5

Dimanche 6 juillet 2008

New York

Fred Alistair étouffa un bâillement en consultant sa montre qui marquait minuit. Endolori par la fatigue, il écoutait distraitement Dan Ashcroft lui répéter pour la dixième fois qu'il fallait à tout prix sortir des marchés. Ils avaient passé des milliers de chiffres en revue, depuis le samedi midi.

— Fred, ça fait un an que je te le dis. Nous devons arrêter tout ça... Pourquoi ne m'avez-vous pas pris au sérieux ? Nous allons droit dans le mur, je vous avais prévenu.

— Ça suffit... D'accord, tes conclusions font peur. Tu es content ?

— Je trouve triste que tu t'en rendes seulement compte aujourd'hui... Si nous avions réagi trois mois plus tôt, nous aurions pu...

— C'est bon, coupa Fred. La question n'est pas de réécrire l'histoire, mais de savoir ce que nous faisons maintenant... Si nous déprécions, nous mettrons notre solvabilité et notre trésorerie en péril.

Mark soupira avant d'intervenir dans la conversation.

— Et si nous prenions nos pertes sur certains portefeuilles seulement ? Au lieu de les déprécier, nous pourrions déboucler les positions les plus dangereuses pour générer des liquidités, quitte à attendre des jours meilleurs sur le reste.

— À voir... Ça demande un effort d'analyse pour identifier ce qui est à risque. Je ne suis pas sûr que les perspectives soient si sombres...

— Si nous nous engageons dans cette voie, il nous faut Michael. Diane ne pourra pas tout gérer seule.

Fred se leva, se dirigea vers le bar et se servit un bourbon.

— Il est encore à Paris ?

— Oui, il règle les derniers détails pour Victoria. Il devrait rentrer en milieu de semaine, mais je crains que nous ne puissions patienter jusque-là.

— Vous ne pensez pas que nous ayons autre chose à faire que rêver à Victoria ? s'énerva Dan.

— Que veux-tu dire ? s'emporta violemment Fred. Hein ? Allez, vas-y. Dis-le. Joue cartes sur table pour une fois !

— Je veux dire que cette idée d'une acquisition en Europe est grotesque. Nous avons besoin de toutes nos liquidités pour faire face à ce qui arrive. Et toi, tu nous proposes de les dilapider dans une microscopique banque française, probablement surévaluée, à un moment où même Lehman ne tient plus qu'à un fil. Je ne comprends plus ta stratégie. C'est une fuite en avant, alors que nous devrions nous mettre à couvert.

— La stratégie de Global Invest, c'est mon affaire. Je décide, tu exécutes. C'est clair ?

— Calmons-nous... tempéra Mark. Michael a pratiquement fini à Paris. Je ne pense pas que sa présence y soit encore indispensable. Si nous optons pour un débouclage partiel, je peux l'appeler pour le presser de rentrer.

— Quelle heure est-il à Paris ?

— Il doit être 6 heures du matin.

— D'accord. On liquide nos positions les plus risquées. Envoie un e-mail à Michael. Et téléphone-lui dans la journée s'il ne donne pas signe de vie.

— Nous sommes allés trop loin, murmura Dan. Je vous avais mis en garde…

— Les subprimes ne sont certes pas nos meilleurs actifs, ajouta diplomatiquement Mark.

Fred vida son verre, se radoucit et esquissa un sourire.

— L'avenir nous le dira. Mais avouez, les gars… C'était tentant, non ? On vous vend un ticket de loterie gagnant au dixième du prix... Vous le laisseriez passer, vous ?

*

Le réveil de Michael marquait neuf heures quand il émergea du sommeil. La nuit avait été torride et Catherine l'avait totalement ensorcelé. Ils s'étaient donné l'un à l'autre dans un long cri d'allégresse, se livrant pleinement à l'ivresse de leur fusion. Leur symbiose avait été sauvage, flamboyante, exaltante. Insatiable, elle avait exigé toujours plus. Leurs corps moites étaient restés soudés jusqu'à l'aube et leurs ébats lui avaient confirmé qu'elle était extraordinaire, dans tous les sens du terme.

Il tourna la tête et la vit à côté de lui, paisiblement endormie, nue, sensuelle et excitante. Un sentiment ambigu l'envahit. Il avait rarement passé plus d'une nuit avec une fille. Mais là... Le magnétisme de Catherine lui inspirait un respect inné et, déjà, un attachement viscéral, physique autant que spirituel. Il la toucha. Elle tressaillit et changea de position. Il remarqua qu'elle arborait un tatouage représentant une salamandre au creux des épaules. En posant la main sur sa hanche, il ressentit le même frisson que la veille. Une force surnaturelle l'attirait vers elle. Sans espoir de retour.

Elle s'éveilla, cilla et lui lança un sourire radieux.

— Catherine... Que signifie cette salamandre dans ton dos ?

— Bonjour, Monsieur Sommers. En France, les convenances imposent qu'un homme et une femme commencent la journée par se dire bonjour.

— Bonjour, murmura-t-il, intimidé par son regard.

— Voilà qui est mieux... Et pour satisfaire ta curiosité, cette salamandre est un signe de soumission.

— De... soumission ? À un homme ?

— Non. À une femme. Seule une femme pouvait m'apprendre ce que je sais.

Perplexe, Michael voulut en savoir davantage, mais elle lui barra les lèvres de l'index avant qu'un son sorte de sa bouche. Il se tut et baissa la tête. Une angoisse lui serra la gorge.

— Tu as pour habitude que ce genre de relations ne dure qu'une nuit ? gémit-il.

— Décidément, tu n'as aucun doigté au réveil. Pour qui me prenez-vous, Monsieur Sommers ? Pour une de vos conquêtes d'un soir ?

Elle avait soudain adopté un ton plus tranché, mais sa colère était délicieusement feinte.

— En France, les convenances imposent à un homme de laisser à sa cavalière la liberté de choisir. Tu m'en prives d'emblée.

— Pardonne-moi. Je me disais qu'après un miracle comme toi, on revient forcément à la réalité aux douze coups de minuit, lança-t-il, espérant qu'un soupçon de romantisme, même suranné, ramène Catherine à de meilleurs sentiments.

— Tu aurais pu être plus galant...

Elle se calma et l'attira vers elle. Elle l'enlaça. Leurs joues s'effleurèrent et il posa ses lèvres sur celles de Catherine. Ils s'embrassèrent longuement, leurs corps nus se frôlant au gré de leurs attouchements. Les caresses éveillèrent le désir. Le désir suscita la fougue.

Haletante, elle passa ses doigts dans les cheveux de Michael, puis s'attarda du bout des ongles sur sa nuque et ses épaules en le fixant intensément des yeux. Il lui palpa la poitrine, puis laissa glisser sa main sur ses cuisses et sur son entrejambe offert à ses assauts. Il l'étendit sur le lit. Elle lui ouvrit la voie et l'invita en elle dans un élan intégral et partagé.

*

Il se cambra, au paroxysme du plaisir, puis s'effondra, inerte, le souffle coupé, incapable de bouger. Il resta immergé dans sa chaleur quelques secondes. Catherine était comblée, resplendissante de bonheur. Elle s'extirpa de l'étreinte de Michael, se leva et enfila sa chemise, bien trop grande pour elle.

52

Couverte jusqu'aux cuisses, elle se dirigea d'une démarche chaloupée vers la fenêtre, dont elle ouvrit les volets. Le soleil illuminait Paris d'une lumière euphorisante. Elle tourna la tête vers lui et posa doucement le menton sur son épaule.

— Vous êtes un élève prometteur, Monsieur Sommers.

— Merci... Royant m'a assuré que ton expérience m'étonnerait...

— C'est tout lui ! Bernard adore me présenter sous le meilleur jour.

— Que voulait-il dire ?

— Tout simplement que j'ai initié de nombreux hommes à l'art d'aimer et d'être aimé.

Elle se fit aussitôt impénétrable, le laissant face à ses questions sans réponses. Il la contemplait dans toute la splendeur du contre-jour. Malgré l'heure matinale, elle semblait tirée en droite ligne d'une couverture de magazine. Elle n'était pas belle : elle était sublime, divine, irréelle. Elle enfonça les poings dans ses hanches et dodelina de la tête.

— Et alors, Monsieur Sommers ? Je crains de devoir même vous apprendre qu'en France, les convenances imposent à un homme poli d'offrir un petit déjeuner à sa cavalière !

*

Ils prirent place autour de la table, face à face. Michael avait enfilé un t-shirt et un jean. Catherine avait boutonné sa chemise, mais était d'une élégance exquise malgré cette tenue improbable. Même s'il la sentait s'ouvrir, elle continuait à l'impressionner. Elle pouvait passer d'une seconde à l'autre d'un ton badin à une expression autoritaire et il éprouvait une grande difficulté à faire la part des choses entre la plaisanterie et la fermeté sentencieuse qu'elle alternait en permanence.

— Alors, dis-moi, Michael... Dans quel genre d'affaires travailles-tu ?

— La finance. Je conseille des personnes comme Royant. Je les aide à optimiser leur patrimoine, à investir, à gagner toujours plus.

— Ces gens ne sont donc jamais satisfaits de ce qu'ils ont ?

— Non. Et c'est parce qu'ils ne le sont jamais qu'ils ont besoin de spécialistes comme moi. Et toi, que fais-tu dans la vie ?

— Je te le montrerai peut-être un jour. Nous verrons... Tu as du thé ?

La déplaisante impression d'être pris en faute l'assaillit.

— Seulement du café... Je suis désolé.

— Je devrai aussi vous initier à l'art du thé, Monsieur Sommers.

— Pourquoi *aussi* ? demanda-t-il avec humour.

— Parce que je dois d'abord t'apprendre à vivre et à te donner pleinement à moi. Tu dois sublimer l'expérience. Donne-toi à moi comme je me donne à toi. Emmène-moi aux limites de ma féminité. Conduis-moi vers des univers inconnus. Je te rendrai autant, car tout n'est que partage et que je ne veux rien garder pour moi.

Elle avait répondu sur un ton suave, mais décidé. Piqué dans sa virilité, il passa soudain sur la défensive.

— Je ne t'ai pas convaincue ?

— Tu m'as entrouvert la porte et j'en suis ravie. Ce n'est qu'un début. Tu as le potentiel d'aller plus loin. Lâche-toi. Accompagne-moi pour le plus beau des voyages. Laisse-toi guider par le plaisir de me procurer du plaisir. Je ferai de même pour toi.

Il resta impassible un instant puis tenta de changer de sujet de conversation.

— Quels sont tes projets pour aujourd'hui ?

— Toi, se contenta-t-elle de répliquer, éveillant la curiosité de Michael.

— Moi ?

— Toi.

— Rien que ça ?

— Puis-je me doucher ?

Émoustillé par la perspective d'une journée avec elle, il lui indiqua la salle de bains, dans laquelle elle s'enfonça avec bonheur. Quand elle en sortit, Catherine avait les cheveux encore humides. La moiteur de la vapeur soulignait la courbe harmonieuse de ses seins à travers la chemise de Michael, qu'elle avait remise sur ses épaules. Elle l'enleva, dévoilant sa nudité désirable, puis enfila ses sous-vêtements, son pantalon, son t-shirt et son blazer. Tout en s'échinant à dompter sa crinière, elle noua son foulard et chaussa ses escarpins. Elle se retourna et plissa finement les yeux.

— Michael, je vais partir.

Le choc. Ses jambes se dérobèrent et il vacilla. *Les douze coups de minuit*. Il se renfrogna et rassembla toute son énergie pour la fixer le plus courageusement possible.

— Pourquoi ?

— Pour passer chez moi chercher quelques tenues, dont j'aimerais égayer ta garde-robe. Elle me semble tellement sinistre entre tes costumes noirs et tes chemises blanches.

— Rien ne pourrait m'enchanter davantage, gloussa-t-il en tentant de reprendre pied.

— Parfait. Laisse-moi une heure. Je serai de retour pour t'emmener déjeuner.

Elle tendit les lèvres. Il baissa la tête pour les mordiller et les embrasser. Elle le sentit inquiet de la voir le quitter.

— N'aie crainte, je reviendrai. Promis.

Elle se retourna et franchit la porte sans un mot. Quand elle arriva devant sa voiture, elle tourna brièvement les yeux vers le quatrième étage. Malgré la distance, Michael y lut le doute. Il lui fit un signe de la main. Un souffle froid le fit tressaillir. *Et si elle partait tout de même pour de bon*. Il perçut alors que Catherine n'était pas une autre de ses conquêtes, mais qu'un lien totalement différent les avait unis dès le premier regard. Un lien immédiat et indéfectible, qui allait bien au-delà de la séduction, des jeux pervers de Bernard Royant et de la simple satisfaction du désir.

L'odeur obsédante de Catherine flottait lourdement dans la pièce. Il laissa ses pensées vagabonder un instant. Il n'avait jamais rien vécu de pareil. Elle lui apportait quelque chose d'inédit, quelque chose d'encore indéfinissable. L'impression diffuse d'avoir trouvé l'âme sœur, peut-être... La femme dont un homme sait d'instinct qu'elle est la sienne. Catherine représentait certes un plaisir physique sans nom, mais surtout l'éventualité imprécise d'un défi qu'il n'avait jamais dû relever. Celui de l'éduquer ? De la guider ? De faire éclore quelque chose en elle ? *Au diable la psychanalyse.* Il jeta un coup d'œil à son réveil. 10 h 22. Il se languissait déjà d'elle et rêvait de la serrer dans ses bras.

*

Catherine réfléchissait, tout en conduisant à tombeau ouvert dans un Paris pratiquement désert. Michael était un amant prometteur, mais elle avait décelé autre chose. Elle songea à sa première intuition, quand elle s'était assise en face de lui et qu'elle avait ôté son masque. *Une tentation, une promesse.* Il y avait certes de tout ça dans ce qu'elle ressentait, mais cela ne suffisait pas à décrire son émotion. La tentation ? Elle l'avait déjà vécue très souvent. La promesse ? Elle en était blasée. Elle ne parvenait pas à qualifier ce supplément qu'elle percevait en lui. Un supplément d'âme ? Enfin un homme susceptible de pleinement s'abandonner en elle pour la guider vers l'inconnu ? Pensive, elle gara sa décapotable rue de Turenne. Elle continua à pied vers la Place des Vosges, où elle occupait un appartement merveilleusement situé en tête-à-tête avec la statue de Louis XIII.

À peine entrée, elle se dirigea d'un pas cadencé vers sa chambre. Elle ôta rapidement ses vêtements, puis se fit indolente. Elle resta indécise un instant. L'étrange idée de se soumettre dès maintenant à Michael lui vint à l'esprit. Mais n'était-il pas trop tôt pour se dévoiler ? Pouvait-elle déjà marquer son attachement à ce point ? Était-il capable de l'enivrer jusqu'à l'extase ? À se donner pleinement, comme elle l'exigeait de lui ? Était-ce surtout opportun ?

Qu'adviendrait-il de leur amour naissant, une fois qu'elle aurait rempli sa mission ? Elle se souvint de la dernière fois où elle avait pensé aller aussi loin avec un homme... Cet épisode douloureux l'avait laissée exsangue d'émotions tellement longtemps. Elle se figea devant sa fenêtre, absorbée par des sentiments contradictoires. Les promeneurs affluaient sur la Place des Vosges, cherchant un peu de fraîcheur sous ses arcades et dans ses pelouses. Elle se prit à apostropher la statue équestre impassible du roi que l'histoire avait judicieusement surnommé « le Juste ». *Ah, Louis... Si tu pouvais me passer un bon conseil...*

Elle se retourna, revint vers la table de salon en verre et ouvrit un tiroir dont elle tira une pochette grise. Elle en étala le contenu blanchâtre et le coupa à l'aide d'une lame de rasoir. Lentement, elle aspira par le nez la poudre qui s'offrait à elle en deux lignes parallèles. Une goutte de sang perla presque instantanément sous sa narine. *Cette mission... Ce secret,* pensa-t-elle... Elle se dirigea ensuite vers la salle de bains. De tout son corps, de toute son âme, elle voulait vivre le grand frisson. Elle avait le désir ardent de dominer Michael, mais aussi de se soumettre à lui. De le pousser à bout pour qu'il la pousse à bout et qu'ils s'affranchissent ensemble de toute limite.

Prise de vertige, elle s'arrêta devant son miroir et enleva paresseusement ses sous-vêtements, révélant son anatomie soigneusement épilée. Son initiatrice lui avait enseigné que se présenter nue sous ses vêtements à son partenaire est la forme la plus subtile de soumission féminine. Catherine y voyait le fantasme absolu, celui qui laisse le champ libre à l'imagination, n'importe où et n'importe quand.

Elle enfila ensuite un jean parfaitement coupé et une chemise, à même la peau. Le contact du denim avec son corps la grisa et ses seins se redressèrent lorsque le tissu glissa sur sa poitrine. Elle passa une paire de mocassins blancs, noua son foulard et déploya ses mèches sur ses épaules du bout des doigts. Son reflet lui confirmait qu'elle était divine. Mais plus seulement en apparence. Michael la rendrait belle de l'intérieur, elle en avait la conviction. Elle se voyait belle. Elle se sentirait bientôt belle.

Elle comprit qu'il avait décelé le point sensible : celui qui lui permettrait de libérer la femme qu'elle était et qu'une cruelle destinée avait brisée dans son élan vers le bonheur. Celui grâce auquel elle pourrait conquérir les horizons infinis de plaisir qu'elle n'avait jamais connus dans les bras d'un homme et dont son initiatrice l'avait avertie qu'ils ne s'ouvrent qu'à de rares femmes. *Si un jour un homme te fait passer les portes de ce monde merveilleux, il sera ton élu*, avait prophétisé Haissi. Michael serait son guide sur ce chemin, elle en était sûre. À deux, ils arriveraient à bon port. Elle, l'âme en peine, en quête d'elle-même et prisonnière d'un secret trop lourd à porter. Lui, l'âme sœur candide qui l'accompagnerait vers la paix intérieure. Elle assortit quelques tenues, les glissa dans un sac de voyage en cuir et sortit.

*

Il n'en finissait pas de se morfondre et scrutait chaque voiture qui ralentissait rue de Berri, espérant voir une toison blonde en sortir. Il se pencha sur son ordinateur, l'alluma et consulta sa messagerie. Bernard Royant lui adressait ses remerciements pour sa présence la veille. Un courriel de Mark Spencer, envoyé à minuit, heure de New York, retint son attention. Il le parcourut avec anxiété et y répondit de manière lacunaire :

De : Michael Sommers [Global Invest Corporation]

À : Mark Spencer [Global Invest Corporation]

Objet : Reprise Victoria

Cher Mark,

Je confirme mon texto. Rendez-vous jeudi au plus tard. Je finalise Victoria dès que possible. Quel est le problème au bureau ? Tu stresses sur les chiffres de Dan ? Qu'a-t-il trouvé ? Tiens-moi au courant.

Bien à toi,

M.

Mark n'était pas du genre à se laisser aller à la panique comme Dan. Que signifiait donc son message ? Sa teneur avait de quoi surprendre : un examen complet de la comptabilité de Global Invest révélait une exposition nettement plus inquiétante que prévu à des placements à haut risque. Mark demandait à Michael de remettre instamment le cap sur New York pour superviser la vente des participations les plus hasardeuses. En pleine négociation sur Victoria ? Que fallait-il faire ?

Perdu dans ses pensées, il alluma le téléviseur et se brancha sur Bloomberg. Rien d'exceptionnel ne semblait perturber l'éternel sourire emprunté des présentateurs. À peine quelques résultats sportifs, ponctués d'une rétrospective de la semaine. Oui, les Bourses avaient cédé du terrain. Oui, les économistes publiaient des pronostics plus noirs les uns que les autres. Et alors ? Cette volatilité créait des opportunités uniques pour qui savait les saisir. Il suffisait d'acheter à bon compte en attendant des jours meilleurs ou de se replier sur des marchés alternatifs. Le pétrole, par exemple. Ou même les matières premières. À quoi bon s'embarrasser de scrupules ? L'essentiel n'était-il pas de générer des profits ?

Torturé par une impatience fiévreuse, il se consacra à la lecture des pages saumon du Financial Times. Il ne parvenait pas à se concentrer : un hémisphère de son cerveau l'assurait que Catherine ne reviendrait pas, l'autre lui laissait espérer entendre les freins de sa décapotable crisser à tout moment, quatre étages plus bas. Au milieu, ses yeux glissaient sur le papier, incapables de décrypter le moindre signe.

Michael sombrait dans un demi-sommeil lorsqu'une voiture s'arrêta enfin devant chez lui. Il vit Catherine en sortir et une bouffée de chaleur l'envahit instantanément, comme la veille. Il se rua vers la porte, qu'il ouvrit au moment précis où elle allait sonner.

— Vous avez été longue, Mademoiselle Swann.

— J'ai choisi mes tenues avec soin, Monsieur Sommers, répondit-elle du tac au tac.

Il était au comble du bonheur. Qu'elle soit là, d'abord, mais surtout qu'elle soit tellement belle, tellement attirante. Quoi que l'avenir leur réserve, il avait la certitude que Catherine l'avait déjà transformé à jamais.

— Puis-je t'inviter à déjeuner ?

— Dans une brasserie pour touristes célibataires ? Si tu n'y vois pas d'objection, je préfère mon carnet d'adresses... Passe tout de même une veste, ajouta-t-elle en toisant sa dégaine.

Ils sortirent, embarquèrent et Catherine mit le contact.

*

Ils traversèrent la Seine en se laissant bercer par le vent qui s'engouffrait dans l'habitacle. Les cheveux de Catherine flottaient dans le ciel et ses lunettes noires couvraient avec élégance son visage bronzé. Elle était souriante, enjouée. Divinement belle. Entre deux vitesses, elle glissait sa main sur les cuisses de Michael et s'aventurait parfois plus loin. Elle jouait les guides touristiques et ce rôle lui convenait à merveille. Elle parvenait à le captiver en alternant l'histoire de Paris à de doux baisers furtivement échangés entre deux accélérations. Elle gara sa voiture dans un quartier résidentiel moins fréquenté, derrière la Place Saint-Sulpice.

— Venez, Monsieur Sommers. Et préparez-vous à découvrir un des piliers de l'art de vivre, dit-elle en poussant la porte d'un restaurant dont le charme n'avait d'égal que la confidentialité, loin des sentiers battus.

Les quelques tables étaient toutes occupées et il montait de la salle un murmure indistinct, fait des conversations feutrées des convives. Certains ne purent dissimuler un regard admiratif en voyant passer Catherine, lorsqu'elle se dirigea vers le comptoir. Le maître d'hôtel la salua avec égard.

— Mademoiselle Swann, quel bonheur de vous revoir !

— Bonjour, Charles. Mille pardons, je n'ai pas réservé. Je suis avec un ami à qui j'aimerais faire déguster vos prodiges.

— Aucun souci, Mademoiselle Swann. Vous êtes ici chez vous. Suivez-moi.

Charles les conduisit au fond du bâtiment, vers un patio intime qui jouxtait un magnifique jardin d'intérieur. Il les invita à s'installer sur la terrasse et à prendre place à l'unique table, délicieusement décorée et fleurie avec goût.

— Comme d'habitude, Charles, ordonna-t-elle sans parcourir la carte. Pour deux, s'il vous plaît.

— Avec plaisir, Mademoiselle Swann.

— Tu viens souvent ici ? demanda Michael.

— Oui. Leur cuisine est exceptionnelle, tu verras !

— C'est curieux, j'ai l'impression que tous les hommes sur cette planète se damneraient pour t'être agréables.

— J'ai un certain charme. Vous l'avez sans doute remarqué, Monsieur Sommers.

— Cette table est vraiment la tienne ?

— Oui. Charles sait que j'aime me ressourcer chez lui. Cet endroit est un de mes havres de paix. Admire ce jardin... Enivre-toi du parfum de ces azalées. Laisse ton œil courir sur ces parterres de roses. N'oublie jamais ce que tu vois ici. Tout n'est que sérénité. Tout est paisible. Quel dommage que nos vies ne le soient pas autant ! regretta-t-elle.

Charles apparut avec un long plat en argent qu'il déposa entre eux. Il déboucha ensuite deux petites bouteilles de vin rouge et blanc, leur souhaita un bon appétit et disparut.

— Je n'ai jamais rien vu de tel, Catherine. Qu'est-ce que c'est ?

— C'est mon menu personnel. L'assiette Catherine Swann.

— Une assiette à toi ?

— Oui. Un jour, j'ai consulté la carte et tout m'enchantait. Pourquoi choisir ? Quand on aime, on se donne pleinement. J'ai demandé au chef de réaliser un menu rien qu'à moi : une portion de chacune de ses préparations. Et tu vois... Lui non plus n'a pas résisté au plaisir de me faire plaisir.

Le déjeuner fut un émerveillement pour Michael. Il dégusta pour la première fois des fruits de mer et ses papilles salivèrent au goût des truffes et des champignons persillés. Catherine était légèrement grisée par le sublime sancerre qu'elle savourait à petites gorgées. *Le monde peut s'écrouler. Pour autant que cette femme me suive partout où j'irai*, pensait Michael. *Il est mon élu, parce qu'il révélera enfin la femme qui est en moi*, songeait Catherine en l'entourant de son regard brûlant.

Est-ce la nonchalance de cette parenthèse à deux qui l'inspira ? Il se risqua à se rapprocher de Catherine qui le scrutait, les lèvres frémissantes. Il posa la main sur sa cuisse et la fit glisser jusqu'à son entrejambe.

— Modérez vos envies, Monsieur Sommers, susurra-t-elle. La gastronomie ne fait pas bon ménage avec ce que vous avez en tête.

— Catherine, tu es... Tu es tellement...

Elle se trémoussa, ravie de mettre sa patience à l'épreuve.

— Chaque plaisir en son temps... Vis celui-ci avant d'en espérer un autre.

Ils quittèrent le restaurant bras dessus, bras dessous, comme deux tourtereaux. Ils marchèrent sans but, s'embrassant tendrement, tout en parlant de tout et de rien. Une enseigne attira l'attention de Michael.

— Tu veux aller faire un tour ?

— Je suis intrigué. Qu'est-ce que c'est ?

— Un antiquaire. Vous n'en avez pas en Amérique ?

— Oui, bien sûr. Sotheby's, Christie's...

Elle sourit, la joue penchée sur l'épaule.

— Ce n'est pas du tout pareil ! Et je pense que je vais aussi devoir t'initier à l'art de chiner.

Ils entrèrent dans l'échoppe et y restèrent longtemps, s'émerveillant devant de vieux livres, humant des odeurs exotiques de bois tropicaux, contemplant la lumière se décomposer à travers des vases en cristal, effleurant des meubles d'époque du bout des doigts... Tous les sens de Catherine étaient en extase. Elle savourait pleinement le moment. Ils quittèrent la boutique sans rien acheter, ce qui laissa Michael perplexe.

— Nous avons perdu notre temps, nous n'avons rien trouvé...
— Tu te trompes. Nous avons connu un instant de sérénité et ça n'a pas de prix.
— Oui, admit-il. Mais ce n'est pas concret, pas matériel.
— Tu penses que tout s'achète et se vend ? Tu crois que la vie se limite à l'offre, à la demande et à donner un prix à toute chose ? Oublie la finance. Elle finira par te détruire !
— Je crois que tout s'achète et se vend, Catherine. Il suffit d'y mettre le prix. Des millions, peut-être. Mais tout a un prix.
— Tu te trompes à nouveau. Régale-toi de ce moment comme j'en déguste chaque seconde. Quand il sera passé, rien ne te le rendra. Pas même tout l'or du monde...

Il resta interdit. Elle le dévisagea, soudain agitée par une franche hilarité.

— Et si nous faisions quelque chose que tu n'as jamais fait ? Buller !
— Buller ? Tu veux m'emmener nager ? répondit-il, incapable de comprendre.
— Non ! Buller. Ne rien faire, quoi !

Il en était encore à se demander ce qu'elle voulait dire qu'elle lui tirait déjà le bras vers le Jardin du Luxembourg. Il tomba amoureux de l'élégance du parc dès les premiers pas. Elle eut à cœur de lui en faire découvrir chaque promenade. Ils approchèrent d'un banc, près d'un kiosque. Un orchestre s'accordait, cherchant le « la » magique en prélude à ce qu'il allait interpréter. Michael s'assit et admira Catherine qui le toisait de haut. Elle était parfaite. Elle lui coupait le souffle.

Elle se coucha, posa la tête sur ses cuisses et ferma les yeux. Le chant d'une myriade d'oiseaux fit contrepoint aux premiers arpèges de violon. Debussy... Catherine n'en espérait pas tant. Elle commença à fredonner cette ballade qu'elle aimait tant, battant la mesure du bout du pied. Elle s'enfonçait dans une profonde hébétude lorsqu'un mouvement convulsif de la jambe de Michael la rappela à la réalité.

— Je te fais mal ?
— Non... Je suis ébloui par ta beauté et j'ai des spasmes.

Elle sourit et devina intérieurement qu'il n'avait dit que la vérité, sans tenter la moindre note d'humour.

*

Skillman (New Jersey, États-Unis)

Ben Bernanke, le président de la Réserve fédérale américaine, aimait travailler tôt, dans cette zone d'ombre qui fait la transition entre la nuit et le jour. Un étrange *no man's land* où la forme imprécise des choses se devine plus qu'elle ne se perçoit.

Il ouvrit la fenêtre du petit bureau de sa maison de Skillman, dans le New Jersey, et inspira l'air frais de l'aurore avec allégresse.

La presse du week-end s'étalait sur sa table, n'offrant à lui qu'une actualité anxiogène, résumée par des titres alarmistes sur la flambée du pétrole, les records spéculatifs qu'atteignaient les matières premières, le chômage en hausse, la contamination de la crise au Japon, à l'Espagne, à l'Allemagne...

Bernanke avait d'emblée cerné l'ambiguïté de la menace. Les dépréciations effrénées qu'actaient les banques sur leurs actifs toxiques mettaient tout le système financier en péril par l'assèchement des liquidités qu'elles provoqueraient inéluctablement. Cet incendie se propageait à toute allure et il faudrait tôt ou tard inonder le marché de milliards de dollars pour l'éteindre.

Le contexte inflationniste attisé par la spéculation plaidait, au contraire, pour une politique monétaire restrictive. La Banque centrale européenne, dont Bernanke savait déjà qu'elle allait annoncer une augmentation de son taux directeur au nom de la défense de la stabilité des prix, ne manquerait pas d'invoquer cet argument. L'équation était insoluble. Il devait pourtant trouver les mots justes pour calmer le jeu.

Il devait prononcer deux discours, le 8 et le 10 juillet. Il était surtout attendu pour son audition semestrielle devant la Commission bancaire du Sénat, le 15. Il se pencha une nouvelle fois sur le texte de son allocution aux sénateurs, biffant un terme ici, en ajoutant un autre là. Le plus important était de donner un espoir, d'indiquer qu'il restait à la barre, de montrer qu'il maintenait le cap. Il rectifia un paragraphe rédigé par un collaborateur en apposant dans la marge une phrase qui résumait son point de vue du moment : *je prévois une amélioration graduelle de l'économie américaine, ces deux prochaines années, mais je me dois de vous mettre en garde contre l'incertitude considérable qui entoure ces perspectives.*

Il se relut et posa un regard mélancolique sur le jardin de sa résidence. Ses doigts glissèrent sur un dossier. Henry Paulson lui avait laissé entendre que la banque californienne Indymac, une des principales institutions américaines de crédit hypothécaire, devrait incessamment être placée sous la tutelle des autorités fédérales, faute de pouvoir se refinancer sur les marchés.

Son téléphone bourdonna.

— Bonjour, Henry. Vous êtes bien matinal.

— Ben... Avez-vous déjà pu consulter le rapport que je vous ai envoyé sur Indymac ? demanda le secrétaire au Trésor.

— J'allais m'y consacrer.

— Considérez-le comme dépassé. Je vous en ferai parvenir une mise à jour. La situation se dégrade bien plus vite que nous l'imaginions. Indymac annoncera demain la fin de ses activités de prêts aux particuliers et le licenciement de près de 4 000 collaborateurs. Je viens d'en avoir la confirmation. Ben, poursuivit Paulson après un long silence. C'est un désastre... J'ai l'impression que tout s'effondre autour de nous sans que nous ne puissions rien faire.

— Calmons-nous. Restons factuels. Je suppose qu'Indymac sera mis sous la tutelle de la *Federal Deposit Insurance*[6]. Préparons-nous d'ores et déjà à l'impact que cette banqueroute pourrait avoir sur Freddie Mac et Fannie Mae[7].

— D'accord. Je vous rappelle pour faire le point dès que nous disposerons de chiffres.

— Quand pensez-vous m'envoyer la nouvelle version de votre rapport ?

— Vous l'aurez aujourd'hui encore. À bientôt, Ben.

— Henry ? Une dernière question... Qu'en pense le président ?

— Il est en route pour le G8, au Japon. Je crains que nous soyons livrés à nous-mêmes...

Bernanke raccrocha. *Elle est tombée, elle est tombée, Babylone la grande, qui a abreuvé toutes les nations du vin de la fureur de son impudicité*, soupira-t-il en se remémorant ces quelques lignes de l'Apocalypse de saint Jean. Il passa le bout des doigts dans sa barbe en se figurant les conséquences de ce qui se profilait déjà comme la plus importante faillite bancaire aux États-Unis depuis 1984.

---

[6] Créée en 1933, la *Federal Deposit Insurance Corporation* a pour mandat de garantir les dépôts bancaires aux États-Unis. Au fil de la crise, son rôle s'est étendu à l'assurance des dettes des institutions financières américaines.

[7] Freddie Mac et Fannie Mae étaient deux géants du financement des prêts immobiliers aux États-Unis à l'époque des faits.

L'après-midi touchait à sa fin et l'horizon se colorait des premières lueurs rougeoyantes du crépuscule. Ils quittèrent le parc et rejoignirent la voiture de Catherine.

— Michael. Tu m'as demandé ce matin ce que je fais dans la vie. Tu veux le savoir ?

— Si tu acceptes de me le dire, répondit-il, interloqué.

— Monte !

Catherine démarra en trombe, se faufila dans la circulation et s'engagea dans le dédale des ruelles du Marais. Elle s'arrêta et attendit un instant, le laissant s'imprégner de l'atmosphère bigarrée de ce quartier qu'il ne connaissait pas. Ils sortirent et Catherine lui indiqua un bâtiment de la main. Deux mots, peints en lettres dorées, se détachaient sur l'enseigne qui surplombait le porche : « Maison Swann ».

— Catherine ? Où sommes-nous ? Pourquoi ce mur porte-t-il ton nom ?

— Chut… Ne sois pas impatient. Donne du temps au temps...

Elle tira un trousseau de clés de son sac, ouvrit la porte et invita Michael à la suivre. La salle où ils pénétrèrent était sombre et il y flottait une odeur agréable de cuir, de laine et de soie que même le parfum tenace de Catherine ne parvenait pas à supplanter totalement. Elle alluma les lampes et un monde magique s'offrit à lui.

À perte de vue, des dizaines de robes rangées avec précision sur des tringles métalliques étalaient leur beauté devant lui. Il allait de surprise en surprise. Des mannequins impassibles semblaient s'être figés pour toujours dans les poses les plus improbables. Les murs étaient recouverts de croquis superposés, chacun agrafé à un échantillon de tissu. Les machines à coudre se disputaient le peu d'espace disponible aux fers à repasser. Des crayons de toutes les couleurs jonchaient les tables et d'innombrables rouleaux d'étoffe encombraient les étagères.

— Mais… qu'est-ce que c'est ?

— Mon palais des merveilles...

— Mais encore ?

— Une des dernières maisons artisanales de haute couture à Paris. Je l'ai héritée de maman qui la tenait elle-même de la sienne. Et j'y tiens plus qu'à tout.

— De la couture ? De la mode ? C'est tellement… inattendu. Tu es tellement… inattendue. Je te voyais dans les affaires, peut-être même dans une banque.

— La finance ? Détrompe-toi. Mon bonheur est ici.

— Et tu fais tout ça toi-même ? demanda-t-il, en désignant du bras les rails couverts de cintres.

— Tu crois ? J'aimerais, c'est vrai... Mais j'ai la chance d'avoir une équipe de couturières expertes dans l'art du point de croix ou de la dentelle. Mon rôle se limite à dessiner les modèles. Je suis la styliste de cette maison.

— Styliste ? Styliste ! Mais c'est magnifique ! C'est évident ! Comment la plus belle femme du monde pourrait-elle être autre chose que styliste ? Comment la femme que j'aime pourrait-elle créer autre chose que ces merveilles ?

Il se rendit compte qu'il était allé trop loin. Il se tourna vers Catherine, qui l'observait d'un regard amusé. À ce moment précis, elle comprit à quel point il tenait déjà à elle. Il avait abattu ses cartes. Il faudrait qu'elle s'y résigne aussi tôt ou tard. Peut-être même qu'elle lui dise pourquoi ils étaient là, tous les deux, en cette fin d'après-midi. *Ce secret...* Il était tellement lourd à porter. Ce qui ne devait être qu'un simple jeu s'apparentait à un vrai supplice.

Il tenta de garder une contenance en faisant quelques pas, en palpant des tissus, en la félicitant pour la qualité de ses esquisses, mais il sentait à nouveau ses yeux le transpercer et fouiller au plus profond de lui. Un instant passa, puis elle sourit.

— Viens ! Je vais tout t'apprendre de la mode !

Elle avait retrouvé un ton désinvolte et lui présenta des tailleurs en cours de confection. Elle lui décrivit les innombrables étapes nécessaires à la réalisation d'une robe. Elle en dessina même une en s'inspirant seulement des indications qu'il lui donnait. Le croquis informe leur arracha un fou rire. Elle partageait sa passion avec lui et s'amusait de le voir médusé par ce qu'elle lui expliquait. Ils finirent par s'asseoir, un épais album photo sur les genoux. Michael n'y découvrit que des clichés de Catherine, posant avec ses créations. Il s'attarda sur un modèle unique : une longue tunique blanche, ceinturée d'une lanière dorée.

— Hum... Et voici Aphrodite, la déesse de l'amour. Je ne pourrais mieux me la représenter...

Elle décolla la photo de la page et se fit câline.

— Je te l'offre. Garde-la. Quoi qu'il arrive, elle te portera bonheur.
— Catherine, que veux-tu qu'il nous arrive ?
— Par définition, l'avenir est incertain...

Michael laissa passer un instant pendant lequel elle sembla perdue dans ses pensées. Il l'embrassa, continua à parcourir l'album et s'arrêta sur une somptueuse tenue de soirée noire, lisérée de magnifiques broderies argentées.

— Oh, mon Dieu... Catherine ! Cette robe est la tienne ! Vous ne faites qu'un, c'est magique !
— Je m'en souviens. Collection automne-hiver 2006. Elle n'a pas eu un grand succès.
— Heureusement ! Elle ne va qu'à toi. Je ne la vois sur personne d'autre que toi.
— Tu veux que je l'enfile ? lui susurra-t-elle à l'oreille. Je peux facilement la retrouver.
— Tu me comblerais... Mon amour...

Catherine bondit, sans relever cette allusion très intime. Elle virevolta entre les tringles et revint un instant plus tard, portant du bout des doigts le cintre auquel était suspendue la robe, protégée par un film en plastique.

— De la soie. Une pure merveille. Admire le travail de broderie. Tout est cousu à la main.

Elle le fixait à nouveau avec insistance. Il vacilla et baissa la tête, incapable de soutenir l'intensité de son regard. Le soleil qui brillait en elle éclipsait tout. Lentement, Catherine ôta ses mocassins en se dandinant et les poussa sur le côté du bout des orteils. Elle déboutonna lascivement sa chemise et la laissa glisser le long de ses bras, sans un mot. Elle enleva ensuite son jean et apparut nue, offerte, fragile. Elle se saisit de la robe avec précaution et l'enfila, rendant au tissu une vie après des mois de léthargie. Un frisson parcourut le dos de Michael. *Ce parfum. Cette femme... Cette perspective d'un amour sauvage, absolu...* Comme la veille, comme le matin même, il capitula au pouvoir d'attraction ravageur de Catherine.

Il la rejoignit d'un saut et l'embrassa, tout en l'enlaçant avec avidité. Elle se sentit possédée et tressaillit. *Cet homme... Cette générosité...* Il lui inspirait la promesse imminente de paradis hier encore inaccessibles, désormais à portée de main. La douceur de ses caresses la projetait vers les rivages d'une mer sans vague. Elle le laissa la déshabiller et stimuler son intimité. Il couvrit ses cuisses, ses reins, puis sa poitrine de baisers avant de lui enserrer le cou et d'effleurer son visage du bout des lèvres.

— Retourne-toi, ordonna-t-il tout bas.

Elle obéit pendant qu'il se dénudait. Pliée en deux sur la table de travail de sa meilleure couturière, elle s'offrit sans équivoque à lui, l'invitant à s'insinuer en elle avec exaltation. Le plaisir qu'elle ressentit n'avait aucun égal. Tout s'accéléra soudain. Elle décolla. Elle planait. Elle tourbillonnait. Elle perdait pied. L'euphorie qu'elle avait tant attendue s'imposa à elle. Le paradis, enfin ! L'évidence de la féminité ! Aux confins de l'extrême limite, Catherine donna tout l'amour qu'elle avait en elle, se raidit dans un interminable hurlement et s'écroula sur le ventre, terrassée par l'onde prodigieuse qui lui irradiait le corps. Elle voyait l'infini. Ses mains tremblèrent. Elle touchait du bout des doigts l'arc-en-ciel que lui avait promis son initiatrice. Les embruns d'un océan de douceur la fouettèrent. Un éclair la foudroya. Elle avait atteint l'éden et espérait ne plus jamais en revenir.

Une éternité passa. Michael se rhabilla, Catherine enfila son jean et sa chemise.

— Catherine, pourquoi es-tu nue ?

— Parce que cela facilite ce que nous avions envie de faire, répondit-elle avec malice.

— Non. Tu sais bien ce que je veux dire. Pourquoi es-tu nue sous ce magnifique jean ?

— Parce que c'est ma manière de me soumettre à un homme.

— Te soumettre ? Mais je n'ai pas besoin de cela, bredouilla-t-il.

— Tu ne comprends pas... Il n'est pas question de me menotter et je ne veux pas faire de toi mon esclave. Je parle d'une soumission plus subtile, plus… personnelle. Érotique plutôt que sexuelle. Sensuelle plutôt que brutale. Un petit jeu entre toi et moi. Tu sais, je sais. Personne d'autre. Tu vois ?

Il resta penaud, incapable de prononcer un mot. Jamais personne ne lui avait tenu de tels propos, a fortiori une femme aussi belle, aussi élégante, aussi miraculeuse que Catherine. Il craignit qu'elle soit pervertie par d'inavouables fantasmes et qu'elle le quitte s'il ne satisfaisait pas le côté obscur de sa personnalité. Son univers basculait.

— Michael, Michael. Quand j'ai un homme dans la peau, je lui suis soumise. Je veux lui donner autant qu'il me donne. Rendre autant que je reçois. Est-ce trop compliqué à comprendre ?

Elle sanglotait, mais de bonheur. Elle sentit une larme couler sur sa joue. Elle l'essuya vite, mais remarqua qu'il n'avait rien manqué de la scène.

— Je ne pleure jamais, Monsieur Sommers. Jamais. Sauf quand l'amour est trop fort. Retenez-le, ajouta-t-elle, reprenant un ton autoritaire. Retenez-le toujours.

Elle avait abattu ses cartes, elle aussi. Elle espéra un instant qu'il maîtrise suffisamment le français pour saisir toutes les subtilités de sa déclaration.

*

Elle avait retrouvé sa bonne humeur lorsqu'ils quittèrent l'atelier. Ils descendirent la rue, affectueusement enlacés l'un contre l'autre et heureux. Michael était convaincu d'avoir trouvé la femme avec laquelle il était prêt à passer bien plus qu'une simple nuit. Catherine savait désormais qu'elle avait rencontré le capitaine de sa destinée, le seul homme capable de lui ouvrir les portes des trésors qu'elle voulait révéler en elle. Elle l'embrassa furieusement dans le cou et se promit de le conduire, lui aussi, vers les abîmes insondables de l'abandon total.

— Et si nous allions chez Anton ? proposa-t-elle à brûle-pourpoint.
— Anton ? Qui est-ce ?
— Anton Liber. Un artiste. Et un de mes amis. Il peint à deux pas d'ici. Tu verras, il est stupéfiant !
— Pourquoi pas ? répondit Michael, pour qui la peinture se limitait à Michel-Ange et à Léonard de Vinci.

Ils s'enfoncèrent dans une allée et se faufilèrent sous le porche d'un haut bâtiment délabré. Elle le guidait du bout des doigts et l'amena vers l'entresol, dont émanaient de fortes odeurs d'essence de térébenthine.

Anton accueillit Catherine à bras ouverts. Il l'embrassa tendrement sur la joue et elle lui rendit son accolade avec la même douceur. Il avait la cinquantaine et la dégaine typique de l'artiste accompli. Une marinière lui enserrait le buste, un pantalon informe cachait ses jambes et il déambulait pieds nus dans son atelier au parquet recouvert d'innombrables taches d'acrylique.

— Catherine, lança-t-il avec lyrisme et un accent allemand prononcé. Catherine, sans qui je ne serais rien !

— Cher Anton ! J'espère que nous ne te dérangeons pas en plein travail. Comment vas-tu ?

— Merveilleusement bien depuis que tu as accepté d'être mon mécène. Je t'en suis infiniment reconnaissant. Et tu ne me déranges jamais. Mon modeste logis te sera toujours ouvert !

— Je suis ravie de pouvoir t'aider. Tes œuvres me parlent. Leur intensité réveille la rage qui est en moi.

Michael s'était approché des toiles. Il les considéra d'abord avec un certain scepticisme, mais s'enflamma vite pour les métaphores esthétiques qu'elles véhiculaient. Suspendus, installés sur des chevalets ou simplement déposés à même le sol, tous ces tableaux trahissaient la même quête de la femme absolue et l'incapacité d'Anton à résoudre l'énigme de l'amour.

Une œuvre très différente l'attira au fil de sa visite et le conquit au premier coup d'œil. Elle représentait un homme inerte, infiniment triste de voir une femme vêtue d'une toge blanche s'envoler sur un décor de tours effondrées. Son regard s'attarda sur chaque détail et il se laissa emporter par le tourbillon de significations qu'il pouvait lui donner. Cinq mots fusèrent dans son esprit : *Will you still love me.* Une évidence : le monde s'écroule, une femme quitte l'homme qu'elle aime. L'aimera-t-il encore demain ? Il baissa finalement les yeux et suffoqua devant l'intitulé de la toile : *M'aimeras-tu encore ?*

— Alors ? Que penses-tu des créations d'Anton ? lança Catherine.

— Je les trouve admirables. Mais l'une d'entre elles m'interpelle plus que les autres.

— Laquelle ? demanda posément Anton Liber.

— M'aimeras-tu encore ?

— Oui… J'ai conçu cette composition après un rêve. J'ai vu l'océan s'abattre sur les villes. J'ai vu le vent battre la campagne. J'ai vu une femme quitter un homme. J'ai vu…

— Elle est magnifique, coupa Michael. Combien coûte-t-elle ? J'aimerais l'emporter.

— Elle n'est pas à vendre, regretta Liber.

— Pas à vendre ? Vous plaisantez ? Je vous en donne le prix que vous voulez.

— Elle appartient à Mademoiselle Swann, dit Liber en se tournant vers Catherine.

— Je te l'offre, Michael. Laisse-moi t'en faire cadeau. J'insiste. J'insiste vraiment.

— Catherine… Je… Je…

Il hésita une seconde. Il avait beau les chercher, il ne trouvait pas les mots justes pour la remercier. Il se souvint de son enseignement et l'embrassa délicatement. Elle frétilla, en se félicitant qu'il apprenne si vite…

*

Ils rentrèrent tard et la nuit était déjà tombée. Catherine avait passé une journée idyllique et manifestait sa bonne humeur par une gaîté contagieuse et l'attention exclusive dont elle entourait Michael. Ses cheveux flottaient au vent. Sa silhouette de rêve étincelait dans l'obscurité. Elle était fraîche et élégante à la fois. Elle semblait prodigieusement heureuse.

Simplement amoureux, ils ne remarquèrent pas une voiture banale, stationnée une dizaine de mètres plus loin dans la rue de Berri. À travers le viseur de son appareil photo, un homme ne perdait rien de la longue étreinte qu'échangea le couple, devant le porche. Il régla la sensibilité pour ne pas devoir utiliser son flash, fit pivoter légèrement son téléobjectif et appuya à plusieurs reprises sur le déclencheur.

Ils débouchèrent une bouteille de champagne et savourèrent une coupe en se souriant silencieusement, hypnotisés l'un par

74

l'autre. Michael lui caressa délicatement la main. Il maîtrisait manifestement assez le français pour comprendre l'allusion de Catherine.

Ils s'unirent plus tard avec indolence, au même rythme qu'ils avaient passé ce dimanche magnifique ensemble. Catherine s'offrit à lui sous la douche. Ils vécurent avec bonheur l'instant magique où ils ne firent qu'un en laissant l'eau marteler leur peau et la moiteur de la vapeur souder leurs corps. Elle s'était sentie submergée par la plénitude d'être femme et la béatitude se reflétait sur ses traits. Ils avaient tous les deux la conviction que leur amour avait totalement éclos en 24 heures à peine. Chacun d'eux prit une photo de l'autre sur son portable et ils s'échangèrent leurs numéros.

En s'endormant au creux des bras de Michael, Catherine ne put réprimer un sanglot. *Pourquoi la vie est-elle si cruelle ? Ce secret...* Ce secret qui la tenaillait et qui la mortifiait. Elle avait une mission, certes. Elle avait dû l'accepter. Mais le destin ne pouvait-il pas lui faire enfin un cadeau ? Elle finit par s'abandonner au sommeil et rêva d'orchestres, de jardins d'azalées et de toges noires.

6

Michael se réveilla d'un sursaut brusque et spasmodique. Haletant, il se cambra et tenta de reprendre son souffle. Il eut du mal à se concentrer, tenaillé par une forte migraine. Et pourtant… Il était le plus heureux des hommes.

La déclaration de Catherine l'avait bouleversé intérieurement. Son regard se posa sur le tableau qu'elle lui avait offert. Il y retrouvait exactement la même signification que la veille. *M'aimeras-tu encore ? Toujours !* pensa-t-il. En passant la main sur les draps à la recherche du corps chaud de Catherine, il se rendit compte qu'il était seul. Il tourna la tête et vit qu'elle n'était plus là. Ses yeux glissèrent vers la toile, puis revinrent vers le lit vide.

Tous les sens en alerte, il scruta la chambre sous tous les angles. Rien n'avait bougé. Le sac de Catherine était resté en place, son trousseau à côté. Il se leva d'un bond et se faufila jusqu'à la fenêtre. Sa voiture stationnait à la même place.

Il frappa à la porte de la salle de bains, mais n'obtint aucune réponse. Tremblant d'anxiété, il se rua vers son portable et composa le numéro de Catherine. Les tonalités s'égrenèrent à l'infini. *Où es-tu ? Mon Dieu, où es-tu ?* Il se laissa tomber sur son oreiller, tourmenté par une vive inquiétude.

Perdu dans ses pensées, il entendit une clé ouvrir la serrure, puis des pas feutrés se rapprocher de lui. Il la vit alors s'imposer devant lui, divine dans le contre-jour des rideaux qui tamisaient la lumière extérieure. Elle l'examinait sous tous les angles et il se sentit immédiatement soumis, à nouveau muet d'admiration. Elle était magnifique. Elle portait un pantalon corsaire qui lui moulait les cuisses et un débardeur qui soulignait avantageusement sa silhouette. Des perles de sueur glissaient sur sa peau douce.

Michael aspira l'air à grandes gorgées. Une chaleur intense monta en lui.

— Non, ne dis rien, chuchota-t-elle en se penchant pour l'embrasser.

— J'ai eu tellement peur.

— Ne dis rien. Tu dois me promettre le silence.

Catherine se releva devant lui. Du bout des doigts, elle ôta une petite barrette de bois qui lui enserrait les cheveux en chignon, puis laissa ses mèches retomber sur ses épaules. Elle se déshabilla et se coucha à ses côtés. Elle lui caressa la joue, le cou, puis lui mordilla le lobe de l'oreille. Elle dégageait une odeur sensuelle, mélange de l'acidité de la moiteur et des relents de son parfum enivrant.

— Tu as donc eu peur...

— J'ai peur de te perdre.

Catherine bascula sur lui pour le chevaucher. Elle pencha sa bouche pulpeuse vers ses lèvres. Sa voix se fit murmure.

— Il n'y a pas de raison. Je suis partie courir, c'est tout. J'ai fouillé tes poches pour prendre la clé et ne pas te réveiller. Pardonne-moi...

Elle baissa sa poitrine et il s'épanouit à la délicieuse chaleur de son corps sur le sien. Stimulés l'un et l'autre par cette troublante proximité, ils se cherchèrent quelques instants, repoussant avec délectation le moment où ils s'uniraient. Il l'entendit lui souffler quelques mots à l'oreille.

— Donne-toi, Michael. Donne-toi à moi comme je me donne à toi.

— Je me donne à toi, Catherine. Je me soumets pleinement à toi...

Leur étreinte se fit plus profonde et ils s'immergèrent avec douceur dans un océan de volupté. Il n'avait jamais vécu une fusion aussi totale. Il sentit Catherine vibrer, s'abandonner et s'envoler vers un univers dont elle seule percevait les contours.

Des arômes suaves émanaient de ses lèvres et les tremblements qui la secouaient témoignaient de l'intensité de l'état second dans lequel il l'avait propulsée.

Elle plongea le bleu de ses yeux dans le bleu de ceux de Michael. Son regard le pénétrait avec une telle puissance qu'il eut l'impression d'un séisme. Elle le libéra enfin, avant de s'effondrer à côté de lui, totalement dominée par la lame de fond qui l'inondait de l'intérieur. Ses soupirs saccadés cédèrent progressivement la place au rythme posé d'une respiration régulière. Ils passèrent un agréable moment à revenir de ce merveilleux voyage en se vouant une tendresse ardente l'un à l'autre.

— Je te donnerai un double de la clé, chuchota-t-il.
— Je me soumets pleinement à toi aussi, répondit-elle, rêveuse.

*

La matinée était déjà bien entamée lorsqu'ils touchèrent la terre ferme. Catherine se glissa la première hors du lit et se dirigea élégamment vers la salle de bains, dont elle sortit habillée d'un tailleur blanc et chaussée de ses escarpins immaculés. Michael remarqua la magnifique broche dorée en forme de salamandre qu'elle portait à la boutonnière et qui s'harmonisait à merveille avec son teint et sa blondeur. Il aurait voulu lui dire à quel point elle était sublime, à quel point il l'aimait... L'enseignement de Catherine lui revint instantanément à la mémoire : *apprenez à vous exprimer d'une autre manière.*

— Désolée de te quitter comme ça, mais j'ai une séance photo pour notre collection automne-hiver à midi.
— Je devrai m'y faire. Les affaires sont les affaires...
— Ne seriez-vous pas un peu jaloux, Monsieur Sommers ?
— Et si un beau couturier te faisait des avances ?
— Rassure-toi. Mon personnel ne compte que des couturières. Et je pense que tu as pu constater que je préfère les

hommes. Même si les femmes ne me déplaisent pas de temps à autre, dit-elle en se rapprochant de lui et en laissant sa main s'immiscer entre ses cuisses.

— Tu as des doigts de fée…

— Tu n'as encore rien vu !

— Eh bien… À ce soir.

— À ce soir...

Il entendit sa voiture vrombir dans la rue et s'éloigner. Il se leva et prit le temps de se doucher, de s'habiller et même, luxe inimaginable à New York, de contempler Paris s'offrir à lui en ce début de matinée.

Il s'assit ensuite devant son ordinateur et vit apparaître une avalanche de courriels en quelques secondes. Diane Preston l'encourageait à revenir d'urgence. Ashcroft s'exaspérait de la réponse ridicule qu'il avait donnée vendredi à son rapport. Mark le harcelait en lui demandant des précisions sur le dossier Victoria et l'invitait à en finir et à regagner New York par le premier vol. Même Fred Alistair s'était fendu d'un message pour le prier, en termes crus, de se manifester au plus vite.

Michael se brancha sur Bloomberg et survola la bande qui défilait sous l'écran, présentant les cours en temps réel des Bourses européennes. Le CAC 40, l'indice vedette parisien, affichait 4.305 points à l'ouverture. *Dans le vert*, pensa-t-il. Il écouta les actualités. Les nouvelles n'étaient pas bonnes sur les financières, mais il fustigea intérieurement le pessimisme excessif des analystes. La chaîne consacra ensuite un reportage au G8 qui avait lieu au Japon. Selon l'envoyé spécial, les chefs d'État y parlaient environnement et coopération… Des sujets qui seraient passés au second plan en cas de catastrophe imminente. Perplexe, il reprit la rédaction de son étude de valorisation de Victoria. Son téléphone se tordit soudain dans une légère vibration. Il l'empoigna et vit un texto arriver, sans mention de l'expéditeur.

J'ai faim de vous, Monsieur Sommers.

Il sourit. Même si l'identification du correspondant n'apparaissait pas sur son écran, il reconnut instantanément le style de Catherine. Il voulut la rappeler, mais raccrocha aussitôt. Il bascula en mode texto et saisit quelques mots.

Chère inconnue, votre message est très personnel. Permettez-moi de vérifier si vous êtes l'inconnue que j'aime avant de vous assouvir.

Il eut à peine le temps de déposer son portable qu'une nouvelle secousse le fit se tortiller. Il lut fébrilement la réponse, cette fois identifiée comme provenant de Catherine.

Cher inconnu, acceptez-vous l'invitation de l'inconnue que vous aimez ? Disons à midi. Je vous embarquerai à la Concorde.

Ses doigts virevoltèrent sur le clavier.

Avec plaisir, ma petite Cathy.

Il passa la matinée à examiner ses e-mails, à suivre l'actualité boursière et à finaliser son projet. Les avocats de Global Invest avaient habilement résolu toutes les questions restées en suspens. Respectant scrupuleusement leurs recommandations, Michael rectifia quelques chiffres dans un tableau, ajouta trois clauses au protocole d'accord et modifia sa présentation en conséquence. Rien dans la réaction des juristes ne laissait supposer la moindre urgence, au contraire. Il s'étonna encore de l'insistance subite de ses collègues à le voir revenir.

Il sortit peu avant midi, descendit la rue de Berri et se dirigea vers la station de métro George V. Quelques centaines de mètres à pied le séparaient de la Place de la Concorde, mais la chaleur lourde et orageuse qui plombait Paris l'incita à renoncer à la marche. Il retrouva l'air libre du côté des Tuileries. À peine déboucha-t-il de l'escalier qu'une décapotable longea le trottoir. Il encaissa douloureusement le regard noir que Catherine lui lança quand il s'assit à ses côtés.

— Ne m'appelle plus jamais ta petite Cathy. C'est clair ? dit-elle en détachant posément chaque syllabe et avec une autorité qui ne souffrait aucune contradiction.

Il se tut un instant pendant qu'elle slalomait dans le trafic. *Pourquoi cette remontrance ?* Le français n'était certes pas sa langue maternelle, mais il le maîtrisait assez pour ne déceler aucune raillerie dans ce surnom familier.

— Catherine, pardonne-moi, je ne savais pas que ça te heurterait.

— Comment s'est passée ta matinée ? demanda-t-elle aussitôt, d'une voix pétillante.

Il se tourna vers elle sans un mot, désarçonné une fois encore par l'aisance avec laquelle elle basculait en un instant d'un registre à l'autre. Elle resta pensive pendant tout le trajet, préoccupée par une question lancinante : *comment ne pas le perdre ?* Comment ne pas perdre cet homme qui la révélait enfin à elle-même ? Quand il comprendrait ce qui se tramait réellement, l'enfer s'ouvrirait sous leurs pieds.

*

Elle l'invita dans une charmante auberge de campagne, près de Vincennes. Elle pénétra en trombe dans la cour intérieure de la propriété et freina dans un tourbillon de sable et un crissement de pneus. Michael découvrit une adorable maison en pierre de taille, surplombée d'un toit en chaume. Quand ils entrèrent, une douce odeur de cuisine traditionnelle se conjugua d'emblée au parfum de Catherine.

— Tu fais une infidélité à Charles ?

— Il faut varier les plaisirs, dit-elle avec malice.

— Mademoiselle Swann, vous êtes ravissante ! s'exclama le maître d'hôtel, venu les accueillir.

— Toujours aussi flatteur, Philippe. Qu'avez-vous à nous servir ?

— Puis-je vous proposer une salade de fruits de mer sur son lit d'agrumes ?

— Parfait, répondit-elle sans demander son avis à Michael. Philippe... Pourriez-vous nous installer au boudoir ?

— Certainement, Mademoiselle Swann. Suivez-moi.

Il les dirigea avec un sourire entendu vers une petite pièce inondée de soleil. Une table et deux chaises s'y démarquaient du mobilier rustique qui meublait le salon. Une horloge ornait un coin. Un banc en chêne barrait le passage vers une porte et un buffet présentait une impressionnante collection d'ustensiles de cuisine en laiton. Une nappe rose décorait le couvert et mettait délicatement en valeur la vaisselle en porcelaine et l'argenterie. Ils s'assirent, se prirent par les mains et se dévisagèrent en silence, absorbés l'un par l'autre.

— Tu n'as pas répondu à ma question, Michael.

— Laquelle ? demanda-t-il, à nouveau déstabilisé par la fermeté de son ton.

— Comment s'est passée ta matinée ?

— Travail, travail. En ne pensant qu'à toi. Et toi ?

— Très bien… Des photos réussies sur toute la ligne…

Philippe entra et déposa deux assiettes et une carafe d'eau devant eux. Il salua et se retira. Michael se délecta du plat. L'acidité du pamplemousse était délicieusement sublimée par les crustacés. Catherine savait à coup sûr choisir ses restaurants. Ils échangèrent quelques mots puis se retrouvèrent les yeux dans les yeux, main dans la main.

— Pourquoi m'as-tu invité ? demanda doucereusement Michael.

Elle le dévora du regard, incapable de réfréner l'irrépressible pulsion qui l'animait.

— Parce que j'avais déjà faim de vous, Monsieur Sommers.

Elle se leva avec nonchalance, fit un mouvement suggestif de la tête et enleva son blazer, dévoilant un t-shirt blanc sous lequel il distingua les formes agréablement galbées de sa poitrine.

— Tu nous as concocté un dessert façon Catherine Swann ?

Elle passa derrière lui et posa ses mains sur ses épaules, avant de se pencher.

— Un feu d'artifice de mignardises, crois-moi.

Au comble de la joie, il resta immobile, résistant difficilement à l'envie de se retourner. Elle fit s'envoler ses doigts fins vers les oreilles de Michael, puis les glissa sur sa nuque. Chacun de ses gestes l'électrisait et il sentit la tension lui contracter chaque muscle.

— Détends-toi. Tu es trop nerveux…
— Et s'il venait l'idée à Philippe de débarrasser ?

Tout en lui caressant la joue du bout des ongles, elle tendit la jambe et ferma la porte d'une flexion du pied.

— Problème résolu, susurra-t-elle.

Il déplia les bras pour tenter de la toucher, mais elle les rabaissa brusquement.

— Détends-toi, répéta-t-elle. Donne-toi à moi comme je me donne à toi.
— Tu m'as dit hier que la gastronomie se mariait mal avec l'amour…
— Hier, c'était hier. Aujourd'hui, j'ai changé d'avis.

Ses doigts s'agitaient dans son cou, dessinant de petites courbes sous son menton.

— M'aimez-vous, Monsieur Sommers ? M'aimez-vous vraiment ?
— Oui…
— Au point de tout donner, de tout pardonner ?
— Oui, lâcha-t-il, porté à ébullition par ce supplice érotique insoutenable.

Elle s'attarda sur ses tempes et murmura quelques mots.

— Vous devrez le prouver un jour.
— Comment ? Que veux-tu dire, Catherine ?

Un zeste de mélancolie dénatura sa voix sensuelle.

— Vous le verrez en temps opportun…

84

Elle se retourna et vint s'asseoir en amazone sur ses genoux. Elle déroula ensuite ses bras sur ses épaules et ils s'embrassèrent dans un gémissement sans fin, au rythme lancinant des secondes qu'égrenait lourdement l'horloge. Il posa la main sur ses cuisses et remonta délicatement les doigts jusqu'à l'entrejambe de Catherine. Il la sentit nue, moite, fébrile.

Lèvres contre lèvres, ils se levèrent, firent quelques pas à tâtons et prirent place sur le banc. Catherine relâcha un instant la pression et ramena ses bras vers sa taille. Tout en continuant à entourer Michael de toute son attention, elle enleva son t-shirt et ses escarpins. Enivré par son parfum, il dégrafa sa jupe qu'elle fit glisser sur le sol.

Elle s'offrit à lui dans la plénitude de sa féminité naissante. Il se donna à elle dans la plénitude de l'amour infini qu'elle lui inspirait. Les sensations qu'elle ressentit furent plus fortes, plus intenses que jamais. Elle sentit la tempête s'emparer d'elle au gré des flux et reflux merveilleux de cet amant exceptionnel. Soudain, elle perdit de vue le phare du port. La houle déferla et la submergea. Un ouragan se déchaîna sur les sept mers de la félicité. Elle se crispa, faillit se noyer, exprima sa satiété par un râle et dériva lentement vers un pôle orangé, laissant son corps voguer sur les puissantes oscillations isochrones qui faisaient vibrer chacun de ses muscles au tempo effréné d'une sensualité débordante et libérée.

Ils s'effondrèrent en sueur et brûlant de désir l'un pour l'autre dans un soupir partagé, cherchant à savourer leur plaisir jusqu'au dernier soubresaut. Elle était tellement déconcertante, imprévisible, surprenante. Il était tellement prévenant, soucieux d'elle et doué. De longues minutes passèrent. Une sonnerie de téléphone brisa ce moment de grâce.

— Sommers... D'accord... Déboucler Lehman ?... Oui, je t'écoute... Parles-en à Diane... Oui, je termine dès que possible. J'attends un appel de sa part... Oui, je te tiens au courant... J'espère trouver un vol de retour le plus vite possible. Ciao, Mark.

Michael se tourna vers l'horloge après cette brève conversation. 15 h 42. Compte tenu du décalage horaire, Wall Street venait d'ouvrir.

— Un problème ? demanda Catherine en lui massant le dos.

— Je ne sais pas, répondit-il en l'embrassant. Tu rentres à Paris ?

— Oui, je dois encore faire un saut à l'atelier.

— Peux-tu me déposer rue de Berri ?

Elle lui sourit tendrement.

— Tu pensais peut-être que j'allais te laisser seul ici ?

*

Michael s'énervait de la lenteur antédiluvienne de l'ascenseur. Il en sortit prestement au quatrième étage, se hâta d'entrer dans son appartement et alluma son ordinateur. Il battait fébrilement du bout des doigts en attendant d'accéder à son bureau à distance. Un écran l'invita à saisir son mot de passe. Il lança rapidement une session et se connecta au réseau de Global Invest. Toute l'actualité apparut comme par magie devant lui. Le Dow Jones avait ouvert à 11.231,30. *Pas mal.* Surtout après 3 jours de fermeture.

L'appel de Mark l'avait alarmé. Il avait confirmé son message de la veille : Fred avait décidé de procéder à des débouclages d'urgence et demandait les arbitrages de Michael. Il parcourut avec anxiété les chiffres, abondamment illustrés de graphiques, que lui avait envoyés Dan. Son portable vibra.

— Monsieur Sommers ? Bernard Royant.

— Monsieur Royant. Je suis ravi de vous entendre.

— Je ne vous ai pas vu partir, samedi… La soirée s'est-elle terminée à votre convenance ?

— Plus que vous l'imaginez. Je vous remercie encore pour cette chaleureuse invitation.

— Tout le plaisir est pour moi. J'espère que la... décontraction de mes amis ne vous a pas heurté.

— Rassurez-vous, j'ai passé un moment magnifique.

— J'en suis enchanté, mais je ne vous appelle pas uniquement pour prendre de vos nouvelles. J'ai ici quelques commentaires sur votre projet. Pourrions-nous nous rencontrer demain, vers 10 heures, pour en parler ?

— Bien sûr. Je bloque le rendez-vous. Puis-je vous demander une faveur ?

— Que puis-je pour vous ?

— J'aimerais parcourir vos remarques avant notre entretien. Cela nous ferait gagner du temps.

— C'est tout naturel. Je serai au bureau jusqu'à 18 heures. Je vous remettrai le dossier en mains propres pour éviter tout risque de fuite. Avez-vous déjà une décision de votre conseil d'administration quant à la prime envisagée ?

— Pas encore. J'espère en savoir davantage ce soir. À tout à l'heure, Monsieur Royant.

— À tout à l'heure, Monsieur Sommers.

Michael se sentit soulagé. Tout s'accélérait du côté de Victoria et il pourrait rentrer plus tôt que prévu à New York pour superviser l'opération préparée par le comité de direction. Peut-être dès mercredi s'il trouvait un vol. Mercredi... Rentrer... New York... Un voile blanc passa devant ses yeux. *Et Catherine ?*

Il vivait cette relation avec une telle intensité que les heures qui s'écoulaient étaient pratiquement devenues une abstraction. Pourquoi penser à demain quand le présent avec elle était si beau, si dense, si fabuleux ? La perspective de quitter Paris lui sembla désespérante. Une idée lui vint à l'esprit. Il ne voulait pas réagir à chaud. *Ne rien laisser au hasard, ne jamais improviser*, se souvint-il. S'il parvenait à gagner du temps en faisant croire à Mark que les discussions avec Royant s'éternisaient, il pourrait réfléchir à tête reposée et même convaincre Catherine de l'accompagner... Qui sait ? Elle était à ce point imprévisible que cette possibilité n'était pas à écarter.

Il se pencha sur son ordinateur. Paris avait clôturé en hausse sensible et Wall Street confirmait le rebond de l'ouverture. Il consulta le graphique des volumes de Victoria. À peine cinquante mille titres échangés... *Insignifiant*. Les négociations restaient confidentielles et Victoria évoluait sous le radar des spéculateurs, ce qui permettrait à Global Invest de finaliser l'acquisition sans concurrence.

Il composa le numéro direct de Mark.

— Mark ? Michael.

— Bon, alors ? Tu as un vol ?

— Non, pas encore. J'ai un rendez-vous avec Royant demain ou mercredi.

— Mercredi ? Pas question ! On perd une fortune tous les jours, ici. Je t'attends dès que possible demain.

— Écoute... C'est ça ou Victoria tombe à l'eau. Je ne peux pas quitter Royant comme ça... J'ai lu le rapport de Dan. Je te propose de préparer les ordres à distance. Il suffira à Diane de les valider.

— Bon... D'accord, lança Mark avec résignation. Tiens-moi au courant.

— OK. Je te rappelle.

Il raccrocha et poussa un soupir de soulagement. Au fond, les problèmes de Mark Spencer et de Global Invest l'intéressaient peu. Il avait obtenu de rester à Paris au moins deux jours de plus et rien d'autre ne comptait. La seule question cruciale qu'il se posait revint le hanter. *Et Catherine ?* Il ne pouvait plus se passer d'elle, c'était une évidence. Comment la convaincre de l'accompagner ? Après tout, il y a une énorme différence entre le Jardin du Luxembourg et Central Park... Il se prit la tête entre les mains et balaya distraitement des yeux le clavier de son ordinateur. Si seulement il avait une solution... Pour la première fois de sa vie, Michael Sommers se sentit dépassé. Il composa rapidement un texto à l'attention de Catherine : *je serai de retour vers 19 h. Attends-moi !* Il descendit, monta dans un taxi en maraude et demanda au chauffeur de le conduire à La Défense. À peine la voiture avait-elle démarré qu'il pianota frénétiquement un numéro sur son portable.

*

— Ben Bernanke posa la main sur son téléphone et décrocha en fronçant les sourcils. L'identifiant de son correspondant indiquait que le secrétaire au Trésor souhaitait s'entretenir avec lui. Ces dernières semaines, Henry Paulson s'était souvent fait le messager du malheur et Bernanke appréhenda les raisons de son appel.

— Ben ? Ici Henry.

— Bonjour. Que puis-je pour vous ?

— Ben, enchaîna Paulson, affolé, avez-vous lu l'analyse que Lehman Brothers vient de publier sur Fannie Mae et Freddie Mac ?

— Pas encore. Expliquez-moi le motif de votre désarroi...

— 75 milliards ! Selon Lehman, Fannie et Freddie vont devoir lever 75 milliards de dollars à très court terme pour éviter la faillite ! Que faisons-nous ? Bon Dieu, que faisons-nous ? Où voulez-vous que nous trouvions cette somme ?

— Gardons notre sang-froid. Je donne la priorité à ce rapport. Je crois aussi que nous devrions maintenant avoir une réunion d'urgence avec le président. Pourriez-vous obtenir un rendez-vous à la Maison-Blanche ?

— Indymac va tomber, c'est une certitude. À la rigueur, nous pouvons absorber ce choc. Mais si Fannie Mae et Freddie Mac s'écroulent, nous allons au-devant d'un cataclysme. La situation nous échappe totalement. Il faut absolument que nous puissions garantir la liquidité du marché. J'en ai parlé à Strauss-Khan[8]. Le FMI est prêt à nous suivre, même s'il est d'avis que l'inflation reste le problème majeur. Il publiera aujourd'hui un communiqué de presse. Il m'a promis d'y faire allusion à la réforme de ses instruments de prêt. Ça rassurera les places financières. Mais vous, Ben ? Pourriez-vous convaincre Trichet[9] et la Banque centrale européenne ? Après tout, l'Europe est touchée de plein fouet, elle aussi...

— Je n'y crois guère. Trichet annoncera un relèvement du taux directeur de la BCE jeudi. Son mandat est de lutter contre la hausse des prix. Il n'a pas d'autre possibilité qu'un tour de vis. Il est vital que nous puissions en parler avec le président, Henry. Absolument vital...

— Comptez sur moi... J'y veillerai dès son retour du G8. Entre-temps, essayez tout de même de faire pression sur les Européens. Je me charge, de mon côté, des Britanniques et des Canadiens.

Ben Bernanke raccrocha et resta perplexe quelques instants. Paulson cédait peut-être à une nervosité ponctuelle, mais il n'avait pas tort sur le fond : ce qui n'était, un an plus tôt, qu'un avatar limité au sérail des spéculateurs initiés prenait les dimensions d'un dérapage incontrôlable et nécessiterait, tôt ou tard, une intervention commune des principales banques centrales. Il soupira, conscient que relever ce défi n'aurait rien de simple.

*

---

[8] Dominique Strauss-Khan était le directeur du Fonds monétaire international à l'époque des faits.

[9] Jean-Claude Trichet était le président de la Banque centrale européenne à l'époque des faits.

Lorsqu'il revint, une enveloppe sous le bras, Michael trouva son appartement baignant dans un calme lourd et inhabituel. Une douce musique invitait à la méditation et même si le parfum de Catherine saturait l'atmosphère, il se mariait à d'autres fragrances plus exotiques de thé vert et de jasmin. Les rideaux étaient tirés et des carrés de soie recouvraient les lampadaires, plongeant le salon dans un kaléidoscope chatoyant de couleurs.

Il se dirigea à pas feutrés vers la chambre, qu'il découvrit décorée de la même façon. Posé sur la commode, un bouddha en bronze l'accueillit avec un sourire débonnaire et il remarqua plusieurs flacons d'huile, soigneusement rangés à portée de main. Le lit était parsemé de fleurs de lotus et la flamme vacillante d'une petite bougie éclairait les murs d'une auréole jaunâtre. Une plume blanche ornait l'oreiller de Catherine.

Michael enleva sa veste et tourna la tête. Sans qu'il l'ait entendue venir, il distingua Catherine figée dans l'embrasure de la porte de la salle de bains adjacente. Une grande serviette claire enroulée autour de sa poitrine dissimulait son corps, qu'il se figura nu sous le coton. Il s'approcha d'elle et voulut lui parler, mais elle lui barra les lèvres d'un doigt.

— Massez-moi, Monsieur Sommers, ordonna-t-elle d'une voix suave.

Elle sembla planer vers le lit, dénoua la serviette qui s'affaissa sur le sol et se coucha sur le ventre. Il resta pantois un instant. Diffuse dans la pénombre, sa silhouette le fascinait. Il imaginait mille contours à lui donner. Il déboutonna les manches de sa chemise, les retroussa et examina les différents flacons, pris au jeu qu'elle lui imposait.

— Massez-moi avec amour...

Cette délicieuse supplique stimula Michael qui enduisit ses mains d'une huile de rose musquée avant de les poser délicatement sur le dos de Catherine. Il commença par glisser sur ses épaules, puis se fit plus ferme. Il s'amusa de voir la

91

salamandre tatouée prendre vie sous ses doigts. Il descendit ensuite le long de ses vertèbres et de ses reins, puis remonta en douceur vers son cou. Catherine ondula et laissa échapper un couinement, saccadé par les palpations suggestives de Michael. Elle y prenait un plaisir abyssal et son souffle devint poussif. Il s'attarda sur sa nuque, passa dans ses cheveux et lui titilla les tempes. Ses mains se déplaçaient en tous sens, au gré des pressions et des frôlements, retardant sans cesse l'inéluctable extase.

— Retournez-vous, Mademoiselle Swann. Le meilleur est à venir...

Toucher Catherine, la sentir vibrer en phase avec lui le grisait. Pour la première fois, il donnait sans recevoir. Il lui était soumis et n'œuvrait qu'à lui rendre tout l'amour qu'elle méritait. Cette pensée délicieusement érotique l'excitait. Catherine se retourna mollement. Un sourire se dessinait sur sa bouche et ses yeux pétillaient. Elle déroula les bras et les plia au-dessus de sa tête. Le souffle coupé, il lui embrassa les seins et en souligna les courbes du bout des ongles. Avec une douceur infinie, il lui caressa le ventre, les hanches et s'intéressa à son intimité. Elle tressaillit et se dandina, en anticipant sa prochaine délivrance. Seuls les soupirs de Catherine et le bruit spongieux des mains huilées de Michael sur sa peau troublaient le silence qui s'était abattu sur la pièce.

Le temps avait perdu toute signification. Il se consacrait totalement au moment présent et chaque seconde distillait une immensité de plaisir. Il posa le foulard blanc sur son visage et s'empara de la plume d'autruche. Il la glissa délicatement sur la poitrine de Catherine qui se cambra, tordue par un spasme violent.

Il passa ensuite la plume sur ses mamelons qu'il vit se figer, ivres de jouissance. Son corps n'était que braises ardentes. Elle ondoyait de plus en plus vite, au rythme des effleurements de Michael. Elle se donnait pleinement, comme lui. Elle se mordilla un instant la lèvre. Son souffle s'accéléra. Sa peau se hérissa. Il laissa lentement ses doigts vagabonder sur le ventre de Catherine, puis sur ses cuisses. Elle se sentait sublimée et portée aux nues. Il termina sur une note triomphale, en s'invitant dans son entrejambe.

Comme frappée par une décharge, elle se contracta et resta longuement suspendue en apesanteur, puis s'affaissa, terrassée par l'onde tellurique qui la possédait. Il se pencha et l'embrassa tendrement. Elle fit glisser le foulard, ouvrit doucement les paupières et braqua son regard dans le sien. Elle n'avait jamais été aussi belle. Elle ne s'était jamais sentie aussi belle. Épanouie, elle passa la main dans les cheveux de Michael.

— Pas mal, Monsieur Sommers. Vous m'avez transcendée !

*

Catherine avait fait quelques emplettes et proposa à Michael de passer la soirée autour d'un plateau de sushis. Elle l'invita à déboucher le chardonnay qu'elle avait prévu pour accompagner ce festin exotique. Il en huma le nez et le servit avec une moue de satisfaction.

— Alors, ma chérie… Tu as aimé ?
— Merci. Merci, mille fois. Tu m'affranchis de toutes mes limites. Je t'en serai éternellement reconnaissante.
— Tes limites ?

Elle dégusta une gorgée de vin.

— Les limites de ma féminité.
— Ce que j'ai éprouvé est unique… J'ai vécu un instant magique. Je me suis…
— Donné à moi, coupa-t-elle. Je sais. Et je vais te rendre ce que tu m'as donné. Tout n'est que partage, Michael. Si tu ne rends pas le plaisir que tu as reçu, tu ne le revivras jamais.
— Un sage précepte de ton initiatrice, férue de salamandres ?
— Oui, avoua-t-elle très sérieusement. Haïssi m'a emmenée là où je n'imaginais pas aller un jour. Elle m'a fait voir le bout du monde, les rivages lointains du bonheur d'être femme. La

salamandre était son animal fétiche. Elle m'en a tatoué une dans le dos pour perpétuer le lien qui nous unissait.

— Haissi ? C'est chinois, non ?

— Oui. Elle tenait une maison de rendez-vous à Shanghai et a tout quitté un jour pour s'établir en France et enseigner ce qu'elle avait découvert sur l'amour.

— Et en quoi consistait son enseignement ?

Elle sembla subitement céder à la mélancolie, comme si ce souvenir l'attristait.

— Haissi m'a inculqué l'art d'aimer et d'être aimée, au moment où j'en avais le plus besoin. L'art de te donner à ton partenaire pour qu'il se donne à toi. Elle m'a fait vivre des sensations que je suis incapable de te décrire. C'est pour cela que j'ai appris à m'exprimer d'une autre manière. Elle m'a initiée en me demandant de transmettre à mon tour mon savoir à une élève. Si j'y parviens, j'aurai bouclé la boucle. J'aurai accompli mon destin. Nous verrons, conclut-elle après un moment d'hésitation.

Il ne savait qu'en penser. En deux minutes, Catherine s'était ouverte à lui comme jamais. Il percevait désormais mieux ses attentes. Il en définissait le périmètre, ce qui la ramenait à une conceptualisation à laquelle il était habitué. Il avala son verre d'un trait, se redressa et lui prit la main.

— Viens, mon amour. Viens.

Elle se leva, la tête baissée. Elle était soudain elle-même soumise, désireuse de lui donner tout le plaisir du monde et de le catapulter vers l'inconnu. Ce soir-là, elle le fit avec toute la tendresse qu'elle avait appris à rendre.

7

Mardi 8 juillet 2008

Paris

— Alors, sommes-nous à la veille d'un retournement majeur de tendance et d'un marché baissier ? Je vous propose une mise au point avec Nancy White, notre correspondante à New York, et son invité.

Michael s'était réveillé de bonne heure, ce matin-là. Il avait doucement embrassé Catherine dans le cou. Elle avait frémi, puis s'était rendormie. Il s'était levé à pas de loup et avait allumé le téléviseur. Il écoutait en sourdine les actualités financières, en parcourant les documents que Royant lui avait donnés la veille.

Une jeune femme stéréotypée apparut à l'écran, un micro à la main. Michael reconnut le bâtiment de Lehman Brothers, en arrière-plan. Elle interviewait Bob Keever, un éminent chroniqueur dont les analyses inspiraient le respect unanime à Wall Street.

— Bonjour, Bob. Je vous remercie de nous accorder cet entretien. On l'a vu ces dernières semaines, les marchés font face à une grande volatilité et certains évoquent un retournement de tendance durable. Devons-nous nous en inquiéter ?
— Techniquement, la situation est délicate, confirma Keever. La spéculation ne suffit plus à expliquer pourquoi les places boursières creusent leurs pertes et nous pouvons aujourd'hui émettre des doutes sur la santé de l'économie américaine. Je crains d'ailleurs que nous soyons déjà en récession, en dépit des propos rassurants de Ben Bernanke et d'Henry Paulson…
— L'effondrement des valeurs bancaires comme Lehman Brothers ou des agences hypothécaires telles que Fannie Mae et Freddie Mac en est-il le reflet ?
— La débâcle des financières n'est qu'un élément parmi d'autres. La distribution et l'automobile sont également durement

affectées. Je vous rappelle aussi que nous touchons actuellement des points bas très symboliques sur la plupart des Bourses. Si aucun rebond ne se concrétise dans les prochaines heures, je ne peux exclure une capitulation des acheteurs et une nouvelle dégradation des cours.

— Des dégradations qui pourraient alors marquer le début d'une tendance structurellement baissière ?

— En effet. La probabilité de voir les marchés déprimés pendant une période relativement longue se précise. Mais tout cela ne serait qu'un épiphénomène. Je suis nettement plus inquiet pour les perspectives économiques aux États-Unis et en Europe. Cette crise pourrait être le révélateur d'années d'aveuglement politique.

— Bob, quels conseils donneriez-vous aux investisseurs dans ce cadre ?

— Je leur recommanderais d'être extrêmement vigilants. Même si l'un ou l'autre coup d'éclat reste possible, notamment sur certaines valeurs opéables à bon compte dans le contexte actuel, la prudence s'impose et cette semaine s'annonce cruciale. Je vous propose une synthèse dans ma prochaine intervention, vendredi.

— Le rendez-vous est pris. Je vous rends l'antenne. Depuis New York, je suis Nancy White et j'interviewais Bob Keever. À vous les studios.

Michael pensa un instant à la mise en garde de Keever. *Être extrêmement vigilants*, certes. Mais *l'un ou l'autre coup d'éclat reste possible sur certaines valeurs opéables*. S'il savait… Il se replongea dans les états financiers de Victoria, corrigea quelques chiffres dans son projet, puis rédigea un courriel à l'attention de Fred Alistair.

De : Michael Sommers [Global Invest Corporation]

À : Fred Alistair [Global Invest Corporation]

Cc : Mark Spencer [Global Invest Corporation]

96

Objet : Reprise Victoria

Cher Fred,

Tu trouveras en annexe ma synthèse détaillée, avec tous nos points d'entrée possibles sur Victoria. Comme convenu avec Mark, je n'ai encore rien annoncé officiellement à Royant quant à la prime, mais je pense attaquer à 20 %... Compte tenu des chiffres auxquels j'arrive, nous pouvons même monter à 25 % de prime, soit 25 euros par titre au cours du jour. Comme tu le verras dans mon rapport, je suis convaincu que nous gagnerions à nous placer si nécessaire jusqu'à 29 euros en cas d'échec de notre proposition amicale, au vu des perspectives de croissance de Victoria et des retombées positives que cette participation aurait sur nos activités. Je te suggère de continuer à acheter au prix du marché pour renforcer notre position et notre pouvoir de négociation si tu acceptes mon projet. On en parle quand je rentre.

M.

Il l'envoya, accompagné de son calcul de valorisation, puis réfléchit à la seule question qui l'obsédait depuis la veille : comment concilier son retour à New York et l'amour dévorant que lui inspirait Catherine ? Il se dirigea vers la fenêtre pour admirer Paris s'éveiller dans les premiers rayons de soleil de la journée. Absorbé par ses pensées, il ne l'entendit pas se faufiler derrière lui. Il tressauta lorsqu'il sentit sa main toucher la sienne et fit volte-face pour la contempler. Elle était là, simplement parfaite dans un peignoir en cachemire.

— Bonjour, dit-il en tirant du bout des doigts le menton de Catherine vers ses lèvres.

Elle enlaça Michael et lui rendit généreusement son baiser.

— Bonjour.
— Tu vas bien ?
— Tu t'es levé tôt...

— Je n'ai pas voulu te déranger. Je devais terminer un dossier.

— Toujours le travail ?

— Oui, un projet pour Royant.

— Pour Bernard ?

— Rien d'important... De la finance. Je dois d'ailleurs le voir ce matin.

Un faible signal sonore indiqua la réception d'un message. Il cliqua et lut que Fred venait de réagir à son e-mail, malgré l'heure tardive à New York. Il n'avait pas le temps de réfléchir à Victoria pour l'instant et donnait carte blanche à Michael, sous toute réserve de finalisation de l'accord.

— Et toi ? Que fais-tu aujourd'hui ?

— J'ai un rendez-vous à l'atelier cet après-midi. Avec une nouvelle brodeuse qui aimerait me présenter ses modèles, dit-elle en frétillant d'impatience.

Comme tout est simple pour elle. Il n'imaginait pas une seconde que Catherine était, elle aussi, aux prises avec un cruel dilemme. Devait-elle exécuter sa mission ? Et qu'adviendrait-il de Michael après ? Il leva les yeux vers le téléviseur. Le correspondant de Bloomberg à Hong Kong commentait le G8 en cours au Japon et la clôture des places asiatiques. La volatilité avait été maximale et les matières premières, notamment le pétrole, poursuivaient leur envol, entamé quelques mois plus tôt. Michael se tourna vers elle et changea soudain de sujet.

— Catherine... Es-tu déjà allée aux États-Unis ?

— Bien sûr... Tu crois peut-être que je n'ai jamais quitté l'Europe ?

— Et tu as aimé ?

— J'ai aimé... Mais je suis toujours revenue en France avec soulagement. Ma vie est ici. Que veux-tu ? Je suis parisienne jusqu'au bout des ongles... Je ne pourrais pas me passer de cette ville.

Il tenta une manière plus directe d'aborder le sujet.

98

— Tu sais… Douée comme tu l'es, tu ferais fortune aux États-Unis.

— L'argent ne m'intéresse pas. Et puis… Souviens-toi de ce que je t'ai enseigné : certaines choses n'ont pas de prix. Les azalées de Charles, la lumière qui se décompose à travers un vase en cristal, un certain banc du Jardin du Luxembourg, égrena-t-elle rêveusement.

— Les toges noires de Bernard Royant ? ajouta-t-il, visiblement contrarié.

Elle lui répliqua du tac au tac, en lui lançant un regard glacial.

— En français, nous appelons ça un coup bas, Monsieur Sommers.

Elle se retourna et disparut dans la salle de bains. Michael cilla en se maudissant pour cette remarque déplacée. Elle sortit quelques minutes plus tard, vêtue d'une magnifique chemise rose en popeline qu'elle portait sur un pantalon blanc. Une ceinture crème se mariait admirablement à la couleur de ses ballerines.

— Je… Je suis désolé de t'avoir blessée, Catherine. Pardonne-moi. Je suis face à une question à laquelle je n'ai pas de réponse : si je rentre aux États-Unis, que vais-je faire sans toi ?

Elle le fixa avec angoisse. Déchirée par le secret inavouable qui l'étouffait, perdue dans son quotidien intense avec ce partenaire de rêve, elle n'avait pas envisagé la possibilité que six mille kilomètres les séparent un jour. Cette perspective s'imposait brutalement à elle. Elle se rappela ce qu'elle avait vécu avec lui, les univers insaisissables de plaisir qu'il lui avait fait découvrir… L'amour qu'elle éprouvait désormais pour lui. Elle pencha un instant la tête vers le sol. Elle était prise dans un tourbillon dont elle sentit qu'il l'aspirait vers le vide.

*

Michael rassembla les documents de Royant et les glissa avec les siens dans son étui. Il se pencha sur son ordinateur, se dit qu'il n'avait pas besoin de s'en encombrer ce matin et l'éteignit. Il passa sa veste et se tourna vers Catherine. Elle avait à peine ouvert la bouche depuis qu'il l'avait blessée par sa remarque. Il la sentait sur la réserve, comme si cette pique l'avait heurtée bien plus qu'il pouvait le penser.

— J'y vais. Pardonne-moi. J'ai été maladroit. Tu peux rester ici, si tu veux. Je serai de retour vers midi.

— Je verrai... On s'appelle ?

— D'accord, à plus tard...

Sans qu'il puisse l'affirmer, il crut voir poindre une larme sur l'œil de Catherine. *Je ne pleure jamais, Monsieur Sommers. Sauf quand l'amour est trop fort.* Il méditait encore ce souvenir en embarquant dans un taxi. Le tableau de bord indiquait 9 h 30. S'il n'y avait pas d'encombrements du côté de Neuilly, il serait à La Défense largement à temps.

Catherine regarda la voiture s'enfoncer dans le trafic. Elle fut prise d'un brusque accès de mélancolie. Elle venait de vivre deux journées merveilleuses. Elle se sentait transformée, épanouie, enfin en paix avec elle-même. Elle avait autrefois demandé à Haissi comment elle saurait qu'elle avait atteint la plénitude absolue. Son initiatrice lui avait simplement expliqué qu'elle le ressentirait dans son for intérieur, qu'une onde la transporterait et que la délicieuse évidence d'avoir trouvé l'élu s'imposerait physiquement à elle. Elle avait vécu ces moments. Elle avait franchi les portes de cet univers tant désiré. Et c'est Michael qui les lui avait ouvertes.

Elle resta pensive un instant. La mission qu'elle devait remplir ne devait être qu'un jeu, un service commandé. Elle avait tout prévu, sauf de tomber passionnément amoureuse de celui qu'elle devait séduire.

La sonnerie de son portable la troubla. Elle décrocha et entendit un déclic à l'autre bout de la ligne, puis un blanc qui sembla durer mille ans. Son interlocuteur brisa le silence :

— Ma petite Cathy... N'oublie pas ce que je t'ai demandé.

Cette voix… Cette voix cassée qu'elle connaissait si bien. Celle du seul homme au monde dont elle s'était résignée à ce qu'il l'appelle Cathy, un surnom qu'elle détestait. Celle du seul homme au monde devant lequel elle, la très charismatique Catherine Swann, baissait les yeux.

— Rassure-toi, je ne faillirai pas, répondit-elle nerveusement.
— Je l'espère. Tu sais ce qu'il adviendrait en cas d'échec.
— Oui, je m'en doute.
— Tu as déjà pris tes dispositions pour la livraison ?
— Demain ? Demain matin, au métro Concorde ?
— Tu aurais pu passer chez moi, mais soit. J'enverrai quelqu'un à 9 heures sur le quai de la ligne 1, direction La Défense.
— Comment le reconnaîtrai-je ?
— Tu le reconnaîtras, c'est tout. Tu n'as pas besoin d'en savoir plus.

Un long vide suivit, pendant lequel le souffle régulier de son correspondant la fit frémir.

— Et Sommers ? demanda la voix.
— Je… Au fond… Je crois que je tiens un peu à lui !
— C'est une mauvaise idée. Et je ne dois pas te rappeler pourquoi.

Elle le savait à la perfection. Son interlocuteur lui avait présenté la photographie d'un jeune homme étonnamment beau. Il lui avait dit qu'il se nommait Michael Sommers, qu'il était américain, qu'elle devrait le conquérir et tirer parti de sa confiance pour subtiliser un fichier informatique. Rien de plus. Contrainte d'accepter par un odieux chantage, elle y avait vu une occasion de se mettre au défi. Un petit jeu, devenu très dangereux. Elle n'avait alors imaginé aucun lendemain pour ce qui ne devait être qu'un flirt imposé. Elle ne concevait désormais plus sa vie sans lui. Catherine éprouva subitement une immense lassitude. Son mystérieux correspondant reprit la parole.

— Je compte sur toi ?
— Compte sur moi, papa…

Elle raccrocha et scruta l'horizon à travers la fenêtre. *Séduire pour trahir*. Mais pouvait-elle trahir Michael ? Il n'était qu'un pion anonyme dans une partie qui les dépassait lorsqu'elle en avait vu la photo pour la première fois. Bien plus qu'un banal amant, il était aujourd'hui la seule personne capable de la transporter vers l'infini. L'idée de tout lui révéler la traversa. Elle dut vite l'abandonner. Son père ne lui pardonnerait jamais. Et les conséquences seraient catastrophiques... Elle se prit à haïr cet homme dont elle ne portait même pas le nom.

Catherine soupira. Une bouffée de chaleur la rendit moite. Elle avait besoin de fraîcheur et se dirigea vers la salle de bains où elle se dévêtit et apparut nue, soumise comme elle avait promis de l'être à Michael. Elle fit couler une douche et se glissa sous son jet purificateur. L'appréhension d'être prise au piège l'obsédait. En sortant de la cabine, elle passa devant le miroir. Même s'il reflétait l'inquiétude qui l'habitait, son visage était lumineux. Elle était proche de la plénitude, des latitudes inexplorées du bonheur total, de tout ce dont elle rêvait. Elle se frictionna, se rhabilla et fondit en larmes, consciente d'être face à une alternative sans issue. Qu'elle trahisse Michael ou son père, elle allait tout perdre.

*

Michael arriva au siège de Victoria à 10 heures. Égal à lui-même, Bernard Royant l'accueillit avec une exquise courtoisie. Après quelques commentaires, il passa au principal sujet de ses préoccupations.

— Alors ? Vous avez eu l'aval de votre conseil ?

— Sous toute réserve, je pense que nous pouvons vous proposer une prime de 20 %.

— Voyons, Monsieur Sommers, s'offusqua Royant en hochant la tête.

— Monsieur Royant, cela représente une offre à 24 euros.

— Je ne crois pas que nos actionnaires vous suivront, je suis navré...

— Vous restez intransigeant sur une prime de 30 % ?

— Je vous l'ai dit. J'estime qu'il s'agit d'une base de négociation minimale.

Feignant une énorme déception, Michael joua le tout pour le tout et se leva lentement. Il se dirigea vers la sortie, puis se retourna vers Bernard Royant.

— 25 % ? lança-t-il finalement, la main sur la poignée de porte.

Du fond de la pièce, Royant manifesta une irritation forcée, puis soupira.

— Cela nous ferait 25 euros... C'est peu, mais déjà mieux. Je tenterai de défendre cette proposition devant mon conseil d'administration.

Michael se détendit en sentant qu'il venait de gagner. Ils signèrent ensemble un protocole d'accord pour la poursuite des tractations et se promirent de le soumettre à leurs avocats respectifs. La conversation prit ensuite une tournure plus légère. Ils parlèrent longtemps.

— Que pensez-vous de cette crise, Monsieur Sommers ? Un nouveau cadeau empoisonné que nous fait l'Amérique ?

— Elle ne durera pas. J'y vois une saine consolidation des marchés avant un retour à la normale. Croyez-moi. Tout cela sera oublié dans six mois.

— Mes économistes anticipent, au contraire, une aggravation de la conjoncture avant la fin de l'année. L'exposition de vos banques à certains actifs toxiques nous préoccupe. Et puis... Les statistiques d'activité ne plaident plus en faveur d'une croissance infinie.

— Ne doutez pas que Global Invest ait réfléchi à cette question. Nous sommes convaincus que les mesures prises par le gouvernement inverseront la tendance. Au fond, nous avons actuellement une opportunité unique d'enrichir nos portefeuilles de valeurs de qualité, injustement massacrées par les investisseurs.

— Et les rumeurs qui entourent Indymac ? Certains évoquent une déroute imminente...

— Ce genre d'aléas fait partie intégrante des règles du jeu. Après tout, une banque n'est qu'une entreprise comme une autre... Avec tous les risques qui vont de pair.

— Même si sa faillite peut déstabiliser le système financier ? Certaines banques sont trop importantes pour tomber...

— Personne n'oserait laisser les choses s'envenimer à ce point.

— Je l'espère comme vous, quoique je sois plus circonspect...

— Vous craignez l'effondrement que la presse nous vend à renfort de gros titres ?

— Qui sait ?

Il changea aussitôt de sujet.

— Vous avez donc apprécié votre soirée, samedi ?

— Vous aviez raison, Monsieur Royant. Il s'agissait effectivement d'une expérience résolument différente. Je vous remercie encore de m'y avoir convié.

— C'est tout naturel... Fabrice m'a dit que vous étiez reparti au bras de Catherine...

— Nous voulions faire connaissance, en effet.

— Et... ? demanda-t-il avec intérêt.

— Et... Nous avons fait plus que connaissance.

Les traits de Royant se firent impénétrables.

— Tant mieux. Vous m'en voyez ravi.

— Catherine est un miracle, je dois vous l'avouer. Vous avez bien fait d'attirer mon attention sur son savoir-faire...

— Soyez attentif, Monsieur Sommers. Soyez attentif à elle.

Il avait lâché cette phrase avec une solennité énigmatique et Michael y vit un ordre autant qu'une mise en garde.

— Que voulez-vous dire ?

— Un pressentiment. L'inexplicable certitude que tout peut arriver.

104

Leur conversation se termina sur cette conclusion elliptique. Bernard Royant se leva, boutonna sa veste et s'approcha de Sommers pour lui serrer cordialement la main. Il changea d'attitude du tout au tout et adopta un ton enjoué.

— Voilà. Je suis heureux d'avoir concrétisé ce protocole d'accord avec vous et avec Global Invest, dit-il, un large sourire aux lèvres. Il ne me reste qu'à convaincre nos actionnaires, mais j'y parviendrai. Veillez à convaincre les vôtres !

— Je vous remercie, Monsieur Royant. J'ai été enchanté de faire votre connaissance et de collaborer avec vous. Nous prendrons soin de votre entreprise, si elle rejoint un jour notre groupe.

— Je n'en doute pas. Nous sommes certes une petite institution financière à l'échelle américaine, mais vous gagneriez une excellente tête de pont pour vous implanter en Europe. Vous rentrez aux États-Unis demain ?

Le doux visage de Catherine se dessina devant les yeux de Michael lorsqu'il évoqua son retour.

— En effet. Si je trouve un vol…

Royant partit dans un bruyant éclat de rire.

— Ne manquez pas de transmettre mes amitiés à ce vieux forban de Fred Alistair !

*

Catherine essuyait ses larmes en regardant tristement l'ordinateur de l'homme qu'elle aimait plus que tout. Poussée par une force irrépressible, elle releva l'écran et alluma la machine. Elle eut un haut-le-cœur en apercevant son reflet dans le verre.

Après quelques instants, elle vit s'afficher une fenêtre qui lui demandait un mot de passe. Elle ravala ses pleurs, puis se ressaisit et déploya ses mains fines sur le clavier. Elle savait qu'elle devait surmonter cet obstacle pour accéder aux données qu'elle cherchait.

Stimulée par le défi, elle oublia son infinie détresse. Elle inséra un CD dans le lecteur de l'appareil, le relança, puis répéta soigneusement les gestes que son père lui avait appris. Il suffisait d'indiquer le chemin d'accès vers un fichier sauvegardé dans le répertoire du système d'exploitation pour décrypter le mot de passe protégé. Le logiciel qu'elle venait d'utiliser le craqua en quelques secondes et un message de bienvenue apparut aussitôt : *Welcome, Michael. You're on line!* Un graphique surgit dans la foulée, égrenant inlassablement les fluctuations des principales valeurs du Dow Jones et du CAC 40. Elle s'effondra, terrassée. Le fond d'écran qui décorait le bureau virtuel de Michael la représentait dans toute la splendeur de sa beauté, immortalisée deux jours auparavant par son portable.

Son téléphone vibra et la ramena à la réalité.

— Oui, Michael ? demanda-t-elle d'une voix glapissante.
— J'ai terminé avec Royant. Où es-tu ?
— Je suis restée rue de Berri... Je t'attends.

Le ton ténébreux de Catherine l'inquiéta.

— Tu pleures ?
— Non, pas du tout…
— Parfait, je serai là dans une demi-heure.

Catherine raccrocha et reprit ses esprits. Mortifiée, elle brancha son disque dur à l'ordinateur. Elle ouvrit rapidement différents répertoires, pour en examiner le contenu. *Tu verras un rapport de valorisation*, lui avait dit son père. *C'est ce fichier qui m'intéresse.*

Comment voulait-il qu'elle le trouve ? Stressée par le temps, elle copia plusieurs documents, sans trop savoir de quoi il s'agissait. Elle cliquait à toute vitesse, parcourait les écrans d'un simple mouvement des yeux, pianotait à un rythme soutenu sur le clavier. Elle eut enfin l'impression de toucher le Graal. Un dossier portait un nom évocateur. Elle le transféra intégralement vers son disque dur. L'opération était toujours en cours lorsqu'elle entendit une voiture s'arrêter devant la porte de l'immeuble.

106

— Vite, murmura-t-elle, pliée devant l'ordinateur. Vite !

Elle jeta un coup d'œil par la fenêtre et entrevit Michael sortir du taxi. Il avait l'air enjoué. Il échangea quelques mots avec le chauffeur et paya. En se retournant, il leva la tête et adressa un signe de la main à Catherine. Elle esquissa un baiser du bout des doigts, mais sans grande conviction.

Un son bref indiqua que la copie se terminait. Elle effaça rapidement les traces de son passage, débrancha son appareil, le glissa dans son sac et éteignit la machine au moment où l'ascenseur arriva au quatrième étage.

Elle n'avait pas remarqué qu'un fil de messagerie instantanée s'était ouvert et qu'un certain Mark Spencer fulminait de ne recevoir aucune réponse aux questions qu'il posait en direct à Michael dont il voyait, à six mille kilomètres de Paris, qu'il s'était connecté au réseau.

*

Elle l'accueillit avec un sourire de circonstance. Il entra et se figea devant elle.

— Tu n'as pas l'air en forme, Catherine... Tu as pleuré ?

— Non... Oui... bredouilla-t-elle, pour une fois incapable de trouver les mots justes.

— Pourquoi ? Est-ce à cause de moi ?

— Tu m'as tellement manqué...

Elle posa tendrement ses lèvres sur les siennes.

— Rassure-toi... J'ai terminé ma mission à Paris. Je suis totalement à toi. À quelle heure est ton rendez-vous ?

— À 16 heures...

Il se fit plus suggestif et lui caressa l'épaule en se penchant vers sa nuque.

— Cela nous laisse un peu de temps...

Ils s'enlacèrent, mais il sentit immédiatement qu'elle n'était pas réceptive. De ses mains habiles, il lui déboutonna le haut de la chemise et s'efforça d'imiter de ses doigts la douceur de la plume d'autruche sur sa poitrine. Catherine ne frétilla pas. Il l'embrassa. Elle resta impassible.

— Quelque chose ne va pas ? souffla Michael.

— Quoi ? Qu'y a-t-il ?

— Je ne te sens ni frémir ni m'accompagner. Tu te souviens ? Donne-toi à moi comme je me donne à toi.

— Pardonne-moi...

— Tu as un problème ?

— Quoi qu'il arrive, je te serai toujours soumise.

— Que veux-tu dire ?

— Tu vas partir, tu le sais bien, esquiva-t-elle.

— Mais je suis là. N'est-ce pas toi qui m'as appris à vivre le présent ?

— Je te l'ai enseigné, en effet... Mais quand l'avenir est sombre, il déteint sur le présent.

Elle reboutonna sa chemise et masqua un immense sanglot dans un long soupir. Elle prit son sac à main, embrassa Michael et lui promit de rentrer à 19 heures. Une infinie tristesse l'envahit également. S'il devait quitter la France le lendemain, il ne savait pas comment la convaincre de l'accompagner. Rester à Paris ne ferait que reporter le problème, mais l'idée d'un retour sans elle lui était insupportable. Leur amour l'un pour l'autre était fusionnel, irrépressible, inexorable. Aucune possibilité que l'emmener ne s'offrait à lui.

Il se traîna devant son ordinateur et l'alluma, tout en jouant du bout des doigts avec son téléphone pendant l'ouverture de sa session. Il envoya un bref texto à Catherine :

— Catherine, je pleure comme toi. Laisse-moi trouver une solution.

Il reçut instantanément une réaction aussi lapidaire que nébuleuse :

— Tu ne peux pas comprendre.

Son écran s'anima d'une multitude de fenêtres. Il adressa rapidement un e-mail à Mark Spencer.

De : Michael Sommers [Global Invest Corporation]

À : Mark Spencer [Global Invest Corporation]

Cc : Fred Alistair [Global Invest Corporation]

Objet : Reprise Victoria

Cher Mark,

Fred m'a donné carte blanche dans la négociation du protocole avec Royant. J'ai proposé 25 % de prime. C'est récupérable avec une couverture sur le change dollar/euro. On en parle à mon retour. Normalement demain, si je trouve un avion.

M.

Il envoya le message, puis une idée folle s'imposa à lui. *Advienne que pourra.* Il empoigna son portable et appela sa compagnie aérienne.

— Bonjour, Mademoiselle. J'aimerais savoir s'il vous reste deux places pour New York, demain.

— Une seconde, Monsieur. Je vérifie.

Un déclic, suivi par une mélodie aussi monotone qu'interminable. Et puis enfin…

— Monsieur ?

— Oui ?

— J'ai deux fauteuils en classe affaires pour Kennedy Airport sur le vol de 16 h 45, au départ de Roissy.

— Réservez-les. Au nom de Michael Sommers et Catherine Swann.

— Puis-je avoir votre numéro de carte de crédit ? demanda la réceptionniste, d'une voix enjôleuse.

*

Il consacra le reste de l'après-midi à consulter ses e-mails. Diane l'avait submergé d'analyses. Ashcroft lui avait envoyé une liste de positions à liquider d'urgence. Il confirma les ordres comme un automate, incapable de se départir de la seule idée qui l'obsédait. Il avait un vol pour Catherine, certes... Mais comment la convaincre de partir ?

Sa messagerie instantanée s'ouvrit soudain et Michael reçut une brève notification de Mark Spencer.

— Tu aurais pu répondre, ce matin... Non ?

Ces quelques mots l'intriguèrent. Il avait passé toute la matinée avec Royant. Où Mark voulait-il en venir ? Il réagit à chaud.

— J'étais chez Royant. Je n'ai pas allumé mon ordinateur...
— Bizarre... Tu étais en ligne.
— Mark, je t'assure que j'étais à La Défense, dans le bureau de Royant.
— C'est ça... Grouille-toi de revenir.

Il essaya de se rappeler le fil de la journée, dans le halo bleuté qui émanait de son écran. Seule Catherine était là au moment où Mark avait entamé la conversation dont il parlait. Et s'il avait pu le faire, elle s'était forcément connectée au réseau. Un doute insidieux grandit en lui. Pourquoi l'aurait-elle fait ? Et comment ? Il chercha la trace d'une quelconque activité sur sa machine, mais sans succès. Elle n'était pas allée sur Internet, elle n'avait envoyé aucun e-mail et son ordinateur ne signalait rien de particulier, hormis les copies de sécurité usuelles.

Décontenancé, il tenta de se concentrer sur l'actualité et l'ouverture des Bourses américaines. Le visage avenant de Ben Bernanke apparut sur son téléviseur. Il se lança dans un discours lénifiant, retransmis en direct, sur la solvabilité des institutions financières, tout en réaffirmant la volonté de la Fed de continuer à aider les banques d'affaires, notamment Lehman Brothers ou Merrill Lynch, au-delà de 2008 en cas de circonstances inhabituelles. *Des circonstances inhabituelles ? Que veut-il dire ?* Pour la première fois, l'optimisme naturel de Michael se teinta d'une dose d'appréhension. Les propos insipides de Bernanke dissimulaient autre chose... Mais quoi ?

Il termina quelques dossiers et finit de préparer leur retour aux États-Unis. Une question lui vint à l'esprit... Il prit son portable et appela Catherine. Deux sonneries résonnèrent dans l'écouteur, puis il l'entendit, rayonnante comme si rien ne s'était passé quelques heures plus tôt.

— Bonjour, Monsieur Sommers, l'accueillit-elle d'une voix suave et électrisante.

— Catherine, as-tu un passeport ?

— En France, Monsieur Sommers, les convenances imposent à l'homme de faire preuve de tact envers sa cavalière.

Son ton se fit plus sec. Il avait envie de tout, sauf de jouer.

— Catherine… Catherine... As-tu un passeport ?

— Oui, répliqua-t-elle après avoir laissé planer un silence glacial.

— À tout à l'heure, mon ange…

Il reçut une longue tonalité ininterrompue pour seul écho... Il déposa son téléphone. Ce bref échange avait ravivé l'embarras dans lequel l'avait mis sa conversation instantanée avec Mark. Il avait confiance en Catherine, mais il ne put s'empêcher de se figurer ce qu'elle avait pu faire de sa matinée. Avait-elle utilisé son ordinateur ? Comment lui demander ? Comment s'en assurer ? Quoi qu'elle ait fait, elle nierait et aurait une parade à toutes ses questions. Pour ne rien gâcher, il la croirait certainement. Contrarié, il termina ses bagages et boucla ses valises. Il avait au moins pris une décision cruciale : d'une manière ou d'une autre, elle l'accompagnerait le lendemain. Sa place était réservée sur le vol de 16 h 45, à destination de New York.

*

Tôyako (Japon)

À dix mille kilomètres des préoccupations de Michael Sommers, George W. Bush fit son entrée dans un petit salon, suivi d'un conseiller. Une pointe de nostalgie envahit le chef d'État américain lorsqu'il prit place à côté de son homologue chinois Hu Jintao. Ce 34e sommet du G8, à Tôyako, était son dernier et il regrettait secrètement de devoir céder le pouvoir, a fortiori à un démocrate comme le suggéraient les sondages. Il prit une pose solennelle pour la photo officielle de cette réunion bilatérale, puis se tourna vers l'interprète.

— Présentez les amitiés sincères du peuple américain au président Hu Jintao et à la République populaire de Chine.

Hu Jintao resta muet un instant, écoutant la voix gutturale du traducteur transposer les paroles de Bush. Il sourit enfin et prononça quelques mots de remerciement en chinois.

La lourdeur protocolaire de ces entrevues ennuyait Bush au plus haut point. Adepte du franc-parler, il répugnait à user de la métaphore diplomatique et s'agaçait de ne jamais percevoir les vraies intentions de ses interlocuteurs derrière les déclarations tempérées et politiquement correctes que lui susurraient les interprètes.

La conversation glissa sur les grands thèmes du sommet. Les pays industrialisés s'inquiétaient des problèmes de développement en Afrique, de la crise alimentaire, du prix du pétrole et du réchauffement climatique. Au fil des séances plénières et bilatérales de ce G8, Bush avait pu prendre la mesure du fossé qui séparait l'Amérique de ses partenaires sur ces points fondamentaux. Curieusement, ces différents sujets d'actualité ne suscitèrent qu'un intérêt poli du Chinois.

112

La réunion touchait à sa fin et Bush se doutait déjà de la teneur de l'allocution minutieusement préparée par ses conseillers qu'il prononcerait ensuite devant la presse. Il évoquerait les convergences entre les États-Unis et la Chine, la complémentarité de leurs économies, la volonté réaffirmée de coopérer pour la prospérité de tous. À fleurets mouchetés, il ferait une brève allusion à la question épineuse des droits de l'homme. La dialectique habituelle des diplomates, en somme…

Hu Jintao vint troubler les pensées de son homologue américain en s'adressant directement à lui dans un anglais impeccable.

— Monsieur le Président, je vous remercie pour ce panorama complet des travaux du sommet, mais j'aimerais aborder avec vous un souci plus concret pour la Chine.

— Je vous en prie, répondit Bush, surpris par cette demande.

— Je ne vous cache pas que les difficultés de vos banques nous inquiètent. Nous craignons désormais une contagion incontrôlable qui ne serait profitable à personne.

— Rassurez-vous. Le plus dur de cette crise est passé. Et puis admettez que notre réaction a porté ses fruits. Nous traversons une période certes délicate, mais notre économie croît. Nous pouvons avoir confiance dans ses fondations à long terme.

— J'en suis ravi, poursuivit Hu Jintao. Mais imaginez un scénario moins favorable. Que feriez-vous si la situation venait à se dégrader ? Si une nouvelle banque présentait des signes de faiblesse ? Quelles mesures prendriez-vous pour garantir nos investissements aux États-Unis ?

— Qu'entendez-vous par là ?

— Comme vous le savez, votre pays a toujours pu compter sur la Chine pour acheter massivement ses bons du Trésor. Une aggravation de la crise actuelle vous contraindrait à emprunter davantage. Nous verrions un tel emballement de votre dette publique d'un mauvais œil, car elle mettrait directement la solvabilité des États-Unis en péril.

— N'ayez aucune crainte, Monsieur le Président. Les bons du Trésor que vous évoquez comportent par définition la promesse formelle de remboursement par les États-Unis d'Amérique. Nous prendrons si nécessaire toutes les mesures utiles pour satisfaire à nos obligations, bien que cette perspective ne soit pas à l'ordre du jour, croyez-moi.

— Je suis enchanté d'entendre cet engagement, répondit affablement Hu Jintao. Sachez, néanmoins, que la Chine sera désormais très vigilante. Et puisque vous parliez de promesse, permettez-moi de soumettre cette pensée de Confucius à votre respectable attention : *examine si ce que tu promets est juste et possible, car la promesse est une dette.* Que cette maxime puisse vous inspirer la sagesse…

George W. Bush s'enfonça dans son fauteuil avec un sourire crispé. Pour une fois, il ne devait pas lire entre les lignes du discours édulcoré d'un diplomate pour comprendre la menace à peine voilée que la Chine adressait aux États-Unis. Cette crise prenait décidément de dangereuses dimensions géopolitiques. Il baissa la tête. *Que pouvions-nous faire de plus que ce que nous avons fait ?* implora-t-il comme dans une prière.

*

Paris

Combien de temps Michael avait-il somnolé ? Il n'en avait aucune idée quand il sortit de la torpeur dans laquelle il avait sombré. Entre rêve et réalité, il entendit des frottements, des bruits de pas, des glissements. Sa montre lui indiqua qu'il était 19 h 12. Il perçut clairement le son massif d'un corps qui s'affaissait sur la porte. Tous les sens en alerte, pris par une épouvantable appréhension, il sauta d'un bon vers l'entrée et ouvrit.

Il découvrit Catherine livide, les yeux exorbités, titubant devant l'embrasure. Une longue traînée de sang lui coulait de la narine droite et tachait le col de sa chemise. Elle vit Michael l'empoigner, la secouer et lui parler. Elle chancela. Un voile l'aveugla et elle perdit connaissance.

114

Malgré le stress qui l'envahit, il releva Catherine avec une infinie douceur, la lova dans ses bras et la transporta vers la chambre. Elle était légère, immatérielle. Il la déposa délicatement sur le lit et composa le numéro des pompiers. Il n'avait pas formé le premier chiffre que Catherine lui frappa la main, envoyant le portable sur le sol.

— Non... Non... Pas la police.

— Catherine, que s'est-il passé ? Pourquoi ne veux-tu pas que j'appelle un médecin ?

— J'ai tellement mal...

Il tenta de se maîtriser, lui tâta le pouls et constata qu'il était très irrégulier. Elle avait de la fièvre. Sa respiration était rapide, saccadée. Son corps tanguait au rythme de convulsions violentes. Il était désemparé.

— Michael, chuchota-t-elle d'une voix éteinte. Dans mon sac, la boîte...

Il courut dans le salon, se saisit de son sac et en vida le contenu sur la table. Il y trouva l'emballage blanc d'un médicament qu'il ne connaissait que de nom... Valium, un puissant tranquillisant. Il fit trois bonds pour rejoindre Catherine, un verre d'eau et la précieuse boîte à la main. Elle se pencha, prit un comprimé, avala deux gorgées et se recoucha.

Michael la veilla affectueusement, en lui caressant les bras et les joues. Il se leva et passa dans la salle de bains où il humecta une serviette. Il revint lui essuyer délicatement la bouche, le menton et le cou. Il l'embrassa et put sentir le souffle redevenu régulier de sa respiration lui réchauffer les lèvres. Elle tressaillit un instant, se retourna et s'endormit plus profondément.

Que pouvait-il lui être arrivé ? Il se dirigea vers le salon et examina le contenu du sac de Catherine. Il n'y découvrit qu'un portefeuille, un petit disque dur et un trousseau de clés. Il chercha sans succès autre chose, jusqu'au moment où une fermeture Éclair dissimulée dans un repli éveilla ses soupçons. Il l'ouvrit, glissa le doigt dans la poche et eut l'étrange sensation de toucher de l'aluminium. Il tenta d'aller plus loin, mais lorsqu'il sortit l'index, il eut la surprise de voir son ongle enrobé d'une fine pellicule de poudre blanche qu'il passa sur le bout de la langue pour l'identifier. L'amertume qu'il perçut instantanément et la légère anesthésie qu'il ressentit dans la bouche ne laissaient aucune place au doute... Il recracha immédiatement. *Cocaïne*, diagnostiqua-t-il sans peine.

*

Il passa la soirée près d'elle, attentif à chacun de ses mouvements, prévenant et câlin. La passion et la fougue avaient cédé la place à un authentique amour, pur et sans artifice. Il la désirait, certes. Mais elle était tellement vulnérable, fragile, sans défense... Il se devait de tout faire pour elle et voyait cette mission comme une évidence, sans intention malveillante. Elle émergea peu à peu. Sa respiration était redevenue normale, son pouls était régulier.

— Merci...
— Catherine, qu'est-il arrivé ?
— Je... Je ne sais pas... Mais quelque chose m'a ramenée vers toi.

Elle s'exprimait avec une sincérité émouvante, intérieurement reconnaissante au ciel d'être devant lui alors que son cœur aurait pu s'arrêter de battre, emportant dans un ultime sursaut tout ce qui l'unissait à Michael. Elle déroula ses bras sur ses épaules, lui adressa un sourire et l'embrassa. Elle avait repris le teint hâlé qui lui allait si bien. Il la retrouvait hypnotique, charismatique et ensorcelante. Elle se dandina vers la salle de bains.

— Tu permets que j'aille me changer ? Laisse-moi une minute !

Elle en ressortit après quelques instants, vêtue d'un simple peignoir. Sa chevelure blonde était encore humide et vaporeuse. Il s'avança vers cette femme sublime, qu'il espérait convaincre de l'accompagner aux États-Unis dès le lendemain. Ils s'enlacèrent longuement et savourèrent ce moment de tendresse.

— Tu vas mieux ?

— Infiniment mieux, je te remercie.

— Tu m'as fait peur.

— Pardonne-moi.

— J'ai l'étrange sentiment que quelque chose d'inhabituel s'est passé aujourd'hui...

— Pourquoi dis-tu ça ?

Le regard soudain fuyant de Catherine le déstabilisa. En une seconde, ses doutes le submergèrent à nouveau.

— Catherine, j'ai une question…

— Je t'écoute…

— As-tu utilisé mon ordinateur ce matin ?

Elle feignit de ne pas avoir entendu et posa l'index sur sa bouche, en lui indiquant de la suivre de l'autre main. Comment Michael pouvait-il résister à cette injonction ? Tout s'obscurcit dans son esprit et les soucis qu'il avait sur Victoria et sur Global Invest passèrent au second plan. Il n'avait qu'une seule envie : tout oublier en elle.

Blotti contre la poitrine de Catherine, il sentit se raviver la flamme de la passion. Il lui embrassa la nuque et laissa ses doigts s'aventurer dans son cou. Il effleura son visage du bout des lèvres, elle succomba au sort qu'il lui jetait. Haletante, elle lui déboutonna la chemise et l'enleva rageusement, avant de dénouer la ceinture de son peignoir. Plus rien n'existait et ils se livrèrent sans retenue au désir qui les habitait.

Tous les deux nus, ils se cherchèrent longtemps, se frôlant et se titillant au gré de langoureuses caresses. Ils s'allongèrent enfin sur le lit et elle s'ouvrit d'emblée aux horizons lointains, respirant à grandes gorgées le souffle chaud qu'exhalait Michael. Sa proximité électrisait tous ses sens. La promiscuité de leurs corps la propulsait vers des paradis qu'elle ne pensait plus revoir. Rugissant de plaisir, surexcitée par l'imminence de l'extase, elle lâcha prise et libéra totalement la féline qui était en elle. Dans un miaulement conquérant, elle reprit l'initiative et l'amena, à son tour, vers des contrées qu'il n'avait jamais explorées. Ils sacrifièrent tout au sortilège de leurs pulsions et s'unirent, ce soir-là, dans une débauche inédite d'énergie et de passion.

Ils étaient encore en transe quand ils se séparèrent, enivrés l'un par l'autre. Michael s'était soûlé d'elle jusqu'à la démesure. Catherine se laissait bercer, au gré des vibrations qui se propageaient en elle. Un long moment passa. Ils se relevèrent ensuite tous les deux et s'embrassèrent tendrement avec l'irrépressible envie de se fondre à nouveau et de ne faire plus qu'un pour toujours. Totalement assouvis, incapables d'aller plus loin, ils s'écroulèrent lourdement sur le lit, chacun éperdu de bonheur.

— Catherine ? Tu partirais avec moi ? demanda-t-il avec une hésitation dans la voix.

La salamandre qui lui ornait le dos se rida, trahissant un intense combat intérieur.

— J'irais jusqu'au bout du monde avec toi.

Des milliers d'idées se bousculèrent dans sa tête. Et si elle acceptait ? Qu'adviendrait-il de la maison de couture ? Que dirait-elle à son père ? Elle se rappela que tout pouvait basculer. Elle avait le disque dur. Elle pouvait le livrer le lendemain ou s'évader. Au fond, elle avait son destin entre ses mains, ce qui accentua son malaise. Son père ou Michael ? Michael ou son père ?

Michael s'endormit serein. Il songea un instant à son avenir avec Catherine. Il était prêt à tout pour elle... Même à abandonner la finance et à tout recommencer. Au-delà de leur union physique, il avait la conviction de leur totale communion d'âmes. Il avait rencontré la femme de sa vie. Des étincelles pétillèrent sur ses paupières avant qu'il succombe au sommeil.

Au milieu de la nuit, Catherine se réveilla et l'observa longuement, couchée face à lui. Depuis trois jours, ils s'étaient

118

promis tout le bonheur du monde. Elle avait vécu une expérience grandiose. Elle avait trouvé en lui non seulement un amant capable de la propulser au paradis, mais aussi le reflet d'elle-même dont elle rêvait pour enfin s'accomplir. Et pourtant... Quelque chose de plus impérieux encore l'attirait vers son père, vers ce monstre qui ne l'avait même pas reconnue à la naissance. Elle pleura, paralysée par l'indécision. Son père ou Michael ? Michael ou son père ? Elle souffrait un martyre atroce.

Peu avant l'aurore, elle se leva, cernée par la fatigue et tordue par la douleur. Elle plia silencieusement ses vêtements et les glissa dans son sac de voyage. Elle s'habilla en lançant un regard sincèrement amoureux sur Michael. Si elle ne devait jamais le revoir, elle voulait garder cette image de lui : celle de cet homme perdu dans le plus beau des songes, indemne de la plaie à vif que lui causerait son départ au réveil.

Elle prit du papier, tourna son bâton de rouge à lèvres et griffonna quelques mots qu'elle coucha sur son oreiller. Elle déposa son double des clés à côté, se releva et sortit à pas feutrés, trop affligée pour remarquer que son foulard était tombé à côté du lit. Une tristesse indicible s'empara d'elle quand elle ferma la porte de l'appartement pour la dernière fois. Une tension insoutenable lui enserrait la gorge et elle tenta vainement de se ressaisir, pliée en deux contre un mur. Elle sentit une longue larme couler sur sa joue, lécher son menton puis s'écraser sur le sol avec fracas. Elle appela l'ascenseur et descendit, rongée par la souffrance.

Il faisait encore nuit lorsqu'elle arriva sur le trottoir. Elle ne put s'empêcher de tourner une dernière fois les yeux vers ce quatrième étage où elle avait vécu les trois plus belles journées de sa vie. Elle se promit d'éviter désormais la rue de Berri, où qu'elle aille à Paris. Elle sanglota, crucifiée par la douleur sur le capot de sa voiture.

— Adieu, Michael. Adieu, mon amour...

Elle embarqua et démarra. Les phares de sa décapotable se perdirent bientôt dans l'aube naissante.

8

Mercredi 9 juillet 2008

Paris

Le soleil illuminait déjà la chambre lorsque Michael se leva. Il se tourna et chercha du bout des doigts la présence réconfortante de Catherine. Il sentit qu'elle n'était pas là et se laissa bercer par une douce euphorie, anticipant un début de matinée mémorable quand elle reviendrait de son jogging.

Il réfléchit à la manière dont il lui demanderait pourquoi elle avait utilisé son ordinateur et, surtout, dont il lui annoncerait qu'ils partaient malgré tout ensemble à New York. Il prépara des parades à ses objections, se figura des réponses à ses questions. Global Invest trouverait sans souci un poste à Catherine pour lui assurer un visa d'immigration définitif. Et son penthouse était largement assez spacieux pour les accueillir tous les deux.

Perdu dans un demi-sommeil, il entendit des bruits de pas feutrés dans l'escalier. Il imagina Catherine entrer et bien entamer la journée à sa façon. Cette idée l'emplit d'allégresse. Les frottements sur les marches continuèrent toutefois jusqu'aux combles et s'estompèrent lentement, replongeant le bâtiment dans un silence pesant.

En étendant les bras, il eut l'impression de sentir ses doigts glisser sur une surface lisse et soyeuse. Il se retourna. Une feuille de papier attira son regard. Il la saisit avec inquiétude et y lut quelques mots, tracés au rouge à lèvres : *Pardonne-moi... M'aimeras-tu encore ?*

Il se leva en un éclair et sauta vers la garde-robe. Il l'ouvrit et constata avec effroi qu'elle ne contenait plus qu'un costume noir et une chemise blanche. Il courut vers la salle de bains, mais la trouva vide. De la fenêtre, dont il écarta brusquement les rideaux, il vit que la place où stationnait la voiture de Catherine était encombrée de poubelles. Froissant le petit morceau de papier du bout des doigts, Michael s'affaissa sur une chaise et pleura.

Elle était partie comme elle était venue… dans le plus grand mystère. Elle s'était envolée comme la femme qu'avait peinte Liber. Et elle le laissait face à la plus inhumaine des épreuves : l'incompréhension.

Pourquoi ? Pourquoi ? Il mit de l'ordre dans ses idées éparses et tenta de se concentrer. Le chagrin le terrassait, la douleur l'étouffait. Il prit son portable et composa en tremblant le numéro de Catherine. Il arriva directement sur sa boîte vocale.

— Catherine ? Catherine ? Où es-tu ? Réponds-moi ! Rappelle-moi !

Sa voix ressemblait au gémissement lugubre d'un fauve, touché en plein cœur par les flèches des chasseurs.

*

Catherine errait sur un quai de la ligne 1, au milieu de la foule de l'heure de pointe. Elle s'assit un instant sur un siège inconfortable. Les rames du métro déversaient inlassablement leur flot de touristes et de Parisiens, les uns tentant maladroitement de s'orienter, les autres accélérant le pas pour rejoindre leur lieu de travail. Elle traquait inconsciemment un visage familier, mais voyait Michael partout. Elle releva la manche de sa blouse. Sa montre indiquait 9 heures. Elle fixa le sol, cherchant une illusoire absolution pour sa faute.

Une minute passa. Elle devina finalement une présence, tourna les yeux et reconnut la personne dont lui avait parlé son père. Sans un mot, elle tira le disque dur de son sac et le tendit. Une main s'en saisit. Catherine n'en pouvait plus... Elle courba l'échine. Quand elle redressa la tête, elle remarqua que l'homme à qui elle venait de remettre l'appareil avait disparu.

Elle se leva. Un train glissa le long du béton dans un fracas étourdissant. Elle s'arrêta et fronça les sourcils. *Et si je me jetais sur les rails ?* Elle remonta lourdement les escaliers, sortit de la station et retrouva l'agitation de la Place de la Concorde. Elle s'assit au volant de sa voiture et s'intercala dans le trafic très dense pour rejoindre la Place des Vosges. Quand elle arriva chez elle, elle se laissa tomber sur son lit et pleura toute la matinée. Quelques mots revenaient comme une ritournelle dans ce déchirant remords.

— Michael... Michael... Pardonne-moi. M'aimeras-tu encore ?

*

Une sonnerie de téléphone déchira le silence dans lequel s'était muré Michael Sommers. Il empoigna l'appareil, ivre d'espoir. *Une réponse. Enfin une réponse.* L'identification de l'appelant mit un terme abrupt à ses illusions.

— Bonjour, Mark...

Compte tenu du décalage horaire, il devait être 3 heures du matin à New York.

— Tu confirmes ton retour pour aujourd'hui ? demanda Mark sans autre forme de politesse.
— Oui. J'ai un vol à Roissy, à 16 h 45.
— OK, Jimmy passera te prendre au comptoir American. Je planifie une réunion avec Fred dès ton arrivée.

Il n'eut pas le temps d'articuler un mot et entendit un déclic, suivi d'un vide total. Il se traîna jusqu'à la salle de bains. Des larmes embrumèrent son regard quand il y respira les relents intenses du parfum de Catherine. Il se doucha, enfila sa chemise et son costume, puis boucla ses valises. Il fit le tour de son appartement. Ce meublé au charme désuet avait été l'écrin des trois jours les plus miraculeux de sa vie et il en grava chaque détail dans sa mémoire.

Une bande d'étoffe blanche, posée sur le sol, attira son attention. Il se pencha, la ramassa et retrouva l'odeur pénétrante de Catherine. Une douleur infinie l'accabla lorsqu'il plia le foulard et le glissa dans son sac.

Il passa la matinée à tenter de décrypter l'actualité. Après les furieux assauts des vendeurs à découvert qui spéculaient à la baisse, un rebond se dessinait sur les places financières. Différentes statistiques étaient prévues pendant la séance, notamment les estimations de croissance de la zone euro. Les marchés les attendaient avec fébrilité pour prendre une direction. Selon la presse, le sort d'Indymac était scellé. Freddie Mac et Fannie Mae devaient être les suivantes. Certains journalistes évoquaient même déjà l'inévitable faillite de Lehman Brothers. Michael était dépassé par ce flux incessant de mauvaises nouvelles. Rien de tout cela ne le touchait plus. Il avait l'impression de vivre un cauchemar dont il ne se réveillerait jamais. Et l'actrice principale en était Catherine Swann.

*

Une main fine et soignée tapotait du bout des doigts le disque dur de Catherine. Un homme d'âge mûr contempla un instant le petit appareil. Il savait qu'il y trouverait la réponse à la dernière question qu'il se posait encore : combien Global Invest était-elle vraiment prête à payer pour Victoria ?

Un chiffre avait été prononcé au conseil d'administration, la veille. 25 euros. L'homme étouffa un soupir en imaginant que Victoria valait plus, nettement plus. Cette offre avait le mérite d'exister et il n'y voyait guère que l'assurance d'au moins tirer cette somme ridicule de ses actions si son stratagème échouait. Mais elle était tellement dérisoire…

En combinant ses différentes participations, habilement réparties au fil du temps dans une multitude de fonds offshore, il détenait près de quarante pour cent du capital. Et il avait l'intention de s'en défaire au prix le plus élevé, celui que Global Invest avait prévu d'investir, avant une crise dont il avait perçu qu'elle entraînerait le monde de la finance vers l'abîme.

Il brancha l'appareil sur son ordinateur portable et commença à en consulter le contenu. Il se perdit un instant dans une arborescence infinie de documents, puis sentit une bouffée de satisfaction l'envahir. Sa souris glissa rapidement vers un dossier qu'il parcourut avec avidité.

— Tout ça, je l'ai déjà, grogna-t-il. Ma petite Cathy… As-tu rempli ta mission ou dois-je te punir ?

Cette menace resta lettre morte, car il identifia subitement le fichier qui matérialisait la trahison de Catherine. Il l'ouvrit en tremblant, complètement accaparé par l'image que lui renvoyait son écran. Un tableau défila devant ses yeux ébahis. Fébrilement, il le balaya à toute vitesse. Les graphiques se succédaient à toute allure. Il passa les conclusions, sauta les synthèses comptables. Des gouttes de sueur perlaient sur son front quand sa main partit en vrille. Sous le curseur, il lut deux chiffres qui lui inspirèrent un juron, puis un long sifflement admiratif.

— Mon Dieu ! Vous êtes donc prêts à mettre tout ça sur le tapis ? Vous tenez à ce point à Victoria ? Les enchères s'annoncent exaltantes !

*

En début d'après-midi, Michael ferma la porte de l'appartement, descendit ses valises et frappa à la vitre de la concierge.

— Ah, c'est vous, Monsieur Michael. Comment allez-vous ? Alors, nous y sommes ? Vous rentrez en Amérique ?

— Oui, Madame Françoise. Je quitte, hélas, votre beau pays.

— Je vous regretterai. Des locataires comme vous, je rêve d'en avoir tous les jours !

— Puis-je vous rendre les clés ?

— Je vous remercie. Je m'occuperai du ménage, rassurez-vous. Bon voyage !

— Merci, Madame Françoise. À bientôt peut-être. Portez-vous bien.

Il sortit du bâtiment et appela un taxi. La voiture s'immobilisa devant le porche et le chauffeur chargea ses bagages.

— À Roissy, s'il vous plaît.
— Bien, Monsieur.

Silencieux pendant tout le trajet, il vit défiler les rues de Paris avec nostalgie. Son regard se perdit dans un tourbillon de souvenirs. Montmartre, la Tour Eiffel qu'il avait visitée avec l'émerveillement d'un petit garçon, la Sainte-Chapelle... Catherine. Il se remémora les azalées de Charles, le banc du Jardin du Luxembourg, l'antiquaire, l'atelier de mode, la toile de Liber qu'il avait soigneusement emballée dans sa valise. Il avait aussi précieusement gardé la photo que Catherine lui avait donnée. *Quoi qu'il arrive, elle te portera bonheur.* La passion sans limites qu'ils avaient vécue se résumait désormais à une peinture, à quelques réminiscences et à ce simple cliché. Pourquoi ? Pourquoi l'avait-elle abandonné après ces trois journées extatiques ? *J'irais jusqu'au bout du monde avec toi...* Savait-elle déjà qu'elle renierait cette promesse lorsqu'elle l'avait prononcée ?

*

Roissy ressemblait à une ruche, en ce début juillet. Comme des abeilles, des dizaines d'avions s'y posaient et décollaient, dans un ballet parfaitement minuté et d'une rare précision. Le taxi freina, puis s'arrêta devant le terminal des départs. Michael en sortit, prit ses bagages et se dirigea vers le comptoir de sa compagnie. Une voix formatée et commerciale l'accueillit avec bienveillance.

— Bienvenue. Je suis Pamela. Que puis-je faire pour vous ?
— Je m'appelle Michael Sommers. J'ai une réservation sur le vol de 16 h 45 pour New York.

L'hôtesse pianota avec une dextérité étonnante sur le clavier de son ordinateur.

— Monsieur Sommers... Oui, en effet. Pourriez-vous me présenter votre passeport ? Je vois que vous avez aussi une place pour Mademoiselle Swann.

— Mademoiselle Swann ne viendra pas...

— Rien de grave ? chuchota Pamela, soudain pénétrée de compassion.

Il déposa ses deux valises sur le tapis roulant et glissa sa carte d'embarquement dans sa poche intérieure.

— Non... Rien de grave. Un simple contretemps.

Avant de monter dans l'avion, dont il admirait la silhouette rutilante à travers les baies vitrées de l'aéroport, il composa un dernier texto : *Catherine... Oui, je t'aimerai encore. Toujours.*

Place des Vosges, les passants s'interrogèrent un instant lorsque le hurlement de douleur d'une femme déchira le silence de cette exquise fin d'après-midi d'été.

*

Au-dessus de l'Atlantique

Michael rentrait à New York le cœur brisé. Un écran panoramique situé au-dessus de son fauteuil indiquait le plan de vol de l'avion. Les kilomètres s'égrenaient, à 10 000 mètres d'altitude. La bouche asséchée par l'atmosphère climatisée, il commanda un bourbon. L'hôtesse qui lui apporta son verre ne semblait pas indifférente à son charme et tenta d'entamer la conversation.

— Voici, Monsieur Sommers. Souhaitez-vous autre chose ?

— Non, merci...

— Je ne pense pas vous avoir déjà croisé sur cette ligne. Vous voyagez souvent ?

— Parfois... Rarement, en fait.

Elle se fit câline et lui lança un sourire coquin.

— Vous avez aimé Paris ? Ah… Paris, que c'est romantique !

— J'y étais pour affaires, malheureusement. Pas pour la détente…

— Pour affaires ? Laissez-moi deviner… Vous êtes dans l'informatique ? Ou peut-être… banquier ?

— Oui, si vous voulez. Écoutez, je crois que je vais me reposer un peu avant l'atterrissage. Dites-moi… Quand arrivons-nous ?

— Vers 18 h, heure locale, répondit-elle, dépitée par le peu d'enthousiasme de Michael.

— Merci.

Il avala son bourbon d'un trait, les plaies à vif. Paris. *Catherine…* Au fond, il était inutile de se lamenter. Tout cela appartenait déjà au passé et chaque kilomètre qu'il faisait le séparait un peu plus de ce souvenir. Il se ressaisit. Il avait vécu un moment d'union magique. Une symbiose exceptionnelle et d'une profondeur abyssale. Il fallait maintenant accepter les caprices du destin et revenir à l'essentiel. *Michael Sommers, tu es le meilleur. Ces futilités ne vont pas t'abattre, tu vaux mieux que ça.* Il se réappropria en un éclair le masque du trader qu'il serait à perpétuité. Il réintégra en un instant le costume du prédateur plutôt que la dégaine de l'amoureux transi.

Heureux de cette métamorphose, il s'assoupit au gré de la descente que le pilote avait entamée sur Kennedy Airport. Les ailes tanguèrent peu après et s'alignèrent sur la piste éclairée par une enfilade de balises lumineuses. Michael perçut le grognement sourd du train d'atterrissage. Tout devenait réalité, tout était de plus en plus précis. De petits points microscopiques une minute auparavant prenaient graduellement la forme concrète de bâtiments, de véhicules, d'hommes, de femmes…

Tel un étalon, l'avion se cabra en touchant le tarmac. Le bruit strident des réacteurs emplit la carlingue qui vibra quelques secondes avant que l'appareil se stabilise, décélère et glisse vers la porte de débarquement. Une pluie d'été fine et sauvage lézardait les hublots.

*

New York

À peine sorti, Michael passa en trombe la frontière par le couloir réservé aux détenteurs d'un passeport américain et récupéra ses valises. Il coupa court à travers les files de touristes et retrouva Jimmy, qui l'attendait comme convenu devant le comptoir American. Ils se saluèrent, échangèrent quelques banalités sur le vol et prirent place à bord d'une voiture. Ils traversèrent déjà Brooklyn vingt minutes après l'atterrissage.

— Alors, Jimmy. Quoi de neuf à la boîte ?
— C'est un peu la pagaille. Je peux te dire qu'ils sont impatients de te voir...
— Mark m'a l'air stressé, c'est vrai.
— Il a de bonnes raisons de l'être. Jette un coup d'œil sur la synthèse de Diane.

Diane... Que ferait-il sans elle ? Il imaginait sans difficulté son rapport irréprochable et illustré de chiffres et de graphiques minutieusement commentés. Ils arrivèrent au pont de Brooklyn et Michael redécouvrit avec les mêmes yeux émerveillés que vingt ans plus tôt la ligne d'horizon imposante de Manhattan. Il avait une dizaine d'années quand son père l'y avait emmené pour la première fois. Il s'était alors promis d'y réussir, ce qui avait suscité l'hilarité de ses parents. La chance lui avait certes souri, mais il y était parvenu. Cette satisfaction le galvanisa. Jimmy louvoyait déjà dans la circulation dense du centre. Au détour d'un carrefour, la voiture s'engagea dans le parking souterrain d'un immeuble typique des années 20, sur Wall Street.

— Écoute Michael, tu vas les trouver à cran. Je préfère te prévenir...
— Comme d'habitude, quoi...

— Pas aujourd'hui… Tu verras. Tu veux que je dépose tes valises chez toi ?

— Avec plaisir. Je te remercie, répondit-il en lui lançant le double de ses clés.

Sommers s'engouffra dans l'ascenseur et appuya sur le bouton du douzième étage. À peine arrivé à son bureau, il sortit son ordinateur de son étui et empoigna le téléphone.

— Karen, pourriez-vous me passer Mark ?

— Bien, Monsieur Sommers. Vous êtes de retour ? Alors, Paris ? Vous avez aimé ?

Cette référence à Paris l'agaça au moins autant que la musique d'attente monotone que débitait le haut-parleur de son combiné. Un bruit sec mit un terme à ses souffrances et les directives de Mark, apparemment survolté, vibrèrent dans le cornet.

— Michael ? Désolé, pas le temps pour les mondanités. Amène-toi illico. On a une réunion avec Fred.

— OK, laisse-moi une seconde.

Il monta quatre à quatre les escaliers qui le séparaient du quatorzième et y trouva Mark Spencer à bout de nerfs. Il n'avait visiblement pas dormi la veille et se préparait à une deuxième nuit blanche.

— Viens, se contenta-t-il d'ordonner.

Il y avait de l'électricité dans l'air et Michael comprit d'instinct que la situation était critique. La salle dans laquelle ils pénétrèrent baignait dans la pénombre. L'écran en était le seul point lumineux et des graphiques s'y succédaient à un rythme endiablé, dans le faisceau jaunâtre d'un projecteur. Comme sortie de l'enfer, la voix sonore et rocailleuse de Fred Alistair emplit soudain la pièce.

— Donc, si je vous suis, vous m'annoncez qu'on coule. C'est ça, les gars ?

Michael distingua la silhouette de Fred, au bout de la table de conférence. Malgré ses costumes sur mesure et ses attitudes ampoulées, apprises à coup de formations très chères chez les meilleurs spécialistes du savoir-vivre et de la bienséance, il n'avait jamais pu se défaire de son accent traînant du Middle West et de son vocabulaire aussi direct qu'imagé. Sa question jeta les quatre économistes qui se tenaient devant lui dans une inextricable consternation.

— Monsieur Alistair, comprenez-nous. Nous nous fondons sur les chiffres, rien que les chiffres. Comme je vous l'ai montré, tout est possible. Notre exposition à certains actifs risqués est beaucoup trop élevée et nous devons massivement les déprécier. Les ratios de solvabilité des banques nous interpellent également, je vous le confesse.

— Oh, c'est bon. Essayez de positiver un peu, mon vieux. Et puis, mettez-vous dans le crâne qu'il n'y a pas d'actifs risqués chez Global Invest. Tout au plus quelques positions plus dynamiques que d'autres, voilà tout.

— Mais… Nos placements en subprimes ? bredouilla un des intervenants.

— Ils sont pratiquement invendables, Monsieur Alistair ! alerta un autre.

— Ça, c'est mon affaire. Le marché va se reprendre, pas de stress. Restons-en là, OK ? Vous me recalculez tout ça et vous revenez me voir. D'accord ?

— Bien, Monsieur Alistair. À votre service, Monsieur Alistair.

Les économistes rassemblèrent leurs documents et se volatilisèrent après avoir éteint le projecteur et allumé les puissants plafonniers qui éclairèrent la salle d'une lumière crue et agressive.

— OK, Michael. Content de te revoir parmi nous. Alors, Paris ?

— J'ai l'aval de Royant, Fred. Il défendra notre proposition à 25 euros, soit 25 % de prime.

— D'accord, pas mal. Des clauses particulières ?

— Les classiques. L'accord est caduc si Global Invest se trouve à court de liquidités et si nous n'obtenons pas 50,01 % des droits de vote... Rien de spécial.

— Bien joué. Je t'avoue que je craignais une embrouille de dernière minute...

— Point important : j'ai Royant dans la poche. Ça nous aidera si les actionnaires font de la résistance...

— Il nous faut réellement une tête de pont en Europe, reprit Fred. Les États-Unis, ça ne suffit pas. J'ai lu ta synthèse et je suis prêt à te suivre jusqu'à 29, voire 30 euros. Mais on ne s'emballe pas, d'accord ? On commence par ramasser un maximum au cours actuel avant de finaliser l'offre. À 25 euros, on siphonne ce qui nous manque pour atteindre la majorité. En cas de pépins, on se place au prix du marché. Et tu achètes toutes les actions de Victoria que tu trouveras. C'est clair ?

— Parfaitement clair.

— Bien, autre chose. Tu as vu le rapport de Dan ? Nous avons passé tout notre samedi à examiner chacune de nos lignes…

— Oui, lança Michael dans un soupir évocateur.

— Et tu en penses quoi ?

— Je suis persuadé que nous n'irons pas plus bas. Le système tient bon et la Fed sera obligée de le financer en cas de besoin. Bernanke sait qu'il est coincé. S'il laisse tomber une banque, il saborde tout et ouvrira la boîte de Pandore.

— Ouais, tempéra Fred. Et si Dan avait tout de même raison, cette fois ? Tu continues à déboucler nos positions les plus exposées et tu provisionnes les fonds pour intervenir sur Victoria. Tu suivras ça avec Mark, ça marche ?

Mark et Michael acquiescèrent tous deux d'un mouvement de la tête. Fred se tut soudain, se racla la gorge et adopta un ton presque paternel.

— Ça va aller, les gars. N'ayez pas peur. Ça balance pas mal pour le moment, mais ce n'est qu'une mauvaise passe. Tout ça sera vite oublié, croyez-moi.

Mark Spencer quitta la salle en fronçant les sourcils, manifestement assailli par un énorme doute. Il pressentit qu'il était trop tard, mais s'efforça de noyer ce sentiment diffus dans un sourire aussi sirupeux qu'insipide.

*

Michael rentra chez lui exténué. Le décalage horaire se faisait sentir et la nervosité perceptible au bureau lui avait sapé le moral. Il retrouva son penthouse comme s'il était parti la veille. Une vue panoramique exceptionnelle sur New York se dévoilait à lui du haut du trentième étage où il résidait. Il se servit un bourbon, ajouta de la glace et posa le nez sur la vitre qui le séparait de l'abîme. Il resta pensif quelques instants, en perdant son regard dans le ballet féerique des milliers de faisceaux de phares qui éclairaient les rues, près de cent mètres plus bas.

Jimmy avait rangé ses deux valises dans le couloir. Michael ouvrit la première et commença à la vider. Les couleurs de la toile que Catherine lui avait offerte à Paris se précisaient au fur et à mesure qu'il retirait ses vêtements. Il sortit *M'aimeras-tu encore ?*, toisa le tableau avec mépris et l'envoya contre un mur, d'un brusque mouvement du poignet. Une chemise protégeait la photo de Catherine. *Catherine…* La colère céda la place à une cruelle langueur. Ses doigts glissèrent lentement sur son visage impassible et il fixa désespérément ses yeux.

— Catherine… Pourquoi ? Pourquoi m'as-tu abandonné ?

Il n'eut pour seule réponse que le sourire avenant de la femme de sa vie, figé sur le papier glacé. Il enfonça la main dans son sac et y retrouva son foulard, dans lequel il respira le moindre soupçon olfactif de sa présence. Seul avec sa douleur, il se traîna vers sa chambre, tomba sur son grand lit et sanglota avant de s'endormir habillé.

9

— Bank of America ? Tu vends ! hurla Michael dans le micro de son téléphone.

— Et General Electric ?

— Attends… On garde, mais on allège de 15 %. Les résultats tombent demain et je ne tiens pas à être trop exposé s'ils déçoivent.

— OK, je passe les ordres.

L'ouverture de Wall Street était frénétique. Jonglant d'un écran à l'autre, répondant à trois appels simultanément, Michael tentait de trouver quelques secondes pour suivre les cours de Victoria et pour céder les participations toxiques de Global Invest, comme lui avait demandé Fred. Il composa un numéro à Manhattan.

— Jason ? Ici Sommers. Comment vas-tu ?

— Couci-couça. Ça décoiffe sur les valeurs que j'ai en portefeuille. Et toi ?

— Super. Dis-moi, Jason. J'ai une ligne de Lehman à solder. Tu serais preneur ?

— Lehman ? Oublie ! Ça n'intéresse personne… S'il t'en reste, tu vas mourir…

— Tu crois ? Pas sûr ! Allez, ciao.

Il se pencha sur la Bourse de Paris, entre deux conversations. Rien à signaler. Victoria oscillait autour de 20 euros, dans un volume normal. *Aucune fuite*, pensa-t-il avec soulagement. Il passa à autre chose et liquida encore une position, malgré la volatilité extrême à laquelle le marché était soumis. Il calcula rapidement qu'il avait déjà récupéré près de cinq millions de dollars de trésorerie à consacrer à l'opération sur Victoria. Un appel de Mark le surprit dans ses réflexions.

— Michael ? Peux-tu m'envoyer la version définitive du projet Victoria ?

— Tu l'auras dans une minute.

Il raccrocha et se demanda où il avait sauvegardé ce fichier. Avec la vivacité de l'éclair, il alluma son ordinateur portable en s'énervant de la lenteur avec laquelle il démarrait. Il vacilla un instant. La photo d'arrière-fond lui renvoyait l'image de Catherine. Merveilleuse, fabuleuse, évanescente. Il éprouva un étrange sentiment en fixant ses yeux numérisés. Leurs chemins devaient nécessairement se croiser à nouveau, il en avait la certitude… Leur histoire ne pouvait pas se résumer à quelques mots trouvés sur un oreiller, au petit matin. Il chercha rapidement le tableau que souhaitait Mark, l'envoya et baissa l'écran d'un geste brutal, pensant déjà à d'autres ordres à donner, à d'autres lignes à céder dans l'urgence.

La séance boursière fila au rythme hallucinant des achats et des ventes. Les clients appelaient en masse, soucieux de savoir si leurs placements étaient aussi sûrs que le garantissait Global Invest. Michael devait les rassurer, rester maître de lui, temporiser, tout en improvisant exactement l'inverse dans l'effervescence de l'action.

À 16 h 30, la cloche sonna enfin et le Dow Jones, l'indice vedette de Wall Street, récompensa les traders en terminant en territoire positif. Épuisé, mais heureux, il s'assit et laissa retomber la pression. Il leva le pouce en direction de son équipe, en signe de satisfaction. Une nouvelle journée dans l'enfer de la finance finissait pour chacun.

Il se tourna vers ses écrans et consulta le cours de clôture de Victoria, à Paris. Elle avait pris dix pour cent à la hausse. Étrange… Il ne constata rien d'anormal du côté des volumes, sauf une vague morcelée de 250 000 titres à l'achat, à 17 h 30. *Énorme*. Cinq pour cent du capital avaient changé de main en quelques minutes à peine. Cinq fois plus que les transactions habituelles sur Victoria…

Son téléphone grésilla, indiquant un appel de Mark Spencer.

— Dis-moi, tu as vu pour Victoria ?

— Oui, je viens de voir. 250 000 titres à la clôture. C'est curieux…

— Tu n'as aucune idée ?

— Aucune. Sans doute un trader qui joue les opéables.

— Ça m'étonnerait. Il ne le ferait pas aussi ostensiblement...

— Je n'en sais pas plus que toi. Je n'ai pas encore eu le temps de me pencher sur ces opérations.

— Tu as fait signer les conventions de confidentialité à Royant ?

— Bien sûr. Tu me prends pour un débutant ?

— OK. Suis-la tout de même de près. Ces ordres en fin de séance m'intriguent.

— D'accord. Compte sur moi.

*

Michael avait à peine raccroché qu'une ombre se dessina sur son bureau. Il leva la tête et croisa le regard de Diane, débordant de bienveillance pour lui.

— Alors… Bien rentré ? lança-t-elle de sa voix monocorde.

Il lui sourit, tout en se maudissant d'avoir oublié les fleurs.

— Oui, bien rentré. Merci pour tout, Diane.

— Merci pour quoi ? Qu'ai-je fait de si exceptionnel pour mériter une telle gratitude ?

— Pour ton rapport sur Royant. Et pour ton aide, pour tout ce que tu m'apportes.

Ce compliment la fit rougir et bredouiller.

— C'est normal. C'est mon rôle.

Rien de particulier n'émanait de Diane. Elle se savait quelconque, sans magie et avait appris à vivre avec son introversion maladive. En la voyant, immobile devant lui, Michael se dit qu'elle était l'antithèse absolue de la flamboyante

Catherine Swann. Il ressentit toutefois intimement qu'elle tenait à lui et qu'elle le couvait d'une attention maternelle.

— Michael, tu... Tu m'as manqué.

— Toi aussi, Diane. J'ai vu à quel point ton aide m'est précieuse, crois-moi.

— Je ne parlais pas du travail. Ta... Ta présence m'a manqué.

Il comprit d'emblée où elle voulait en venir.

— Michael, crois-tu, que...

— Dis-moi, Diane. Je t'écoute.

— Crois-tu que toi et moi... Un jour...

Elle croisa le majeur sur l'index, symbolisant du bout des doigts l'union qu'elle espérait du fond du cœur entre elle et lui. Elle tremblait et avait consenti un effort inouï pour tenter cette allusion. Il imagina qu'elle avait dû dompter sa timidité, qu'elle avait dû rejouer cette scène mille fois dans sa tête avant d'oser aller à sa rencontre. Il ne pouvait pas la décevoir et lui avouer froidement qu'il était obsédé jusqu'à la folie par une Parisienne fantasque qui l'avait abandonné, un matin blême de juillet. Il se leva, s'approcha d'elle et la prit dans ses bras.

— Diane... Penses-tu que ce soit une bonne idée ? Tu connais tous mes défauts. Pourrais-tu vraiment les accepter ?

Elle ne répondit rien et lui décocha un sourire empreint de mélancolie en sortant de son bureau. Il baissa les yeux. Il était profondément abattu, mais n'avait jamais été aussi sincère avec elle.

*

Quand il quitta le bâtiment de Global Invest, Michael ressentit avec allégresse une bouffée d'air frais lui emplir les poumons. Un cycliste manqua de le heurter lorsqu'il traversa la rue, vers Broadway. Il aurait pu prendre le métro, mais il préféra marcher et s'oxygéner le cerveau malgré le nuage de pollution que l'absence de vent faisait planer sur la ville. Il avait retrouvé son quotidien, certes. Mais il avait l'étrange impression que son âme était restée à Paris. En allumant son portable pour transmettre son fichier à Mark, il avait brutalement redécouvert le visage solaire de Catherine. Il s'était dit qu'il devrait changer ce fond d'écran. Que tout cela était du passé… Cette image l'avait pourtant hanté tout au long de la journée.

Il repensa à son message énigmatique : *Pardonne-moi. M'aimeras-tu encore ?* Il arriva sur Broadway qui déroula devant lui sa perspective unique et son flot de badauds, compressés en immenses files en face des théâtres et des cinémas. Il ignorait toujours pourquoi elle avait utilisé son ordinateur à Paris, mais cet ordre de 250 000 actions à la clôture l'interpellait. Et si elle avait détourné des informations privilégiées ? *La finance ? Détrompe-toi, Michael*, se souvint-il. Il voyait mal Catherine s'intéresser à la Bourse, mais trois choses étaient sûres : elle connaissait Bernard Royant, elle savait que Michael travaillait pour lui, donc pour Victoria, et elle s'était connectée au réseau de Global Invest. Il ne fallait pas être très perspicace pour y déceler plus qu'un banal concours de circonstances…

Il rentra épuisé. Dans le couloir, il vit la toile que Catherine lui avait donnée à Paris posée sur le sol, exactement où il l'avait lancée la veille. Il se dirigea vers un vestiaire, où il trouva un marteau et un clou. Armé de ses outils, il se rendit au salon et suspendit l'œuvre avec précision. *Catherine... Si j'avais su...*

Il passa le reste de la soirée prostré devant son ordinateur qui lui débitait les statistiques dont il devait s'inspirer pour préparer le plan de trading du lendemain. Vendre ? Acheter ? Surpondérer une ligne ? En alléger une autre ? *Toute chose a un prix*, avait-il dit à Catherine. Il n'en était plus aussi sûr… *Ce qui compte le plus est peut-être gratuit.*

Une idée saugrenue s'imposa curieusement à lui. Il se connecta sur un moteur de recherche et saisit un mot-clé tout simple : *Catherine Swann*. Le département des ressources humaines lui avait un jour révélé qu'il commençait par passer un candidat au crible sur Internet. Les résultats étaient parfois croustillants, souvent effrayants.

Une liste sans fin d'occurrences apparut sur son écran. Elles pointaient pratiquement toutes vers d'innombrables articles de presse sur la Maison Swann et sa styliste vedette. Il cliqua sur un lien au hasard et parcourut une interview que Catherine avait accordée à un magazine féminin, dans laquelle elle confessait n'avoir jamais été heureuse.

Il balaya des centaines de photos d'un œil distrait. L'une d'entre elles se démarquait des autres. Catherine s'y dévoilait dans toute sa splendeur. Elle était magnifique, sensuelle à souhait. Elle portait une robe du soir d'une élégance sans pareille et sa prestance saturait l'objectif. Le cliché avait été pris au Festival de Cannes, en mai. Elle avait prêté son talent à la confection des costumes d'un film sélectionné et avait été invitée à gravir les célèbres marches rouges, au bras du réalisateur.

Michael referma sa session. La revoir, c'était souffrir inutilement et il avait décidé de passer outre. Mais y parviendrait-il un jour ? Il soupira en s'avouant que non... La bouffée de chaleur qu'il avait ressentie lorsque cette photo s'était étalée devant lui en témoignait à l'envi. Jusqu'à quel point avait-il Catherine dans la peau ? Il hésita un moment. Il fallait qu'il se prouve qu'il pouvait retrouver l'extase sans elle. Si seulement il pouvait se sevrer d'elle... Si seulement... Il se saisit de son téléphone et composa rapidement le numéro d'une conquête éphémère.

— Cindy ? Comment vas-tu ?
— Michael ? Tu es de retour ? C'est bien toi ?
— Oui, Mademoiselle. Et bon pour le service !
— Si tu savais comme tu m'as manqué…
— Tu veux que je passe ?
— À condition que tu saches encore où me trouver !
— Compte sur moi, j'arrive !

Il prit un taxi et arriva guilleret chez Cindy, à l'autre bout de Manhattan. Elle l'accueillit les bras ouverts, en frétillant d'impatience.

— Tu n'as pas changé !
— Je ne suis parti que deux semaines !
— Bien sûr, mais elles m'ont semblé si longues sans toi, dit-elle en l'embrassant tendrement.

Michael ne put s'empêcher de sourire en imaginant le nombre d'hommes qu'elle avait dû inviter dans son lit entre-temps.

— Je n'ai aucune peine à te croire…

Ils s'installèrent au salon et elle leur servit un cocktail qu'ils sirotèrent en stimulant du bout des doigts leurs corps fébriles. Il ne parvint toutefois pas à pleinement s'abandonner… Cindy était certes jolie, mais il lui manquait la beauté de Catherine. Elle avait du charme, mais pas la sensualité de Catherine. Elle parlait de tout avec aisance, mais sans la voix suave et l'éloquence raffinée de Catherine.

Cette nuit-là, Michael et Cindy firent l'amour avec véhémence. Malgré la bienveillance de sa partenaire, il s'éveilla avec l'étrange impression d'avoir été privé de l'essentiel. Il comprit qu'aucun des matins qu'il lui restait à vivre ne serait plus beau que ceux qu'il avait partagés avec Mademoiselle Swann…

10

— Ce n'est plus possible, Fred. Il faut tout liquider ! s'exclama Dan Ashcroft en levant les bras au ciel après avoir une nouvelle fois passé les actifs de Global Invest en revue.

— Dan, Dan... Calme-toi. Je comprends ton stress, tu es sur le pont depuis des mois. Tu veux quelques jours de congé ?

— Pas question. Pas en pleine tempête ! Je suis sur le pont, j'y reste. Mais fais-moi une faveur... Vends tant que tu le peux encore, implora-t-il.

— D'accord. Pas de souci. J'ai demandé à Michael de commencer à alléger.

— Je ne te demande pas d'alléger, mais de vendre tout. Tu sais depuis un an ce que je pense de tout ça. Nous n'aurions pas dû nous lancer là-dedans. Nous avons trompé nos clients. Nous aurons la vie entière pour nous en souvenir, quand nous les aurons perdus.

Dan Ashcroft rassembla ses notes et sortit, laissant Fred seul après cette réunion qu'ils avaient depuis des années avant l'ouverture de Wall Street. Alistair se leva lourdement et se traîna vers la fenêtre, l'esprit ailleurs. Oui, ils étaient allés trop loin. Il en avait désormais la certitude. Les conclusions de Dan étaient limpides. Fred comprit que quelque chose l'avait aveuglé. Était-ce la cupidité ? Peut-être, mais elle n'expliquait pas tout... Le sentiment exaltant de l'invincibilité ? Sans doute, mais il ne suffisait pas à justifier leurs erreurs... Que fallait-il faire ? Se lancer dans une fuite en avant éperdue et attendre la reprise ? Ou tout simplement aligner ses jetons sur la table et déclarer forfait ? Fred tira sans hésitation un trait sur la deuxième possibilité. Il n'avait jamais déposé les armes, il n'avait pas l'intention de commencer aujourd'hui. Il empoigna son téléphone.

— Michael ? C'est Fred. Tu me tiens au courant pour Victoria ?

— Avec plaisir. On a eu une vague d'achat de 250 000 actions en clôture, hier. Rien à signaler depuis…

— Bon… Tu ne t'inquiètes pas. Tu te places. Fonce ! Achète. Quelqu'un essaie de nous doubler et ça ne me plaît pas. Fais-le sortir du bois !

— OK. Il me reste deux heures avant la clôture de Paris. J'en ramasse un maximum.

Michael était dans son élément : trois combinés qui sonnaient en permanence et quatre écrans d'ordinateur qui changeaient de configuration toutes les quinze secondes. Il transmettait ses instructions avec une précision diabolique et transformait les conclusions de Diane en consignes d'achat ou de vente à une vitesse fulgurante. Sa dextérité étonnait même ses collaborateurs les plus proches, pourtant habitués à son hyperactivité.

À dix heures, il remarqua un mouvement étrange sur Victoria. Un nouveau bloc de 250 000 actions, une fois encore éparpillé en une multitude d'ordres de faible ampleur, venait de secouer la Bourse de Paris. Le marché s'était emballé et avait répondu par une envolée du cours de près de sept pour cent. Victoria menaçait d'être suspendue à la hausse à tout instant, une incongruité dans une tendance globalement orientée à la baisse.

Michael sentit un souffle glacial lui parcourir l'échine. De tels achats massifs et synchronisés n'étaient pas le fruit du hasard. Quelqu'un se plaçait sur le titre, c'était évident... Et pas de la manière la plus discrète. Mais qui ? Et dans quel but ? Le mystère demeurait entier… Il actualisa ses courbes et traça aussitôt les grandes lignes d'une riposte pour sauver son projet d'acquisition.

*

Dans le confort climatisé de son bureau parisien, le père de Catherine sourit en vérifiant une nouvelle fois ses calculs. Il imagina que le capital négociable de Victoria devait maintenant se limiter à deux millions de titres. Il s'amusait surtout de voir Global Invest réagir aussi grossièrement à ses assauts à l'achat.

Voilà... Je me paie dix pour cent du flottant et vous êtes dépassés. J'ai la majorité... Mais elle ne m'intéresse pas : je veux tout vous revendre plus cher. Beaucoup plus cher. Prenez tant que vous pouvez. Prenez jusqu'à plus soif... Après avoir actualisé le cours de Victoria, il empoigna son téléphone et composa un numéro à New York.

— David ? Oui, c'est moi. Comment vas-tu ?
— Euh… Très bien. Pardonnez-moi, je ne m'attendais pas à un appel de votre part. Comment allez-vous, Monsieur Steel ?

Comme bon nombre d'investisseurs soucieux de préserver leur anonymat, le père de Catherine avait choisi un pseudonyme passe-partout pour la gestion de son patrimoine. Les petites entreprises de courtage fermaient généralement les yeux sur cette pratique pour autant que le client soit prêt à investir plusieurs millions. À Wall Street, il était connu sous le nom de code *Mister Steel*.

— Magnifiquement bien. Dis-moi, David… Tu sais que je t'apprécie énormément…
— Je… Je vous remercie.
— Ne sois pas modeste. Tu es un de mes meilleurs courtiers. Tes conseils me sont très utiles. Sincèrement, ajouta-t-il avec une hypocrisie doucereuse.
— Votre indulgence m'honore.
— J'aimerais te renvoyer l'ascenseur. J'ai un tuyau pour toi… Je suis la Bourse de Paris et un titre clignote sur mon écran.
— À Paris ? Lequel ?
— Victoria. À mon humble avis, quelqu'un entre au capital. Tu pourrais peut-être te faire dix ou quinze pour cent à très court terme. Qu'en penses-tu ?

— Victoria ? Attendez, j'actualise mon graphique. Ah oui… En effet, les volumes sont étonnants... Je vous remercie pour l'information. Je vais la creuser.

— David… Je compte sur toi pour que cela reste entre nous. Profites-en avant les autres. Tu vois ce que je veux dire ?

— Bien sûr… Comptez sur moi. Tout cela reste entre nous.

Il raccrocha avec l'intime conviction que la vanité sans bornes de David Andrews l'amènerait à renier cet engagement dès midi et que tous les requins de Wall Street se pencheraient sur Victoria à l'ouverture, le lendemain. Il se réjouissait d'ores et déjà de voir le cours s'envoler. Il se tourna vers son écran et laissa un sourire lui fendre le visage.

— Tes courtiers réagissent comme à l'école, Fred. Tu devrais mieux les suivre… Allez, vas-y. Mets haut la barre. Fais monter les enchères. Montre-moi ce que tu as dans le ventre. Continue… Tu es bien parti pour faire sauter la banque !

*

New York

Michael jeta un coup d'œil à sa montre. Il devait être 16 heures à Paris. Il avait largement le temps d'organiser son plan de bataille. Il passa une multitude d'ordres de vente à découvert pour faire baisser le cours, tout en plaçant des ordres d'achat différés plus importants pour récolter moins cher. L'activité sur Victoria sembla se réduire, puis s'éteindre. Le cours se stabilisa rapidement, puis s'effrita. Les échanges reprenaient entre petits porteurs, sur des volumes de mille, voire deux mille titres.

Il se détendit, satisfait d'avoir réussi à encadrer la tendance. L'adrénaline qui le submergeait dans ces moments-là l'enivrait réellement. Un appel troubla la routine des transactions vers onze heures. Il provenait de David Andrews, un collègue de promotion qui travaillait également dans la finance, mais chez un courtier concurrent.

— Hello, Geronimo, lança David en faisant référence à leur cri de guerre à l'université.

— Hello, Cochise, répliqua Michael du tac au tac.

— Alors, mon pote… Ça swingue pas mal, hein ? Tu as une heure à consacrer à un vieil ami, disons vers midi ?

— OK, David. On se fait des sushis ?

— Hum… Si tu me prends par les sentiments... Je t'attends chez Masachika.

Michael raccrocha et revint aux dossiers que Diane lui avait laissés. Il les examina avec une appréhension croissante. Les valeurs bancaires poursuivaient leur descente aux enfers. Les tensions au Moyen-Orient envoyaient le pétrole et les matières premières à des niveaux stratosphériques. Les places boursières enregistraient leur sixième semaine de baisse consécutive. Pressée d'agir dans l'urgence, la Fed apportait des réponses temporaires aux difficultés de plus en plus alarmantes de Freddie Mac et Fannie Mae, deux acteurs clés du refinancement de l'immobilier. Diane pointait l'incohérence de cette approche, qui ne consistait qu'à reporter le problème. Il devait maintenant transformer ces informations franchement sinistres en opportunités. *Mission impossible…*

*

À deux pas de Wall Street, Masachika était une institution pour tous les traders des environs. On y dégustait les meilleurs sushis de la place, mais aussi un large éventail de préparations nippones plus subtiles, généreusement arrosées de saké ou de thé au jasmin. David Andrews attendait Michael, perché sur un haut tabouret de bar. Il savourait déjà un cocktail au citron vert.

— Hello, David.

— Hello, hello.

— Alors ? Toujours fidèle aux bons soins de Masachika ?

— Quand on trouve une crémerie pareille, on n'en change pas. Tu me suis pour l'apéritif ?

— Envoie !

David fit un signe rapide de la main et un serveur asiatique s'empressa de leur apporter deux *Japanese Sunrise* bien frappés.

— Banzaï ! trinqua David.
— Banzaï ! répondit Michael en levant son verre.
— Dis-moi... Quoi de neuf chez Global Invest ?

Depuis des années qu'ils se rencontraient régulièrement, Michael et David avaient adopté un code de bonne conduite entre eux. S'ils acceptaient l'un et l'autre de lever le voile sur les coulisses de leur entreprise, la règle tacite était de ne jamais franchir la limite ténue qui les séparait d'un délit d'initié.

— Je n'ai pas besoin de te faire un dessin. On allège ce qui n'est pas vital. On ne garde que la crème de la crème.
— La crème de la crème ? Ça n'existe plus ! Vous êtes encore exposés sur Lehman ?
— Oui, répondit évasivement Sommers.
— Sors ! Sors très vite et à tout prix !
— Pourquoi ? Lehman ne peut pas tomber, arrête...
— Ils vont vider leurs caisses sur Freddie et Fannie. Et personne n'aura les reins assez solides pour jouer les bons samaritains lorsque Lehman se vautrera.
— Et le gouvernement ? On vote en novembre, David. Je vois mal la Maison-Blanche accueillir à bras ouverts une crise systémique à quatre mois des élections. Non... Imaginer la chute de Lehman, c'est la fin du monde... Personne n'y a intérêt.
— En effet, personne n'y a intérêt. Mais le problème, c'est l'argent. Ils n'ont plus un dollar. Pour refinancer Lehman, ils devraient aller puiser dans les poches des contribuables. Pas très vendeur, en pleine campagne... Et puis...
— Et puis ?
— Ils la laisseront tomber pour faire un exemple. Nous allons devoir expier nos fautes, mon bon Michael. Et c'est Lehman qu'ils sacrifieront pour l'opinion publique.
— Je n'y crois pas une seconde...

Le serveur se glissa entre eux et déposa deux copieuses assiettes de sushis et des baguettes.

— Si tu le dis... À part ça, tu as un filon pour le moment ?

— Rien de spécial... Nous essayons surtout de sauver les meubles.

— Tu ne veux rien lâcher, hein ? Allez, je ne suis pas rancunier. Une opéable est passée dans mon radar.

— Une opéable ? Ça existe encore ?

— Oui, monsieur. Une petite boîte oubliée de Dieu et des hommes, mais qui aligne des volumes en béton depuis hier.

David adorait ménager ses effets. Il venait de livrer cette confidence à Michael en l'entourant d'un luxe de théâtralité et en se délectant de le faire languir.

— Sur Wall Street ?

— Non... À Paris. Allez... Pour une fois, je franchis la ligne rouge : c'est Victoria, ajouta-t-il en détachant chaque syllabe.

— Victoria ? C'est une banque, non ?

— Une banque d'affaires, oui. Bien positionnée et assise sur une montagne de cash.

— Tiens, tiens... Et qui t'en a parlé ? demanda innocemment Michael.

— Personne... J'ai le flair pour les bons coups, c'est tout. Tu as devant toi un authentique cador ! Mais tu me connais... J'aime partager !

— Merci. J'irai voir ça cet après-midi... À charge de revanche !

— Un saké pour fêter cette aubaine ? proposa Andrews avec convoitise.

*

Michael revint au bureau submergé par l'incertitude. L'intérêt que David manifestait pour Victoria expliquait peut-être une partie des blocs à l'achat, mais il n'y croyait pas. Ils avaient été formatés selon les mêmes règles. On leur avait appris qu'on entre sur un titre par petites touches, avec subtilité… Discrètement et sans agitation ostentatoire.

Il passa l'après-midi à scruter ses écrans et à réagir à chaque fluctuation par d'innombrables ordres pour rééquilibrer ses portefeuilles. La semaine avait été mouvementée sur le Dow Jones, mais l'indice s'apprêtait à boucler sur une note stable, avec une légère perte hebdomadaire seulement. Une fenêtre lui présentait la courbe des cours de Victoria en temps réel. Elle avait terminé la séance sur un volume insignifiant, comme si le mystérieux adversaire de Global Invest avait disparu du marché. Michael restait toutefois aux aguets. Cinq cent mille titres avaient changé de main en moins de 24 heures. Dix pour cent du capital... Dopée par la spéculation, Victoria cotait à près de 25 euros à la clôture. Il jeta un coup d'œil à sa montre et composa le numéro de Royant qui n'avait pratiquement plus aucun argument pour convaincre ses actionnaires d'avaliser le projet qu'ils avaient si laborieusement négocié ensemble.

— Monsieur Royant ? Ici Sommers, de Global Invest…

— Monsieur Sommers… Je pensais précisément vous appeler. Cette hausse inattendue du cours de Victoria m'inquiète énormément. Comment voulez-vous que je défende votre offre dans ce contexte ?

— Je suis effaré comme vous. Des fuites sont-elles possibles de votre côté ?

— Aucune. Je réponds de mes administrateurs comme de moi-même. Et chez vous ? Quelqu'un a-t-il eu vent de nos intentions ?

— Nous sommes cinq au courant, mais ne craignez rien. Seul notre comité de direction est informé.

— Qu'allez-vous faire pour réagir ?

— Je vais tenter de canaliser le cours en passant vendeur. Ce qui m'étonne, c'est la méthode. Entrer aussi ouvertement sur une valeur est contraire à toute logique. Je ne m'y serais pas pris autrement pour inciter tout ce que le monde compte de traders à spéculer sur Victoria.

— C'est exactement mon opinion. Je n'ai jamais rien vu de semblable.

La voix anxieuse de Diane Preston interrompit la conversation.

— Michael ! Passe vite sur la chaîne info française !

— Monsieur Royant ? Pardonnez-moi... Une urgence. Je vous rappelle.

Il appuya sur un bouton de sa télécommande. Une présentatrice française, au moins aussi stéréotypée que ses consœurs américaines, achevait d'égrener des statistiques effrayantes. Elle se tourna ensuite vers son invité pour commenter l'activité sur les marchés.

— Alors, Gérard Pereira, qu'en est-il de la surperformance de cette séance, la bien nommée Victoria ?

— J'avoue la suivre de près, Amandine. Au prix actuel, le titre se négocie à des ratios cours-bénéfice très supérieurs à la normale dans une tendance déprimée. Il est également très entouré, dans des volumes étoffés.

— J'en viens à la question que tout le monde se pose. Pensez-vous que cette frénésie soudaine soit le signe avant-coureur d'une acquisition ?

— Ce n'est pas à exclure, car rien ne justifie une telle activité. Comme le dit le vieil adage boursier, on achète au son du canon. Dans le contexte que nous connaissons, il ne serait pas étonnant qu'une valeur comme Victoria, qui présente des résultats plus qu'honorables, fasse l'objet d'une opération. Le prédateur devrait cependant avoir d'importants moyens pour offrir une surcote convaincante aux actionnaires. N'oublions pas que le titre frôle les 25 euros et que rien ne semble enrayer sa fulgurante ascension.

— Je vous remercie, Gérard. Nous ne manquerons pas de suivre ce dossier !

Michael ravala un juron. Ce reportage tombait au plus mauvais moment. En plus du compétiteur avec lequel il se battait par carnet d'ordres interposé, il allait devoir affronter une horde de loups attirés par la seule possibilité d'une plus-value juteuse à très court terme.

*

— Catherine ? Catherine, c'est toi ?

— Viens me rejoindre. Donne-toi à moi comme je me donne à toi.

— J'arrive. Attends-moi !

Il tentait désespérément de la rattraper. Elle était étincelante de beauté, nue sous une robe diaphane ceinturée d'une lanière dorée. Diffuse et éthérée, elle s'envolait vers d'autres cieux. Sa voix se faisait incertaine, floue, lointaine. Le sol s'éventrait autour de lui et il perdait pied, glissant inexorablement vers un gouffre béant.

— Viens me rejoindre. Donne-toi à moi comme je me donne à toi.

— Attends-moi ! Je n'en peux plus !

— M'aimeras-tu encore ? gémit-elle en s'évaporant dans l'azur.

Le bruit strident d'une sonnerie de téléphone mit un terme brutal au cauchemar de Michael. Exténué, il s'était assoupi devant ses écrans. Toutes ses courbes ressemblaient à des encéphalogrammes plats : les marchés avaient clôturé depuis un moment déjà. Il se tourna vers la fenêtre. La nuit était tombée et le soleil avait cédé la place à la lumière artificielle partout dans la rue. La sonnerie se faisait insistante, presque implorante. Il décrocha, le corps endolori par la douceur ouateuse du sommeil.

— Sommers.

— Michael ? Tu as une minute ? demanda Mark Spencer. On t'attend chez Fred.

— J'arrive, soupira-t-il.

Il monta deux étages, entra dans le bureau et sentit ses muscles se raidir, tant l'atmosphère y était pesante. Impénétrables, Fred et Mark l'accueillirent assis devant une pile de documents. La lueur

152

blafarde des néons éclairait la pièce d'un blanc laiteux et le léger ronflement de la climatisation troublait à peine le calme.

— Viens, Michael. Détends-toi, lança Fred avant de passer la parole à Mark d'un hochement de la tête.

— On a un souci sur Victoria. Quelqu'un rentre massivement et la rumeur enfle à Wall Street qu'elle pourrait faire l'objet d'une offre.

David... Il n'avait pas pu s'empêcher de fanfaronner avec sa trouvaille. Décidément, la vanité est la mère de tous les vices.

— Tu n'as rien remarqué de particulier à Paris ? Personne n'a pu intercepter tes messages ? Lire tes documents ?

— A priori non, mentit Michael.

— Et du côté de Royant ? Aucun problème ?

— Rien. Il est paranoïaque pour tout ce qui touche à la sécurité : il me remettait toujours les documents en mains propres et personne n'a jamais assisté à nos entretiens.

Fred se leva et fit deux pas jusqu'à la fenêtre de laquelle il surplombait Wall Street.

— Tu sais, fiston, j'ai toute confiance en toi. Je t'ai chargé de Victoria parce que tu es comme je l'étais, il y a trente ans. Tu te bats. Tu ne lâches rien. Tu as du talent à revendre. Crois-moi, c'est un vieux de la vieille qui te le dit... Il te manque seulement un peu de finesse pour le reste. Pour te dire les choses vertement, je pense que les *Frenchies* t'ont eu. Et en beauté...

Michael tourna la tête vers Mark qui manifesta sa déception par une moue aussi méprisante que dubitative.

— Quoi ? Ma valorisation n'est pas conforme ? J'ai passé leurs comptes au peigne fin. J'ai vérifié chaque montant. J'ai analysé chaque chiffre...

— Ce n'est pas de cela qu'il s'agit, trancha sèchement Mark.

Fred reprit la parole, mesurant chaque mot et adoptant un langage exceptionnellement policé.

— Calme-toi, Mark… Calme-toi… Michael, je vais te donner un conseil qui te suivra toute ta vie. Quand tu délègues, choisis quelqu'un à qui tu peux te fier. Mais contrôle-le tout de même. On ne sait jamais. Personne n'est à l'abri d'un faux pas ou d'un piège. Tu n'as pas fait de faux pas, mais tu es tombé dans un piège. Sans le vouloir. Et c'est pour cela que nous sommes ici pour essayer de corriger le tir. Si tu m'avais trahi, tu serais en train d'emballer tes affaires en attendant de te faire éjecter par la sécurité. Tu saisis ?

— Pas vraiment, temporisa Michael en tentant d'anticiper le prochain coup.

Mark aligna différentes photos sur la table. Elles le représentaient toutes au bras de Catherine. Michael se souvint de chacun de ces instants magiques, passés en la compagnie de cette femme dont les clichés reflétaient tellement mal la beauté vénéneuse. Tout y était ou presque. *Catherine…* Une douleur intense le déchira et il dut faire un énorme effort pour se maîtriser.

— Tu vois, j'ai pris une habitude. Quand j'envoie quelqu'un en mission, je m'assure qu'il fait son boulot. Simple routine. Pendant deux semaines, les rapports que nous a transmis notre détective étaient d'une platitude désespérante. Une vie réglée comme du papier à musique. Jusqu'à dimanche. Apparemment, ça a dérapé dimanche dernier.

Michael se figea et réagit sur un ton glacial.

— Je vois… Tu m'as donc collé un détective sur le dos ?

— Simple routine, je te le répète. Juste pour m'assurer que tout allait bien… Tu ne peux pas savoir ce que certains essaient de faire passer en notes de frais.

— Cette demoiselle, Michael… Cette demoiselle est Catherine Swann, enchaîna Mark. Ne prétends pas que ce nom ne te dit rien.

Il vacilla. L'odeur enivrante de son parfum lui revint au nez. L'image ondoyante de son visage frémit comme un voile devant lui. *Catherine, ma petite Catherine… Je t'aime.*

— En effet. Elle s'appelle Catherine Swann. Et alors ? Deux semaines en célibataire à Paris, ça éveille des envies, se justifia-t-il en tentant de donner une tournure plus gaie à la conversation.

Fred esquissa un sourire narquois en se rasseyant.

— C'est bien normal. On n'est pas des saints, le contraire se saurait. Que tu aies eu un flirt, pas de souci. À la limite, j'aurais même fermé les yeux sur tes notes de frais. C'est la nature du flirt qui nous pose un léger problème.

Michael commençait à tout comprendre. Il fut frappé par une insupportable impression de déjà-vu lorsque Mark reprit la parole.

— Le rapport indique que Catherine Swann connaît Bernard Royant. Apparemment, elle est styliste et il a investi dans sa griffe par le biais de Victoria. Étrange, non ? Mais ce n'est pas tout… Elle porte le nom de sa mère, pas celui de son père. Quand il l'a découvert, le détective a tenté d'en savoir davantage. Catherine Swann serait la fille illégitime d'un financier avec qui sa mère aurait eu une relation. Sans doute un concurrent. Il n'a pas pu vérifier. Il a perdu sa trace sans pouvoir l'identifier.

— En attendant, Mark m'a mis la puce à l'oreille, poursuivit Fred. Il a pris contact avec toi en instantané, mardi. Tu t'es déconnecté sans réponse. Un petit détail sans importance sur le moment, mais qui nous a fait réfléchir. Je crois que quelqu'un d'autre que toi s'est servi de ton ordinateur, ce jour-là. Et si Catherine Swann l'a utilisé, elle est peut-être tombée sur des documents qu'il aurait mieux valu pour nous tous qu'elle ne lise jamais.

Il était inutile d'en rajouter. Michael défaillit et capitula.

— OK. C'est possible, en effet. Elle avait les clés de mon appartement.
— Bingo. Bon… On a un délit d'initié sur les bras... Comment on va se sortir de ce bourbier ? Mark ? Appelle Dan.

Mark attrapa le combiné et composa rapidement un numéro.

— Dan ? Ici Mark. Tu es en conférence avec Michael, Fred et moi. Tu nous entends ?

— Oui, je vous écoute.

Alistair posa ses deux mains sur le bureau et se pencha vers le téléphone.

— Dix pour cent du capital de Victoria sont passés en Bourse depuis hier. Pourrais-tu analyser l'actionnariat de cette boîte ?

— D'accord, mais pourquoi ? Je pensais que Michael l'avait déjà fait.

— J'ai besoin d'un deuxième avis. J'ai l'impression que quelqu'un tente de nous damer le pion et j'aimerais savoir qui j'ai en face de moi.

— Un prédateur qui voudrait la majorité ne s'y prendrait pas comme ça. Et si c'était quelqu'un qui cherche tout bonnement à se débarrasser de ses actions au plus haut ?

— Qu'est-ce qui te fait dire ça ?

— Rien… Une simple intuition. Mais je sais le peu d'intérêt que vous inspirent mes intuitions… OK, Fred. Je m'en occupe. Je te fais signe dès que j'ai du neuf…

*

Michael resta tard au bureau. Mark lui avait remis une copie du rapport du détective. Il se souvint avoir eu l'impression d'être observé sur la terrasse d'une brasserie, un soir. Il s'était parfois senti épié. Il se rappela avoir souvent croisé la même voiture, au détour de la rue de Berri. Autant de détails inhabituels, mais qui ne l'avaient jamais amené à croire qu'il faisait l'objet d'une filature en bonne et due forme.

Il feuilleta le dossier. Chaque photo était un déchirement. Chaque cliché creusait la souffrance. Catherine l'éblouissait. Le feu de son regard l'embrasait, même s'il s'étalait froidement sur le papier. Il se fit un film des événements. Elle avait sans doute été mandatée pour lui soutirer des informations privilégiées sur l'offre qu'il terminait. Si c'était vrai, le message qu'elle lui avait écrit dans un dernier élan du cœur prenait tout son sens. *Pardonne-moi. M'aimeras-tu encore ?*

Il entra en elle. Il s'immergea dans son âme. Il était tellement en osmose avec elle que cette incorporation lui sembla évidente. La vérité lui éclata aux yeux. Crue, pathétique. Elle l'avait trahi contrainte et forcée pour une raison qu'il ignorait. Son départ avait dû être une épreuve insurmontable pour elle aussi. Il l'imagina se levant à pas feutrés, pleurant devant lui, profitant de l'aube pour s'éclipser, effondrée par la douleur de le quitter. Elle avait été sincère dans l'amour qu'elle lui avait donné. Il pouvait se tromper sur tout, mais pas là-dessus. Il pensa un instant détruire le rapport, mais le glissa dans un tiroir de son bureau.

Michael rentra en fin de soirée et contempla attentivement la toile que Catherine lui avait offerte. Il en perça toute la subtilité et sut pourquoi elle l'avait immédiatement séduit. Il y avait vu une prémonition impossible à cerner sur le moment même. Une intuition étrange, confirmée par les faits.

Il dormit peu, cette nuit-là. Une force intérieure irrésistible lui ordonnait de prendre l'initiative, de renouer le lien. Il se leva vers 3 heures, tiraillé par le doute. Il était prêt à tout. Il empoigna son portable... Il devait être 9 heures à Paris. Il hésita et passa en mode texto : *Catherine. J'ai tout compris. Je te promets un amour infini. Appelle-moi. S.t.p.*

Comme tous les autres, son message resta désespérément sans réponse… Il eut toutefois l'intime conviction que la femme qu'il aimait plus que tout au monde fondait en larmes, quelque part en France.

11

Rien n'avait fondamentalement changé, deux semaines plus tard. L'été s'égrenait au rythme des publications mitigées des entreprises, suscitant un rebond limité sur les marchés. La tension était palpable, presque contagieuse. Le naufrage des valeurs bancaires continuait avec une précision métronomique. Comme le redoutait Paulson, Indymac avait sombré le 12 juillet. Les autorités américaines étaient intervenues dans l'urgence pour tenter de dompter le vent de panique qui s'était levé sur les places financières en assurant Fannie Mae et Freddie Mac de leur soutien. Lors de son audition par le Sénat, Ben Bernanke avait affirmé, livide, que sa priorité restait de restaurer la stabilité. Un vœu pieux, face au défi à relever...

En cette fin juillet, une fragile trêve estivale maintenait momentanément les Bourses suspendues au-dessus d'un volcan, à la merci de tout événement positif ou négatif. Cet équilibre précaire concernait aussi Victoria, dont le prix s'était figé après une extension fulgurante jusqu'à 29 euros. Les ventes sur le titre s'étaient accumulées de main de maître, sur chaque hausse. Michael s'efforçait d'acheter discrètement, en répartissant ses ordres sur différentes entités pour éviter les déclarations prématurées de franchissement de seuil et ramener le cours autour de 25 euros.

Il avait un soir demandé à Diane de venir chez lui l'aider à boucler un dossier. Elle avait de la fraîcheur, de la classe et une passion sans limites pour lui. Elle avait rougi sans un mot quand il lui avait proposé de passer la nuit et s'était ensuite installée. Ils s'étaient apprivoisés et vivaient, depuis, un bonheur simple et sans vagues. Elle était ravie d'avoir enfin conquis l'homme de sa vie et faisait tout pour lui plaire. Il était heureux d'une compagnie qui lui permettait de moins souffrir du souvenir obsédant de Catherine Swann.

Ils avaient commencé cette journée comme toutes les autres. En s'embrassant et en se câlinant sans fougue, mais avec plaisir. Diane se prélassait au lit, perdue sur un petit nuage. Michael s'était levé, avait allumé son ordinateur et s'était inquiété que ses courbes ne tressautent pas dès 9 h 30.

— Mon chéri ? Nous sommes dimanche, les marchés sont fermés et tu es entièrement à moi, avait-elle lâché dans un fou rire communicatif, mais désespérément banal.

Ils descendirent en ville vers midi pour aller prendre un brunch, du côté de Times Square. Diane n'avait pas la présence écrasante de Catherine, mais elle était simple, joyeuse, humaine. Sans avoir la beauté fulgurante de Catherine, elle était élégante et avait du charme. Et s'il lui manquait l'expérience sexuelle débridée de Catherine, elle apprenait vite et se libérait lentement du carcan d'interdits dans lequel son éducation rigoriste l'avait cloîtrée.

Ils se promenaient enlacés, en s'embrassant délicatement dans le cou, lorsque Michael sentit son téléphone vibrer dans sa poche. Il s'en saisit, lança un grand sourire à Diane, puis blêmit d'un coup en consultant son écran. Son sang ne fit qu'un tour. Un frisson lui parcourut le dos. Il s'attendait à tout, sauf à ça. Il appuya sur un bouton avec fébrilité et resta sans voix. Michael n'avait plus pratiqué le français depuis trois semaines, mais chaque mot qu'il lisait le touchait jusqu'à l'âme. Le message n'avait pas le style emphatique et flamboyant qu'il espérait en l'ouvrant. Au contraire… Il s'apparentait à un appel au secours immédiat.

Sauve-moi. S'il te plaît. Je n'ai que toi au monde. Catherine.

Il s'assit contre un mur, tétanisé. Ses jambes l'abandonnaient. Un voile tomba devant lui. Une décharge venait de le terrasser et il eut besoin d'un long moment pour reprendre son souffle, pour retrouver un cap.

160

*

Catherine regretta une seconde d'avoir envoyé ces quelques mots. Pourquoi les avait-elle rédigés ? Elle soupira et baissa la tête. Au fond, tout cela n'aurait plus d'importance dans quelques minutes. Elle se leva et balaya du regard la Place des Vosges, noire de monde. Ses yeux étaient cernés et ses lèvres se crispèrent. Elle sentit une larme fissurer sa joue. Son seul remords, à cet instant, était de ne pas avoir honoré le serment qu'elle avait fait à Haissi de transmettre son savoir à une élève... *À quoi bon ? Je n'ai rien à laisser. Ma vie se résume à un néant absolu.*

Elle se retourna, glissa lentement vers la table de salon et ouvrit le tiroir, dont elle sortit une pochette et une lame. Elle se dirigea vers la salle de bains, où elle ôta ses ballerines du bout des pieds. Elle enleva sa chemise, déboutonna son jean et en extirpa ses jambes fuselées. Nue, elle prit une boîte de barbituriques, le paquet en aluminium, la lame et se dandina jusqu'à sa chambre.

Dans la pénombre de la pièce isolée de la lumière par les volets, elle se prépara un cocktail violent de médicaments et de cocaïne. *Pourquoi passer le reste de ma vie à souffrir ?* Elle avait reçu différents messages de Michael. Tous lui promettaient le pardon. Elle savait pourtant que rien ne serait jamais plus pareil. Qu'elle ne retrouverait jamais l'exaltation des horizons miraculeux vers lesquels il l'avait guidée. Il était à six mille kilomètres et elle était désespérément seule, hantée par son passé et honteuse de ce qu'elle lui avait fait subir. *Séduire pour trahir.* Elle allait en payer le prix fort, sans remise de peine.

Elle s'assit sur son lit et avala les cachets. Elle inhala ensuite deux traînées de poudre blanche, puis se coucha sur les draps et baissa les paupières. Une douce torpeur la gagna après quelques instants. Elle endigua du bout des doigts une goutte de sang qui perlait sur son menton. Les battements de plus en plus irréguliers de son cœur résonnaient dans ses tempes. La nuit se fit dans son esprit et elle prit plaisir à décoller. Elle se sentit aspirée, enlacée par l'incommensurable, aimée comme elle ne l'avait jamais été.

Aérienne, perdue entre ciel et terre, elle parcourait le fil de sa vie. Les souvenirs tourbillonnaient devant elle, dans un prodigieux kaléidoscope de sensations, de couleurs et d'odeurs. Elle se revit petite fille, puis pleurant à côté du cercueil de sa mère. Elle revit aussi son père et une douleur aiguë l'envahit.

Un instantané se forma sur sa rétine. *Michael.* Son visage se dessinait tellement précisément dans sa mémoire qu'elle aurait pu le caresser, l'embrasser. Elle le supplia de l'emmener pour l'éternité vers les rivages infinis de l'amour, mais elle ne s'entendait plus hurler. *Trop tard*, lui souffla une voix intérieure. *Tu as raté ta chance.*

Dans un dernier sursaut, elle laissa l'instinct de survie guider son bras vers le téléphone, suspendu au mur de sa chambre. Totalement amorphe, elle tomba sur le tapis, mais parvint à composer le numéro des pompiers qui localisèrent l'appel dès la première seconde.

— Au secours... Aidez-moi...
— Madame ? Restez calme ! Que se passe-t-il ?
— Je... Je...

Le cornet lui glissa des doigts. Tout tournoyait autour d'elle. Elle ne put résister à la spirale sans fin de la mort et s'effondra.

*

New York

Michael tremblait de tout son corps. Des milliers de questions fusèrent dans sa tête. Qu'était-il arrivé ? Pourquoi ce message ? Que pouvait-il faire ? Et surtout... Où était Catherine ? Il n'en avait aucune idée. Il avait perdu tous ses moyens. Il était incapable de raisonner, mais l'imminence du danger le gorgea d'adrénaline. Il ne dut pas réfléchir davantage pour comprendre que son âme sœur avait besoin de lui : il le sentait viscéralement, au plus profond des tripes. *Catherine... Où es-tu ?*

Diane se morfondait de le voir en proie à une telle tension.

— Michael ! Mais qu'y a-t-il ? Pourquoi es-tu dans cet état ?
— Je ne sais pas... Un malheur, je crois.
— Il est arrivé quelque chose à ta maman ?
— Non. Ce n'est pas ma mère…

Il se pencha sur son écran et composa le numéro de Catherine. De longues secondes s'écoulèrent, puis il entendit une faible sonnerie dans le lointain. Il espéra de toutes ses forces qu'elle décroche, mais obtint finalement sa boîte vocale. Il laissa un message succinct.

— Où es-tu ? Que se passe-t-il ? Réponds-moi. Tu peux compter sur moi.

Il se releva, vaincu par l'émotion. Il ne pouvait faire la part des choses entre la tristesse et la joie. Catherine était clairement en détresse, mais c'est lui qu'elle avait appelé à l'aide.

Ils rentrèrent rapidement. Michael était anxieux, complètement absorbé par ses pensées. Diane n'osait pas intervenir, incapable de comprendre ce qui le traumatisait autant. Elle se mordilla les lèvres, frustrée de ne pouvoir rien faire pour lui. Il tomba dans un fauteuil devant la fenêtre, méditatif.

Un flot ininterrompu d'idées déferlait de toutes parts, se mêlant au souvenir lancinant de Catherine. Une question, la plus urgente de toutes, restait encore sans réponse : où était-elle ? Comment la trouver ? Il laissa errer son regard dans le ciel azuré de Manhattan, cherchant à reprendre le fil qu'il avait perdu.

— Diane, peux-tu jeter un coup d'œil sur les vols pour Paris ?
— Bien sûr. Quand dois-tu partir ?
— Le plus vite possible.

Comme pilotée par une main invisible, elle s'exécuta sans réfléchir. Il se leva subitement, sortit son passeport d'un tiroir et y glissa quelques billets de dix euros qu'il avait conservés après son précédent séjour. Tout s'accéléra et il retrouva d'un coup la vivacité qui lui manquait. Il se tourna vers Diane et lui effleura les lèvres.

— Je fais un saut rapide au bureau. Attends-moi ici.

Avant même qu'elle comprenne, il était déjà trente étages plus bas…

*

Était-elle encore en vie ou déjà morte ? Elle n'en savait rien… Tout était diffus et imprécis. Elle eut la délicieuse sensation de sortir de son corps et de flotter. Elle se vit étendue sur le sol, nue, les bras en croix. Une traînée de sang lui coulait du nez. Elle s'observait avec étonnement. *Est-ce bien moi ? Je ne m'imaginais pas comme ça !* Une sérénité paradisiaque l'enveloppait totalement. Elle se laissait porter dans un tourbillon duveteux, nimbé d'une lueur intense, mais douce.

Elle était légère, prête à ne faire qu'un avec cette lumière immaculée qui l'embrassait d'un amour infini. Elle se sentit heureuse, en harmonie avec elle-même. La silhouette de sa mère lui apparut un instant. *Maman ! Maman, si tu savais le mal que papa m'a fait !* Sa mère ne répondit pas, mais elle reconnut la voix distante de Haissi. *Souviens-toi, Catherine… Si un jour un homme te fait passer les portes de ce monde merveilleux, il sera ton élu. Ton élu. Ton élu.* Les mots de son initiatrice résonnèrent en un écho sans fin.

Un vacarme assourdissant de bois fracturé troubla sa quiétude. Perchée au plafond de sa chambre, elle se concentra sur la scène et vit deux secouristes s'introduire dans la pièce et sauter d'un bond vers son lit. *Quelle incongruité !* Un des pompiers lui brancha des sondes sur la poitrine et alluma une machine. Elle s'amusa de voir son corps planer, puis retomber lourdement sur les draps.

— Recommence, ordonna le plus grand des deux.

— On l'a perdue. C'est fini.

— Réessaie. Et puis, non ! Laisse-moi faire !

Il actionna le défibrillateur et Catherine vit son buste à nouveau se tordre avant de s'affaisser. La douce hébétude dans laquelle elle baignait se fracassa soudain. Une voix caverneuse s'éleva dans la nuit. *Tu n'as pas accompli ton destin. Tu ne mérites pas de nous rejoindre.* La lumière blanche qui l'accueillait avec bienveillance s'éteignit aussitôt. Catherine eut l'impression étrange de chuter à une vitesse ahurissante, comme si elle sautait d'un avion sans parachute. Un choc d'une violence inouïe lui contracta tous les muscles et elle ouvrit les yeux, accablée par une brûlure atroce dans la poitrine. Elle se tortilla un instant et s'enlisa dans le noir.

— OK, on l'a récupérée, entendit-elle avant de sombrer. On la stabilise et on fonce.

*

New York

Quand il revint, une demi-heure plus tard, Michael traversa le salon à toutes jambes, déposa un dossier sur son bureau et se saisit du téléphone. Il composa un numéro et soupira, espérant que son interlocuteur décroche. Il regarda sa montre… Il devait être 20 h à Paris.

— Allô ? Bonsoir, Monsieur Forgean. Pardonnez-moi de vous déranger un dimanche soir.

— Il n'y a aucun souci, Monsieur. Notre agence est à votre disposition 24 heures sur 24. En quoi pouvons-nous vous aider ?

— Je m'appelle Michael Sommers et je travaille pour Global Invest Corporation, à New York. Fred Alistair vous a confié une mission à mon sujet, en juin et en juillet.

— En effet, mais vous comprendrez que la déontologie m'interdise de vous en parler.

— Je ne tiens pas à en parler non plus. J'ai une nouvelle requête à vous soumettre.

— Laquelle ? demanda son interlocuteur, soudain aux aguets.

— Retrouver une femme à Paris. Et très vite.

— Tout est possible, Monsieur Sommers. Puis-je avoir son nom et un maximum de renseignements ?

— Catherine Swann. Elle possède une maison de couture dans le Marais, mais je n'en connais pas les coordonnées exactes. Elle se trouve sans doute quelque part à Paris et je dois prendre contact avec elle d'urgence. C'est... C'est la femme que vous avez photographiée à mes côtés au début du mois.

— Je vois en effet à qui vous faites allusion. Pourriez-vous me communiquer un numéro d'appel où je peux vous joindre à tout moment ?

Il indiqua celui de son portable, raccrocha et posa son téléphone sur le rapport de filature que lui avait transmis Mark Spencer. Il arborait en couverture l'adresse de l'agence Guy Forgean, rue Saint-Charles, dans le 15e arrondissement.

— Alors ? Ces vols pour Paris ? Ça donne quoi ?

— J'ai deux places en classe affaires demain à 18 h 15, répondit Diane en espérant secrètement qu'il l'emmène.

— Demain soir ? Il me faut un vol plus tôt !

Elle se remit à chercher frénétiquement, sans succès. Son œil s'illumina enfin.

— Ça y est ! J'ai une possibilité cette nuit. Départ de Kennedy à 21 h 35. Arrivée à Roissy à 10 h 50, heure locale. Ça te laisse à peine le temps de boucler tes valises...

— Je t'adore, souffla Michael en lui embrassant les cheveux.

Diane imprima la réservation. Tout s'enchaînait à une telle vitesse qu'elle ne parvenait pas à emboîter les pièces du puzzle. Elle se risqua pourtant à poser la seule question qui la tourmentait réellement.

— Michael ? Qui... Qui est Catherine Swann ?

166

Il se figea lorsqu'elle prononça le nom de Catherine et resta sans voix un instant, incapable de formuler une réponse.

— Je... Je l'ai rencontrée pendant mon voyage pour Victoria...

— Et tu... Tu... Était-ce professionnel ?

— Non... Je dois être honnête avec toi, ce n'était pas professionnel. Elle a passé quelques jours avec moi.

Diane se tut et baissa la tête. Il s'approcha d'elle, lui glissa la main dans le cou et releva délicatement son menton. Une larme silencieuse finissait de couler dans la frange noire qui lui tapissait la joue. Il pencha ses lèvres vers les siennes et l'embrassa tendrement.

— Diane, ma petite Diane…

— Il va falloir que tu me fasses un briefing pour demain. Si tu pars ce soir, je devrai assurer aux réunions à ta place.

— Qu'y a-t-il à l'agenda ?

— Une conférence sur l'état de nos participations chez Lehman, un rendez-vous avec Fred pour un point sur Victoria et une présentation de Dan.

Il détourna les yeux, conscient qu'il venait de lui faire une peine infinie. Elle ne méritait pas qu'il la fasse souffrir, mais il brûlait intérieurement, convaincu qu'il ne pouvait rien faire d'autre, qu'il n'avait pas le choix. Son âme sœur était en détresse. Et même si elle l'avait trahi, même si elle n'avait répondu à aucun de ses messages, il était prêt à traverser l'Atlantique sur-le-champ pour la rejoindre. Pour être à ses côtés. Pour se donner à elle comme elle s'était donnée à lui et retrouver tout ce dont il se sentait désespérément dépossédé depuis près de trois semaines.

Ils passèrent une heure à examiner les dossiers que Michael suivait.

— Et pour Victoria ? demanda Diane avec une pointe d'émotion dans la voix.

— J'ai canalisé le cours. Aucun volume exceptionnel ces dix derniers jours. Tu peux expliquer à Fred que notre offre est momentanément impossible, mais que les rumeurs se tassent.

— Parfait. Je continue donc à suivre ton plan ?

— Oui, sans plus. J'ai identifié tous les seuils sur lesquels tu devras intervenir.

Elle termina de noter ses instructions, déposa son crayon et glissa la main dans ses cheveux.

— Michael.

— Oui ?

— Quoi que tu fasses à Paris, sache que je t'attendrai. Je t'attendrai toujours. Ce n'est pas une affirmation, mais une promesse. Tu comprends ?

Diane avait prononcé ces quelques mots avec une fermeté qu'il ne lui connaissait pas. Elle semblait sûre d'elle et inébranlable dans son choix. Il préféra ne pas rouvrir sa douleur et resta silencieux quelques instants.

— Merci…

— Prends soin de toi là-bas.

— Ne crains rien.

— Tu as tout ? Ton passeport ? Ta valise ?

— Oui, rassure-toi. Et je n'ai besoin que d'un sac... Je fais un aller-retour.

— Que dois-je dire à Fred ?

— Dis-lui que je remonte la filière pour Victoria.

— La filière ? Quelle filière ?

— Ne t'inquiète pas, tout est sous contrôle. Fred et Mark sont au courant.

Il s'approcha de Diane et l'enlaça. Elle le prit dans ses bras et laissa ses lèvres glisser sur les siennes. Il éprouvait des sentiments pour elle, certes… Mais il manquait l'étincelle qui fait toute la différence. Il manquait l'amour fusionnel qui l'unissait à Catherine. Ils s'embrassèrent et contemplèrent un instant la ville qui s'offrait à eux. Le regard de Diane s'arrêtait à la perspective de l'Upper West Side. Celui de Michael survolait déjà les toits de Paris pour plonger dans les yeux bleus de Catherine Swann.

*

Un appel téléphonique vint troubler leur rêverie.

— Sommers.

— Monsieur Sommers ? Ici Guy Forgean.

— Vous avez déjà des nouvelles ?

— Oui. Votre mission était finalement très simple, à tel point que j'aurais des scrupules à vous la facturer. Quand nous lançons une recherche de personne portée disparue, nous commençons par consulter les hôpitaux.

— Les hôpitaux ? Pourquoi ?

— C'est un grand classique du travail de détective. Vous ne pouvez pas imaginer le nombre de Parisiens qui doivent être hospitalisés chaque jour, sans que leurs proches soient au courant.

— Bien. Mais pour Catherine Swann ?

— Elle a été admise en début de soirée à la Pitié-Salpêtrière, à Paris. Je peux tenter d'en savoir plus, mais je suppose que cette information vous suffit à ce stade de l'enquête.

— Elle me suffit en effet, Monsieur Forgean... Je vous remercie.

Il se tourna vers Diane qui l'interrogeait anxieusement des yeux.

— Elle est à la Pitié-Salpêtrière.

— Et qu'est-ce que c'est ?

— Pas le genre d'endroit qu'on fréquente pour le plaisir... Un hôpital.

Une minute de silence s'écoula. Michael était effondré. Ses pires craintes se confirmaient. Il était arrivé malheur à Catherine et une douleur infinie l'écrasa. Il passa son sac en bandoulière et y rangea son passeport.

— Bon... On y va ?

*

Ils firent le trajet sans échanger un mot et arrivèrent à l'aéroport tous les deux absorbés par leurs pensées. Il tentait de percer le mystère du message de Catherine et échafaudait tous les scénarios. Elle l'observait avec inquiétude, redoutant déjà que ce voyage éclair à Paris marque la fin de leur idylle. Ils se quittèrent dans le hall des départs, pratiquement vide à cette heure tardive. Michael l'embrassa, passa le bout du doigt sur la joue de Diane et la sentit tressaillir.

— Assure bien demain, ma chérie, lui lança-t-il avec un sourire.
— Crois-tu que ce soit une bonne idée ?
— Quoi ?
— Partir là-bas…
— Je dois le faire. Quelque chose au plus profond de moi me l'ordonne. Pardonne-moi.
— Prends soin de toi.
— Toi aussi. Sache… Sache que…

Il ne put terminer sa phrase et continua vers sa porte d'embarquement, laissant Diane à terre. Elle attendit jusqu'au décollage et vit l'avion s'élever vers les étoiles. Elle ne distingua bientôt que deux faibles points lumineux qui clignotaient dans le noir. Elle se retourna, traversa l'aéroport et prit le volant.

Arrivée à l'appartement de Michael, Diane se déshabilla et enfila un pyjama. Elle se dirigea vers la chambre et s'écroula sur leur grand lit vide, appréhendant le futur. Malgré la fatigue, elle eut du mal à trouver le sommeil. Après avoir avalé un somnifère, elle imagina toutes les formes qu'elle pouvait donner à Catherine Swann, sans pouvoir mettre un visage sur ce nom. Cette frustration la poursuivit jusqu'au bout de la nuit.

170

12

Paris

Michael était resté soucieux pendant tout le vol. Il était ivre de bonheur à l'idée de revoir Catherine, mais craignait ce qu'il allait découvrir. Une autre question le troublait : quelle place donner à Diane dans cette partie serrée ? Il se sentait pris entre deux feux et appréhendait le moment inévitable où il devrait sans doute lui annoncer qu'il poursuivrait la formidable aventure que lui promettait Catherine.

L'avion se posa et Michael en sortit dès l'ouverture des portes. Il traversa rapidement le terminal des arrivées et retrouva l'air libre avec allégresse. Une délicieuse sensation de chaleur lui picota la peau et lui emplit les poumons. Il tenta d'organiser sa journée. Le plus urgent était de faire le point à l'hôpital. Un taxi s'arrêta devant lui.

— À la Pitié-Salpêtrière, s'il vous plaît.
— Ça n'a rien d'une destination touristique, lança le chauffeur avec humour.
— Je sais. Hélas... Roulez !

Michael avait quitté Paris en plein désarroi. Il y revenait prêt à tout pour Catherine, la femme qui lui avait brisé le cœur. *Le destin vous a été favorable*, se rappela-t-il. Royant lui avait chuchoté ces mots le soir où Catherine l'avait ébloui pour l'éternité.

Le chauffeur coupa par Aulnay-sous-Bois et par la porte de Bagnolet. Il suffit d'une seconde à Michael pour se replonger dans l'ambiance des deux semaines qu'il avait passées dans la ville. Voir la capitale à nouveau défiler sous ses yeux l'enthousiasmait, mais il était anxieux, indéchiffrable et soucieux.

La voiture traversa la Seine et arriva boulevard de l'Hôpital. Un imposant bâtiment se détachait au-dessus des platanes qui bordaient la chaussée. Il sortit, déposa la sangle de son sac sur son épaule et aspira un bol d'air pour se donner du courage. Le cri du cœur lui vint aux lèvres lorsqu'il poussa les portes d'entrée.

— Catherine, je suis là. Je t'aime.

*

— Non, Monsieur. Je regrette. Les visites ne sont possibles qu'après 13 heures.

L'infirmière de service était intraitable et Michael se passa la main dans les cheveux en espérant trouver les mots qui lui permettraient d'accéder à la chambre de Catherine. Il jeta un coup d'œil rapide à sa montre qui indiquait 6 h 30. Il calcula qu'il devait être 12 h 30 à Paris et la mit à l'heure.

— Madame, répéta-t-il avec toute la politesse dont il était capable malgré la fatigue, j'arrive en droite ligne de New York. Pardonnez-moi de me présenter trop tôt. Le décalage horaire, sans doute... Je voudrais voir Mademoiselle Swann. C'est urgent.

Elle le toisa, répondit par un rictus à son sourire implorant et finit par capituler devant tant d'insistance.

— Asseyez-vous, Monsieur. Je vais m'assurer que Mademoiselle Swann peut vous recevoir.

Elle prit le téléphone et composa un numéro.

— Docteur Dusménil ? J'ai ici une visite pour Mademoiselle Swann. Quelqu'un qui vient de New York. Pensez-vous qu'il puisse la voir ? ... Très bien, merci docteur.

Elle raccrocha, fixa un instant Michael et succomba à son charme.

— Veuillez me suivre, Monsieur... Euh... Monsieur ?
— Sommers, Michael Sommers.
— Et vous arrivez donc de New York, Monsieur Sommers ? demanda-t-elle en le guidant à travers un labyrinthe de couloirs.

— Oui, en effet. J'ai atterri à Roissy il y a une heure.

— Mademoiselle Swann a été admise hier soir en un bien triste état. Vous êtes un proche ?

— Oui, je crois que ma visite lui sera bénéfique.

— Le docteur Dusménil a réussi à la sauver, mais il était moins une.

— Que s'est-il passé ?

L'infirmière se tourna vers lui et lui présenta le médecin, avant de disparaître.

— Voici le docteur Dusménil, Monsieur Sommers. Je vous invite à lui poser toutes vos questions. Il vous éclairera mieux que moi.

*

New York

— Mark ! Si je convoque une réunion à 6 h 30 du matin, ce n'est pas pour parler météo, aboya Fred Alistair.

Mark Spencer et Dan Ashcroft se turent instantanément. Tels des écoliers surpris en faute, ils cherchèrent à se donner une contenance en feuilletant leurs documents.

— Et où est Michael ?

— Je le représente, répondit Diane en déposant ses dossiers sur la table.

— On aura tout vu ! Et puis-je savoir pourquoi Michael n'est pas là ?

— Victoria. Il m'a prié de te dire qu'il remonte la filière sur Victoria. Apparemment, Mark et toi êtes au courant.

Fred ne comprit pas l'allusion et lança un regard vide à Diane. Il se remémora d'un coup les soupçons qui pesaient sur Catherine Swann dans le délit d'initié présumé autour de Victoria. Pris à la gorge par des problèmes toujours plus urgents, il avait complètement perdu cette affaire de vue et dut consentir un énorme effort pour ne pas paraître désarçonné. La fatigue, mauvaise conseillère, lui inspira instantanément la colère.

— Mais c'est de la folie ! Où est-il ? Qu'est-ce qu'il mijote ? Pourquoi n'est-il pas ici ? Je ne le paie pas pour jouer les détectives, mais pour exécuter ce que je décide !

— Je ne sais rien de plus. Tout s'est accéléré hier soir. Tu peux l'appeler si nécessaire.

— Fred, pouvons-nous passer à l'ordre du jour ? demanda nerveusement Mark. Si Diane représente Michael, sa présence n'est pas cruciale. Et je crois qu'il y a d'autres priorités que Victoria pour le moment. Nous n'avons que trois heures avant l'ouverture des marchés pour finaliser.

Fred posa les mains devant lui, fit le vide dans sa tête et se tourna vers Ashcroft.

— Bon. Dan, tu nous fais un point sur Lehman ?

Ils se lancèrent dans une conversation assommante, où il n'était question que de chiffres toujours plus inquiétants. Après avoir commenté une longue série de pertes, Dan tenta une synthèse.

— C'est simple. Nous dépendons désormais uniquement de la confiance de la clientèle. Nous avons tellement déprécié nos placements en subprimes que même nos participations stables ne suffisent pas pour assurer nos arrières.

— Il nous reste combien ? demanda Fred.

— Une trentaine de millions. Et le trésor de guerre fond à vue d'œil. Si nos clients exigeaient aujourd'hui la restitution de ce qu'ils ont investi chez nous, nous n'aurions pas le quart des liquidités nécessaires pour le faire... Et je tiens à ajouter que nous allons devoir continuer à déprécier. Michael a certes liquidé une partie de nos positions les plus hasardeuses, mais il n'a pas trouvé preneur pour l'essentiel de ce que nous avons en Lehman...

— Bon... Et si nous vendions à tout-va, au prix du marché ? Tant pis... Il ne nous reste qu'à acter nos pertes, murmura Mark.

174

— Sans doute… C'est une possibilité, admit Fred. OK. Cédez tout ce que vous pouvez. Réunion de crise ce soir pour un point de la situation.

Alistair lâcha un soupir triste. Le monde s'écroulait de plus en plus vite autour d'eux. Ils se sentirent tous dépassés par les événements, incapables de réagir face au cyclone qui s'abattait sur les Bourses. Ils quittèrent la salle dans un silence lourd, laissant Fred méditer à l'âge d'or où les subprimes n'existaient pas et où les cours se faisaient à la criée.

*

Paris

— Elle a eu de la chance, Monsieur Sommers. Beaucoup de chance.

Dusménil chuchotait, tout en pétrissant du bout des doigts les tubes en caoutchouc du stéthoscope qui lui pendait autour du cou. Jeune et élégant, ce médecin inspira immédiatement de la sympathie à Michael.

— Suivez-moi dans mon bureau. Nous serons mieux installés.

Il l'accompagna à pas feutrés, incapable de cacher la fébrilité qui l'assaillait. Derrière laquelle de ces grandes portes anonymes allait-il revoir Catherine ? Et dans quel état ? Ils passèrent dans une pièce exiguë, sobrement meublée d'une table, de deux chaises et d'un ordinateur. Dusménil s'assit devant Michael et son front se rida de plis soucieux quand il prit la parole.

— Elle a tenté de se suicider. Elle a fait un arrêt cardiaque après une surdose de cocaïne et de barbituriques. Le cocktail que nous lui avons retrouvé dans les veines aurait tué n'importe qui, mais pas elle. Voyez-y un cadeau du destin.

— Mais… Pourquoi a-t-elle fait cela ?

— Les motivations d'un suicidaire sont multiples, Monsieur Sommers. Souvent une dépression intense… Mais elle n'avait probablement pas la volonté absolue d'en finir. Elle n'aurait pas appelé les pompiers si elle avait catégoriquement voulu se supprimer.

Dusménil alignait les faits avec un flegme presque statistique. Un instant, Michael eut l'impression que Dan Ashcroft lui aurait expliqué un krach boursier avec le même sang-froid.

— Puis-je la voir ?

— Elle est encore très faible, mais je vous y autorise.

— Quand pourra-t-elle sortir d'après vous ?

— Sur le plan médical, j'ai fait mon devoir. Je la garde en observation jusqu'à demain. Après... L'avenir nous le dira... Vous me signerez une décharge et nous verrons bien. Elle devra toutefois se sevrer de la drogue et se reconstruire pour éviter une récidive désastreuse. Je vous recommande d'être à ses côtés. Elle aura besoin d'aide pour y parvenir.

Dusménil se leva et tenta un sourire.

— Suivez-moi, Monsieur Sommers.

Ils firent quelques pas dans le couloir et se figèrent devant une chambre, dont le médecin ouvrit la porte. Michael dut tendre le bras vers le châssis pour ne pas s'écrouler.

Catherine gisait sur un lit trop grand pour elle, dans le halo glacial d'une lampe fluorescente. Elle était reliée à une multitude de machines qui affichaient ses paramètres vitaux en temps réel, avec une régularité mécanique. Il s'approcha d'elle et frémit en voyant son visage.

Elle avait les yeux fermés et ses lèvres entrouvertes vibraient au rythme cadencé de sa respiration. Elle n'avait rien perdu ni de sa beauté ni de son magnétisme, au contraire. Il lui effleura doucement la main. Il sentit la même déflagration le bouleverser, les mêmes convulsions lui tordre le ventre. Il se pencha sur sa bouche et l'embrassa délicatement. Un choc lui électrisa instantanément tout le corps. Il fit un pas en arrière et la contempla avec désir, s'enivrant de son odeur, de sa pureté… de son âme. Émerveillé par l'éclat éblouissant qui émanait d'elle, il

176

laissa une indescriptible émotion l'étreindre. *Catherine*... Il était touché jusqu'aux larmes de la voir tellement vulnérable, mais tellement superbe à la fois. Il passa un moment de bonheur à côté d'elle. *Ma petite Catherine, c'est comme ça que je t'aime*, pensa-t-il. *Enfin authentique... Enfin toi.* Il sortit et accosta Dusménil, en pleine tournée de ses patients.

— Alors, comment l'avez-vous trouvée ? demanda le médecin.

— Merci de l'avoir sauvée, docteur.

— Je n'y suis pour rien, croyez-moi. Quelque chose l'a motivée à se battre...

— Quoi ?

— L'instinct de survie, peut-être... Le vague sentiment de ne pas avoir tout dit, de ne pas avoir tout accompli...

— Puis-je venir la chercher demain ?

— Donnez un numéro de téléphone à ma secrétaire. Nous prendrons contact avec vous dès que possible. Comme vous êtes le seul proche qui s'est manifesté, je vous prie aussi de signer les documents d'admission.

Après avoir effectué ces formalités, Michael quitta l'hôpital et retrouva la chaleur estivale de Paris. Il semblait avoir rajeuni de trois semaines.

*

Seul dans son bureau, ignorant les déboires de sa fille, le père de Catherine scrutait attentivement la liste de chiffres qui défilait sur son écran. Tout se passait exactement comme il le voulait. Il se redressa, fit quelques pas et se servit un verre qu'il savoura en se félicitant de la tournure que prenait cette affaire.

Global Invest avait parfaitement réagi à son plan. Il lui avait suffi d'acheter lourdement cinq cent mille titres à bas prix pour susciter l'intérêt des investisseurs et les inciter à faire monter le cours. Dans la droite ligne des instructions de Sommers, Global Invest, dont l'offre était désormais dépassée par les faits, avait mordu à l'hameçon et était sortie du bois. Depuis deux semaines, il alimentait constamment le carnet d'ordres à la vente pour se débarrasser de ses actions.

En opérant par le biais d'une structure opaque de sociétés étrangères, il était resté sous les radars de l'Autorité des marchés financiers. Il fit rapidement le point... Son stratagème lui avait déjà rapporté près de cinq millions, généreusement versés par Fred Alistair. La partie devenait serrée. Le système était à l'agonie et la perspective d'une crise majeure à l'automne se concrétisait dangereusement. Il était temps de forcer le destin et de porter l'estocade finale, tant que Victoria s'attirait les faveurs des spéculateurs. Il pinça les lèvres, réfléchit quelques secondes, puis se pencha sur son clavier.

*

Michael avait quitté New York tellement précipitamment qu'il avait négligé certains détails pratiques. Où allait-il loger ? Quand allait-il rentrer ? Comment ? Lorsqu'il sortit de la Pitié, il s'engouffra dans le premier hôtel qu'il repéra dans le quartier. Par chance, il y trouva une connexion Internet et les chambres offraient un confort certes spartiate, mais largement suffisant pour une nuitée.

Un appel furieux de Mark Spencer le prit au dépourvu.

— Dis-moi, tu aurais pu me prévenir, non ? Où es-tu ? C'est quoi, cette filière que tu remontes ? Tu peux clarifier ?

Michael ne savait pas quoi répondre. Malgré la fatigue, il se concentra le mieux possible sur le fil de la conversation.

— Je suis à Paris, murmura-t-il, en espérant pouvoir compter sur la discrétion de Mark. Je devais voir une personne qui pourrait nous informer. Tu peux me couvrir ? Je serai là demain ou mercredi...

— À Paris ? Avec qui ? Qui devais-tu rencontrer de si important ? Royant ? Oh non… Ne me dis pas que tu es avec cette Catherine Swann ?

— Oui… Je suis avec elle.

— Tu es complètement fou. Si Fred l'apprend, je ne donne pas cher de toi. Que fais-tu avec elle ? Elle t'a piégé une fois… Tu en redemandes ?

— Elle est hospitalisée. Un arrêt cardiaque…

Il y eut un silence, ponctué de grésillements et de parasites.

— Bon, écoute. Je ne vais pas y aller par quatre chemins. Je n'en parlerai pas à Fred pour le moment, mais tu choisis entre Global Invest et elle. Ta place est ici. Pas à Paris. Pas avec elle. J'espère être clair.

— OK. Je trouve un vol et j'arrive.

— Magne-toi. Cette plaisanterie a assez duré, lança Mark avant de raccrocher.

Michael composa fébrilement le numéro de Diane.

— Diane ? Je viens de me faire chapitrer par Mark. Où est le problème ?

— Essaie de réfléchir. Le problème, c'est Catherine Swann. Tu as perdu la tête. Tu ne te rends plus compte de ce que tu fais. J'aurais dû t'empêcher de partir…

— Je n'ai pas besoin d'un sermon, Diane. Pas maintenant. Que se passe-t-il ?

— Le bal a repris sur Victoria. Un bloc à la vente dès l'ouverture. Elle baisse de 5 %.

— Peux-tu mettre Dan sur le coup ? J'aimerais en savoir plus sur ces ordres.

— Nous n'avons pas attendu ton idée géniale. On suppose qu'ils transitent par une banque en Europe de l'Est. Mais il en vient aussi apparemment d'une multitude de paradis fiscaux. Gibraltar, Chypre, Jersey…

— Il y a eu des déclarations de franchissement de seuil à l'AMF ?

— Non. Pas de publication, souffla-t-elle avec lassitude.

— Fred est toujours à l'achat ?

— On s'en tient pour le moment à ton plan. Nous achetons tout ce que nous pouvons. Mais nous attaquons nos réserves et nous approchons des 30 %. Si nous continuons, nous devrons lancer une offre publique sur le solde. Nous n'avons plus les moyens de le faire...

— Pourquoi ?

— Nous perdons trop sur le reste... La trésorerie manque.

— Bon, OK. Je rentre dès que possible.

— Mais oui... Bien sûr...

Il se connecta au réseau de Global Invest. En dépit d'un rebond technique sur les marchés, les sujets de préoccupation abondaient. Dan avait recalculé la valorisation de la plupart des lignes investies. Elle fondait de minute en minute et Fred avait accepté, contraint et forcé le matin même, de procéder à de nouvelles dépréciations. Les allègements sur Lehman ne suffisaient plus. Mark proposait de couper toutes les positions et d'acter les pertes. Plus grave encore, la situation difficile de Global Invest suscitait la défiance des clients. S'ils commençaient à retirer massivement leurs placements, le spectre d'une cessation de paiement devenait réalité.

Déphasé par le décalage horaire, éreinté par cette déferlante de messages catastrophiques, Michael ne réagit qu'aux demandes urgentes d'arbitrage de Diane. Il soupira et regarda par la fenêtre. Catherine dormait à quelques centaines de mètres de lui. Elle était là, tellement près, les lèvres frémissantes et la beauté inaltérée. Demain, il pourrait la prendre dans ses bras. Demain, il pourrait lui prouver à quel point il l'aimait. *Au point de tout donner, de tout pardonner ?* Le moment était venu de tenir cette promesse.

*

Fred enchaînait déjà sa dixième réunion de la journée. À bout de nerfs, il s'affaissa sur un siège et se présenta brutalement à son interlocuteur.

— Bonjour. Je suis Fred Alistair. Je vous écoute.
— James Fowley, je suis agent de la *Securities and Exchange Commission*[10]. J'ai été mandaté pour examiner certaines de vos positions, Monsieur Alistair.

Fred baissa la tête. Voilà que la SEC entrait en piste... Et probablement pas pour un simple contrôle ponctuel. Un grand découragement le pénétra subitement.

— Et que puis-je faire pour vous ?
— Me parler de votre exposition aux produits structurés de Lehman Brothers, par exemple.

Fred Alistair appuya sur le bouton de son interphone.

— Karen, envoyez-moi Dan.
— Je suis désolée. Il est en réunion, Monsieur Alistair.
— Eh bien, sortez-le de sa réunion et amenez-le ici !

Ashcroft arriva un instant plus tard, une pile de dossiers sous le bras. Il fit rapidement la connaissance de Fowley.

— Bien, Monsieur Ashcroft. Pourriez-vous me détailler vos positions sur Lehman Brothers ?
— Bien sûr. Nous les avons actualisées ce matin. Les voici.

Étonnamment maître de lui, Dan étala une série de chiffres. Il les commenta avec conviction, justifiant chaque position encore ouverte, chaque dépréciation. Il put trouver une parade cohérente à toutes les objections de Fowley.

---

[10] La Securities and Exchange Commission est l'agence fédérale américaine de réglementation et de contrôle des marchés financiers. Elle est notamment chargée de superviser l'activité des entreprises de courtage et d'investissement.

— Je vous remercie. J'en sais assez pour le moment. Je transmettrai mes conclusions à mes supérieurs. Vous en recevrez une copie.

— Monsieur Fowley ? Pourquoi ciblez-vous nos investissements sur Lehman Brothers ? demanda Fred.

— C'est tout simple. Nous procédons à un inventaire des placements effectués par les banques d'affaires comme la vôtre chez Lehman.

— Un inventaire de nos placements chez Lehman ?

— Oui. Nous redoutons une surexposition du secteur financier américain à Lehman Brothers. Vous savez, ajouta-t-il sur le ton de la confidence, nous avons toutes les raisons de croire que cette vénérable institution sera la prochaine victime des incidents que nous connaissons.

Fred resta bouche bée, incapable d'articuler un mot. Dan savoura sa revanche, puis sombra dans une profonde morosité en tournant les yeux vers la fenêtre et la grisaille qui noyait Manhattan dans une déprimante ambiance de fin de règne.

13

Mardi 29 juillet 2008

Paris

Michael se leva tôt, le moral au beau fixe. Il avait passé une nuit réparatrice et avait absorbé le décalage horaire. Il commença la journée par réserver leur retour, au départ de Roissy en soirée. Que Catherine l'accompagne était désormais une évidence pour lui. Il ne se posait plus la question de savoir si elle pourrait ou même voudrait faire le voyage.

Il jeta un coup d'œil sur son portable, attentif à chaque vibration indiquant un appel ou un texto. Dusménil lui avait promis son avis sur l'état de Catherine en fin de matinée. Il l'attendait avec une nervosité grandissante…

Il se connecta avant l'ouverture de la Bourse de Paris. Il était 3 heures du matin à New York quand il assista, en direct, aux premiers échanges sur Victoria. Le volume était intense, très étoffé. Son adversaire avait fait évoluer sa stratégie et procédait par touches subtiles, passant sans équivoque à la vente. *Pourquoi ?* Il n'avait probablement pas l'intention de prendre le contrôle de Victoria comme Michael l'imaginait, mais de réaliser une plus-value à court terme, comme l'avait pressenti Dan. Cela changeait tout, car le duel n'avait plus la même finalité. Pour préserver la valeur de la participation qu'avait Global Invest dans Victoria et éviter de la déprécier, il fallait désormais soutenir le cours et empêcher à tout prix qu'il s'effondre sous les assauts des vendeurs.

Il consulta la presse. Les chroniqueurs s'y répandaient en conjectures sur la récession à venir, sur les dégâts collatéraux qu'elle causerait sur l'emploi, sur l'avenir du modèle de dérégulation. Tout cela n'était que théorique pour lui. Il inscrivait son action dans le concret, pas dans la prétention scientifique de démontrer que sa démarche était la meilleure. Il vit Diane se connecter vers 10 heures. Il lui envoya un message instantané :

— Bonjour, ma petite Diane. Déjà levée ? Il doit être 4 h à NY !

— Pas encore couchée. Je suis morte de fatigue.

— Que veux-tu dire ?

— Réunion de crise, une de plus.

— Quel sujet ?

— On déboucle tout ce qu'on a en subprimes et en dérivés. La perte va être énorme.

— Et le reste ?

— Écoute, je suis crevée. Je n'en peux plus. Je suis incapable d'aligner une idée.

— Que faisons-nous sur Victoria ? Qu'en pense Fred ?

— Je n'en sais rien. Je ne crois pas que nous ayons assez de liquidités pour continuer. Tu pourras reprendre le dossier dès ton retour.

Elle ferma aussitôt la discussion, sans doute pour traiter ses innombrables e-mails en attente avant de définitivement capituler. Il était sans voix. *Nous y voilà. Nous sommes coincés.* Les dépréciations ne suffisaient plus et il sentait un vent de panique poindre dans les décisions de Fred. Pour qu'il avoue qu'il avait tort et qu'il accepte que Global Invest cède toutes ses positions à risque, il fallait que la partie soit très mal engagée.

Il passa à distance une série d'ordres sur Victoria pour tenter de maintenir le cours, mais les réserves commençaient à lui manquer. Un énorme doute l'assaillit. Que devrait-il faire quand la trésorerie ferait bel et bien défaut ?

*

Un appel libérateur mit un terme à l'angoisse de Michael en fin de matinée.

— Monsieur Sommers ? Ici Ariane Kerjean. Je suis l'assistante du docteur Dusménil. Je vous transmets son dernier avis à propos de Mademoiselle Swann. Elle reste faible, mais est transportable chez elle. Si vous souhaitez qu'elle poursuive sa convalescence à domicile, nous n'y voyons aucune objection médicale.

— Bien, je vous remercie. Quand puis-je passer ?

— Elle est prête. Quand elle a su que vous alliez venir, elle a tenu à se faire livrer des vêtements.

— J'arrive.

Il régla sa nuitée d'hôtel et courut la centaine de mètres qui le séparaient de l'hôpital comme si sa vie en dépendait. Essoufflé, il manqua de glisser en entrant dans le grand hall de la Pitié-Salpêtrière et se présenta à l'infirmière de garde.

— Je viens chercher Mademoiselle Swann.

— Mademoiselle Swann, Mademoiselle Swann… Ah oui. Pourriez-vous signer cette décharge ?

— Bien sûr...

— Suivez-moi, je vous prie.

Il s'arrêta devant la porte le cœur battant et les jambes pantelantes. Qu'allait-il dire à Catherine ? Comment allait-elle réagir ? Perdu dans ses pensées, il ferma les yeux et ne les rouvrit que lorsque la lumière qui filtrait de la chambre lui éclaira les paupières.

*

New York

Fred Alistair, Mark Spencer et Dan Ashcroft observaient un mutisme inhabituel.

— Échec et mat sur nos positions Lehman, murmura enfin Fred.

— Nous n'avons pu vendre qu'une partie de nos lignes, mais nous avons réussi à limiter la casse, tempéra Mark.

— Cela ne suffira pas, trancha Dan, sur un ton cinglant. Et ce qu'il nous reste ne vaut plus rien.

— Oui. On le sait. Tu avais raison. Inutile de la ramener.

Mark toussota et tourna les yeux vers Fred.

— Et pour Victoria ? Que faisons-nous ?

— On en est où ?

— Elle est légèrement à la baisse, autour de 25 euros. Notre offre est caduque, le marché l'a balayée. Les actionnaires de Victoria vont tous jouer la spéculation et attendre que nous nous manifestions officiellement. On abandonne ou on continue ?

— Dan, nos pertes sur Lehman nous laissent-elles une marge de manœuvre ?

— Aucune. D'autant plus que nous devrons déprécier nos participations dans pas mal d'autres portefeuilles. Même les *blue chips*[11] sombrent…

— Bon. Jusqu'à preuve du contraire, nous restons offensifs. Tant que nos clients ne sortent pas massivement, on a encore de la latitude.

— Mais sur Victoria ? insista Mark.

— On s'en tient au plan : on canalise le cours. C'est notre seule valeur en plus-value. Essayons au moins de la maintenir dans le vert...

— On oublie l'idée de l'acquérir ?

— Je dois y réfléchir. Soutenez le cours, c'est tout. Ne vous laissez pas dépasser par les vendeurs. OK ?

Pour la première fois, Fred se rendit compte que cette fuite en avant ne les mènerait nulle part. Il tourna les yeux vers Wall Street et se dit que la désolation qu'inspirait cette rue étroite, bordée de gratte-ciel qui empêchent le soleil d'y briller, avait quelque chose de lyrique. Le crépuscule des dieux, peut-être.

---

[11] Actions de sociétés de grande qualité, réputées pour la sécurité d'investissement qui les caractérise.

— Autre chose, les gars ?

— Euh… Oui, lança Dan.

— Je t'écoute...

— Je viens de lire le dernier rapport mensuel sur la stabilité financière du FMI. Il date d'hier...

— Une lecture saine, bien qu'un peu soporifique. Ta conclusion ?

— Le Fonds monétaire estime que la crise des subprimes est loin d'être finie et que ses dégâts collatéraux seront dévastateurs.

— Les dégâts collatéraux *sont* dévastateurs, se contenta de corriger Alistair.

*

Paris

Michael pénétra dans la chambre et vit le grand lit vide. Inquiet, il se tourna et eut soudain l'impression que le temps s'arrêtait. Assise dans un fauteuil, Catherine lui faisait face, les mains jointes sur les cuisses. Elle portait la robe en soie noire lisérée de broderies argentées qu'elle avait enfilée devant lui, trois semaines plus tôt. Elle lui adressa un sourire empreint d'une gratitude infinie.

— Michael… Oh, Michael…

Elle se leva, tituba un peu, puis s'agrippa à lui. Le bleu de ses yeux avait la profondeur d'un océan. Son odeur exquise l'enivrait comme au premier jour. Ses cheveux dorés illuminaient son visage avec une grâce enchanteresse. Elle incarnait la perfection.

Il sentit un amour total jaillir en lui et s'emparer de tout son être. Elle était là, devant lui, plus belle, plus désirable encore que dans son souvenir. Si proche, mais si lointaine à la fois. Il se revit, brisé et abattu, en ce funeste 9 juillet. Il pensa à la trahison dont elle s'était rendue coupable. Il cernait la part d'ombre qu'elle avait en elle… Mais il ne pouvait pas lui résister. Il avait retrouvé son âme sœur et rien d'autre ne comptait. Lentement, il posa les mains sur la courbure de ses reins. Il baissa la tête et leurs lèvres s'effleurèrent, exaltant leurs deux corps à nouveau soudés par les voies impénétrables du destin. Il aurait pu lui adresser des milliers de reproches. Il aurait même pu ne jamais lire son appel à l'aide. Mais il était là. *Apprenez à vous exprimer d'une autre manière*, lui avait-elle enseigné dès le premier soir. Ce jour-là, les mots fusèrent immédiatement pour dire ce qu'il ressentait. Il n'eut pas à réfléchir. Il n'eut pas à les chercher.

— Je t'aime.

Ils échangèrent un regard complice et un long sourire, tous les deux heureux et émus d'être réunis. Catherine trembla et un voile se forma sur ses yeux. Elle sentit la douceur d'une gouttelette poindre sur ses pupilles.

— Je t'aime et t'aimerai toujours.

Elle respirait la joie de vivre lorsqu'ils sortirent de l'hôpital. Elle était reconnaissante à la providence que Michael ait réagi à cet appel au secours envoyé un peu par hasard, avant qu'elle tente l'irréparable. Elle avait retrouvé son guide et la perspective de rouvrir les portes des univers insondables du plaisir l'enflammait. Son bras protecteur la soutenait quand elle éprouvait des difficultés à marcher et rien ne la réconfortait plus que le savoir là, près d'elle, pour un voyage à deux dont elle espérait qu'il ne se termine plus jamais.

— Où allons-nous ? demanda Michael en arrêtant un taxi.
— Cette fois, ce sera chez moi.

Ils embarquèrent et elle situa son appartement au chauffeur qui démarra instantanément. Paris se déroulait devant eux et ils traversèrent le Marais pour arriver Place des Vosges. Catherine se pencha et murmura une question.

— Tu te souviens ?
— Je n'ai rien oublié.
— Les azalées de Charles ? La toile d'Anton ? Le banc au Luxembourg ? Mon atelier ?

188

— Rien… Pas même le message que tu m'as laissé en disparaissant de ma vie, un matin.

Cette remarque la toucha en plein cœur et un énorme chagrin l'accabla. Elle lui avait fait mal, certes. Mais c'était le passé. Pouvait-il se rendre compte du déchirement qu'elle avait vécu ? Avait-il une idée de la douleur qu'elle avait ressentie en l'abandonnant ?

Elle se tourna vers la fenêtre. À peine avait-elle posé les mains sur Michael qu'elle le sentait déjà fuyant, prêt à la juger, à la condamner. Elle ne pourrait pas surmonter une deuxième séparation, elle le savait. Elle se réfugia dans un mutisme boudeur et se laissa bercer par les soubresauts de la voiture.

*

Washington D.C.

— Bonjour, Monsieur le Sénateur, lâcha cérémonieusement Ben Bernanke.

— Bonjour, Ben. Et par pitié, appelez-moi Barack !

Souriant comme à l'accoutumée, Barack Obama esquissa un entrechat avant de rapidement prendre place dans le fauteuil que lui indiquait Bernanke de la main. À moins de quatre mois des élections, le sénateur de l'Illinois avait déjà adopté la stature d'un homme d'État, comme s'il sentait le moment de grâce arriver et la victoire inévitablement lui revenir.

Il s'était lancé dans la dernière ligne droite de sa campagne et avait perçu que la magistrature suprême se jouerait sur l'économie. Les priorités du citoyen s'étaient recentrées sur le quotidien, sur la crainte de perdre son emploi, sur les difficultés de plus en plus tangibles à faire face à la crise. Obama avait sollicité un rendez-vous avec le président de la Fed pour un tour d'horizon complet de la situation.

— Je vous remercie d'avoir soutenu notre plan de sauvetage de Fannie Mae et Freddie Mac, Barack. Votre geste prouve qu'en dépit des clivages, les parlementaires peuvent se retrouver sur l'essentiel quand le destin des États-Unis est en jeu.

— Ben, je l'ai fait parce que l'urgence le dictait. Mais je m'inquiète du coût de cette initiative. Tout ce que nous investissons aujourd'hui dans les banques ampute la faible marge de manœuvre dont je disposerai si je suis élu.

— Je sais. Croyez-moi, nous nous serions volontiers passés de cette crise. Bien. Je suppose que vous souhaitez quelques éclaircissements sur l'état de l'Union ?

— En effet. Je vous propose de transmettre vos chiffres à mes conseillers. Je tenais à vous rencontrer pour me faire une idée plus... intuitive de la situation.

— Que voulez-vous dire ?

— J'aimerais votre ressenti. Savoir ce que vous pensez vraiment, en dehors de tout cadre formel. Rassurez-vous, notre conversation restera entre vous et moi.

— Votre approche a le mérite d'être originale. Je vais être honnête avec vous : nous naviguons à vue. Nous examinons certes toutes les institutions financières de ce pays, mais nous avons d'énormes difficultés à nous faire une idée précise de leur stabilité. Certaines intègrent des actifs toxiques dans leurs fonds propres en les surévaluant, d'autres les consolident purement et simplement hors bilan. Je crois que nous n'échapperons pas à un débat sur davantage de régulation à cet égard. Le marché est toutefois un indicateur fiable. Il ne s'est pas trompé en lançant un coup de semonce à Lehman Brothers, par exemple.

— Puisque vous parlez de Lehman Brothers... Que feriez-vous si leurs problèmes s'amplifiaient ?

— Je vous avoue que tout dépendrait du contexte dans lequel nous aurions à prendre une décision de ce genre. Au vu de l'enjeu, nous devrions nous concerter au plus haut niveau de l'État, c'est une évidence.

— Je vois... J'ai eu Paulson au téléphone ce matin, il partage votre point de vue. Selon vous, quelles sont nos perspectives pour 2009 ?

— La récession est inévitable. Elle touchera de plein fouet l'immobilier et l'industrie, mais elle aura des effets collatéraux

190

sur tous les autres secteurs. Si vous êtes élu, vous devrez faire face à la plus importante phase de décroissance de notre histoire depuis la Seconde Guerre mondiale. Attendez-vous à un chômage massif et à des tensions avec nos alliés. Si nous continuons à refinancer les banques, la problématique de la dette des États-Unis refera surface à coup sûr. Nous ne sommes pas en position de force sur ce plan, je l'admets... Et les remèdes que nous voudrons appliquer ne seront pas nécessairement ceux que privilégieront les autres.

Barack Obama accusa le coup. Il n'espérait pas de nouvelles rassurantes de Bernanke, mais sa synthèse confirmait les projections les plus pessimistes de ses collaborateurs. Il tenta d'évaluer les conséquences de ces conclusions sur son programme économique.

— À ce propos... Mes conseillers s'affolent de l'ampleur que prend actuellement la dette publique des États-Unis. Qu'en pensez-vous ?

— Parlez-en à votre prédécesseur... Euh, pardonnez-moi, sourit Bernanke face à un Obama soudain hilare devant ce lapsus révélateur. Parlez-en au président Bush. Nous avons mené une politique étrangère ambitieuse quand tout allait bien. Nous avons sous-estimé les nuages qui s'amoncelaient dans un ciel serein. Notre endettement représenterait une menace potentielle si nos partenaires refusaient d'acquérir nos bons du Trésor. Je pense notamment à la Chine... Nous en sommes étroitement dépendants, Barack. Vous devrez intégrer cette donnée si vous accédez au Bureau ovale.

— Que croyez-vous que les États-Unis devraient faire ? Cette crise est-elle similaire à celle des années 30 ? Pouvons-nous appliquer des méthodes analogues ? Une stratégie de relance publique, par exemple...

— Je ne vous apprendrai rien en vous disant que j'ai longuement étudié les origines de la Grande Dépression. Les circonstances sont différentes.

— Dans quel sens ?

— Tout s'est complexifié. Les interactions ont changé, les États n'ont plus le même poids, la guerre n'est plus une solution comme à l'époque. Voulez-vous connaître le fond de ma pensée ?

— Je vous en prie...

— Ma conviction est que la crise de 1929 a été plus simple à résoudre que celle à laquelle nous aurons affaire dans les prochaines années. Mais rassurez-vous. Je reste à la barre. Et je ferai ce qui est nécessaire pour garantir la liquidité et la stabilité de notre économie.

— Ben... Puis-je me risquer à une question plus personnelle ? Êtes-vous optimiste ou pessimiste quant à la suite ?

— Je suis réaliste. Le système financier mondial est à deux doigts de l'implosion. Vous devez en être conscient. Cette hypothèse aurait fait sourire il y a un an, mais n'est plus à écarter aujourd'hui. Cela vous donne une idée de la vitesse à laquelle tout se désagrège. Nous avons pu absorber la déroute d'Indymac. Nous avons pu sauver Freddie Mac et Fanny Mae. J'espère seulement qu'aucune autre banque n'en arrivera là.

— Et les Européens ? Qu'en pensent-ils ?

— Imaginez les difficultés que nous avons à prendre une décision aux États-Unis. Multipliez-les par le nombre de pays qui composent la zone euro et vous n'aurez qu'une vague approximation de la pression à laquelle sont soumis nos collègues de la Banque centrale européenne. Leur axe reste la lutte contre l'inflation. Seules des circonstances exceptionnelles pourraient les amener à se montrer plus accommodants.

— Admettons que je sois élu et que je vous reconduise dans vos fonctions. Pourrais-je compter sur vous pour m'aider ?

— Bernanke laissa son regard impassible survoler Washington à travers la baie vitrée de son bureau.

— En ma qualité de président de la Réserve fédérale, je collaborerai évidemment avec le prochain président des États-Unis. Qu'il s'agisse de vous ou du sénateur McCain. Il faudra simplement que celui d'entre vous qui gagnera la course à la Maison-Blanche comprenne la gravité de cette crise et soit prêt à consacrer toute son énergie à la résoudre. Le paradigme va changer. L'heure n'est plus aux déploiements de force internationaux. Il est temps de nous occuper des États-Unis d'Amérique. Vous devrez vous en souvenir. C'est de l'avenir de nos concitoyens qu'il est désormais question.

*

Paris

Ils s'embrassèrent jusqu'à l'ivresse sous les arcades de la Place des Vosges.

— Je suis désolé, Catherine. Je ne voulais pas te faire de peine avec cette remarque, s'excusa-t-il avec un sourire.

— Je… Je ne sais pas comment te le dire…

— Mademoiselle Swann, si les mots ne suffisent plus, apprenez à vous exprimer d'une autre manière.

— Michael… Pourras-tu me pardonner ? Pourras-tu m'aimer encore ?

— Hum… Tu ne m'appelles plus Monsieur Sommers ?

— C'était du théâtre. Ce n'était pas moi. Je jouais un rôle. J'ai changé. Je me donne désormais à toi telle que je suis vraiment. Tu m'as aidée à libérer la femme qui est en moi. Et c'est cette femme qui s'adresse à l'homme qu'elle aime…

Elle posa sa tête sur son épaule et il lui embrassa les cheveux. Ils passèrent tendrement enlacés sous le porche du bâtiment. Si Michael s'inquiéta un instant de ne pas maîtriser assez le français pour comprendre ce que Catherine venait de lui dire si vite, il sentit que son cœur en avait perçu toute la portée.

— Oh, Mademoiselle Swann. Dieu soit loué, vous êtes là ! Comme j'ai eu peur ! Comme j'ai craint le pire quand j'ai entendu les pompiers défoncer votre porte !

— Madame Antonin, rassurez-vous, répondit Catherine à la concierge. Vous êtes tellement gentille ! Tout est rentré dans l'ordre. Merci pour votre bienveillance.

— Si vous saviez ! Je tremblais comme une feuille ! Ça a causé une belle frayeur dans le quartier, croyez-moi ! Que je suis heureuse de vous revoir ! J'ai pris sur moi de commander un entrepreneur pour refaire votre porte. Si vous aviez vu dans quel état ils l'ont mise ! Tenez… En voici la clé.

— Je vous remercie. Et n'oubliez pas de me transmettre la facture des réparations !

— Je n'y manquerai pas. Que je suis contente ! Que je suis contente ! continua-t-elle en frétillant jusqu'à sa loge.

— Viens, susurra Catherine en lui prenant la main.

Ils montèrent les marches de l'escalier et Michael éprouva un réel respect pour cette femme qui le guidait du bout des doigts. Elle était unique. Elle avait frôlé la mort l'avant-veille et s'imposait à nouveau le plus naturellement du monde, comme si ce coup du sort l'avait renforcée. Elle posait sur lui un regard d'une fraîcheur virginale, démaquillé de l'apparence et des paillettes.

Il eut l'impression que l'épreuve qu'elle venait de surmonter l'avait métamorphosée. Michael ne voyait plus seulement dans ses yeux le désir effréné qu'il avait appris à y trouver. Il y lisait également l'amour sans limites d'une femme pour un homme. *Catherine a réellement changé.* Il aurait dû être en elle, à ce moment, pour comprendre qu'elle se sentait affranchie de toute contrainte. Pour comprendre que la providence lui avait restitué l'innocence qu'elle avait perdue si jeune et qu'une prodigieuse envie de vivre la rendait infiniment belle de l'intérieur aussi.

Elle ouvrit la porte de son appartement dans lequel Michael pénétra pour la première fois. Tout y était à l'image de Catherine : lumineux, aérien, élégant. Une table de salon en verre trônait sur un tapis en laine blanche. Deux confortables canapés immaculés invitaient à l'indolence. Un meuble discret révélait une multitude de livres, trahissant les centres d'intérêt éclectiques de la maîtresse de maison. Les murs étaient décorés de toiles. La plupart d'entre elles étaient signées Anton Liber, mais côtoyaient avec bonheur et bon goût une œuvre surréaliste de Dali, un nu de Modigliani et une lithographie de Basquiat. De petits chandeliers agrémentaient l'ensemble et un bureau encombré de magazines de mode et d'échantillons de tissu fermait un coin de la pièce.

194

Michael fit quelques pas et émit un sifflement admiratif devant la vue magnifique qui s'offrait à lui sur la Place des Vosges. Il se tourna vers Catherine, rayonnante dans le contre-jour du salon. Elle aurait pu jouer les félines. Elle aurait pu se parer d'un voile de mystère. Elle préféra interpréter le plus beau des rôles : celui d'être femme.

— Bienvenue... Tu es ici chez toi, dit-elle en ouvrant grand les bras.

*

New York

Mark Spencer se passa la main dans le cou et essaya de se masser la nuque. Ses paupières tombaient et il se souvint qu'il n'avait pratiquement pas dormi depuis deux jours. Sautant de réunion en réunion, il avait perdu le sens du temps et de l'orientation. Il tenta, comme il le pouvait, de se concentrer sur ses documents, mais ne put étouffer un bâillement. Des chiffres, encore des chiffres… Et toujours calamiteux.

Il lui sembla que sa vie se limitait à compter jusqu'à dix et à en tirer les conclusions les plus alarmantes. Il balaya par hasard son agenda surchargé. La date du 29 juillet lui rappelait quelque chose, sans qu'il puisse se focaliser sur un événement en particulier. Il chercha en se frottant le menton, se raidit et composa le numéro de son appartement.

— Scottie ? Scottie, c'est toi ? Joyeux anniversaire, mon grand !
— Merci, papa. Mais… Papa… Tu te souviens ? Tu m'avais promis d'aller à la pêche.
— Je sais, je sais… Pardonne-moi. On peut remettre ça à plus tard ?
— Papa… Tu m'avais promis…
— Je suis désolé, Scottie. Je suis coincé au bureau…

— D'accord... Je t'embrasse, répondit le petit garçon avec déception.

Il regarda un instant la photo de son fils qui décorait sa table et un énorme sentiment d'impuissance le cloua sur place. *Scottie, mon petit Scottie... Tu me manques...* Comme Global Invest, comme le système financier tout entier, Mark Spencer était à bout et tournait en roue libre, incapable d'échapper à la spirale qui les attirait au fond d'un gouffre. Il reprit son téléphone et appela Diane.

— Diane ? Ici Mark.
— Que puis-je pour toi ?
— Tu as des nouvelles de Michael ?
— Aucune... Je n'en peux plus... Je vais exploser...
— Et Victoria ?
— Stable. Elle cote en baisse. Les vendeurs repassent à l'attaque, mais il n'y a pas lieu de s'alarmer pour le moment. Il reste des spéculateurs pour maintenir le cours.
— Qu'en penses-tu ? Tu ne crois pas que nous devrions en céder une partie pour reconstituer des liquidités ?
— Je ne sais pas Mark, s'écroula-t-elle. Pardonne-moi, mais je ne sais plus quoi faire. Je suis vidée...

Mark raccrocha en tremblant. Honnêtement, il ne pouvait pas en vouloir à Diane. Comme elle, il était totalement dépassé par des événements qui allaient trop vite pour qu'il puisse les maîtriser.

*

Paris

Catherine se rapprocha de Michael et glissa sa main dans la sienne. Elle se sentit transportée quand ses ongles s'enfoncèrent dans sa paume. Elle ressentit un étonnant bien-être et une sensation de chaleur, comme si le simple fait de le toucher lui rappelait la promesse du paradis.

— Je te fais visiter ?

Il l'enlaça tendrement.

— Avec plaisir.

— Alors, tu as ici le salon. Puis, la cuisine, là-bas. Et maintenant, suis-moi.

— Je te suis !

— Voici la salle de bains. Et le plus important... La chambre !

Elle s'immobilisa soudain et son sourire céda en un instant la place à un frémissement des lèvres. Il la prit par les épaules et la pressa sur son cœur. Il poussa la porte et vit un grand lit défait, autour duquel il remarqua deux boîtes de médicaments. Une petite lame brillait dans la lumière de la lampe, allumée depuis l'avant-veille. Catherine chercha le réconfort en se blottissant contre lui. Elle leva les yeux et les plongea dans ceux de Michael.

— Merci d'être là.

— Mon amour, je n'aurais pas pu être ailleurs.

— Et tes affaires ? Ton travail ?

— Ils se débrouilleront bien sans moi.

— Tu as... Tu as une femme dans ta vie ?

— Oui.

La voix de Catherine se fit plaintive.

— Qu'en dira-t-elle ?

— À toi de répondre, Catherine... La femme de ma vie, c'est toi.

Elle l'embrassa et l'invita à entrer dans la chambre. Il passa la main devant les boîtes de barbituriques vides.

— Pourquoi as-tu fait ça ?

Elle l'enlaça et le sentit se crisper.

— J'étais en manque de toi.

— En manque de moi ?

— J'ai tant de choses à me faire pardonner... Et j'ai tellement changé... Je ne suis plus la même. Crois-moi. Je sais que je t'ai fait souffrir. Mais tu ne peux pas imaginer ce que j'ai enduré aussi. Et puis... C'est grâce à toi que je suis encore ici. C'est en pensant à toi que j'ai appelé à l'aide. Sans toi, je ne l'aurais pas fait.

— Mais... Pourquoi n'as-tu pas répondu avant ? Je t'ai envoyé tant de messages...

— J'étais... J'étais honteuse... Je n'étais plus digne de toi...

Michael lui caressa la joue et elle se raidit, retrouvant d'instinct son tempérament de feu. Elle répliqua en lui titillant le cou du bout des ongles. Ils s'assirent sur le lit et se dévisagèrent jusqu'au vertige, comme s'ils se redécouvraient après avoir été privés un siècle l'un de l'autre. Il se catapulta trois semaines en arrière : il aurait été incapable de soutenir le regard scintillant de Catherine. Ce jour-là, c'est elle qui baissa la tête la première.

Son magnétisme inné était intact, mais il s'était féminisé. Son charisme s'était tempéré d'humanité et d'authenticité. Cette transfiguration se reflétait sur son visage, qu'il trouvait plus serein, plus rayonnant, plus expressif.

— Quel âge as-tu, Catherine ?

— J'ai trente ans. Aujourd'hui même. Mais j'ai l'impression de renaître. Grâce à toi. Merci.

— Joyeux anniversaire, se contenta-t-il de murmurer en la basculant tendrement sur les draps.

*

New York

Michael avait déserté, c'était un fait. Il avait quitté un navire qui coule. Mais il aurait au moins pu se manifester... Furieuse, Diane Preston faisait les cent pas devant la salle de conférence où Fred Alistair l'avait convoquée. Elle l'entendit piquer une colère mémorable, tenir des propos injurieux qui la heurtèrent, puis vit

198

deux collaborateurs du back-office sortir hébétés de la pièce et disparaître par les escaliers de service. Elle ajusta son tailleur dans la vitre d'un bureau et entra.

— Diane... Content que tu sois à l'heure, lui lança Fred.

— Aucun souci, Fred.

— Ce n'est pas comme Michael... Tu sais où il en est ?

— Non. Je suppose qu'il remonte encore sa fameuse filière, s'agaça-t-elle pour rappeler à Fred qu'il n'avait pas jugé utile de la mettre dans la confidence.

— Bon. Passons à la suite. Tout un programme après les deux autres énergumènes.

— Victoria, sans doute ?

— J'allais t'en prier, dit-il affablement avant de s'emporter. Et essaie d'être claire !

Diane posa les mains sur la table, respira et adopta un ton mesuré pour tenter de communiquer calmement ses conclusions.

— Le cours baisse. Michael avait laissé un plan de trading, nous l'avons corrigé en fonction des circonstances.

— Quelles circonstances ? Pourquoi suis-je toujours le dernier au courant ?

— Je suis précisément ici pour t'informer. Alors, laisse-moi faire ! L'enjeu a changé. Les vendeurs dominent. Le titre a cédé 5 % en clôture, à 24 euros.

— Parfait. Ça donnera de la latitude à Royant pour convaincre ses actionnaires.

Diane vit rouge, sentit la rage l'envahir et répondit sans ménagement.

— Il est trop tard. Trop tard ! Sois réaliste si tu en es capable ! Nous n'avons plus les moyens de procéder à cette acquisition. Et chaque euro que Victoria perd nous coûte une fortune. Nous nous sommes placés sur des sommets que nous ne reverrons sans doute jamais. Nous avons acheté à tout-va, comme tu nous l'as demandé. Bravo ! Mais si un vendeur mène désormais le bal, nous sommes morts. Morts ! Nous serons contraints de déprécier. Et adieu !

Elle était tremblante lorsqu'elle passa ses doigts fins dans ses cheveux. Elle se servit un verre d'eau, avala discrètement un tranquillisant et tenta de se maîtriser avant de poursuivre.

— Fred, que devons-nous faire ? On arrête les frais ?

Il frappa violemment la table de son poing et son ton se fit péremptoire.

— Victoria, je la veux ! Et tu vas tout faire pour y arriver. Débrouille-toi ! Laisse couler. Arrange-toi pour la faire baisser et rachète par paliers. C'est clair ? J'ai l'impression que personne ne me suit dans cette boîte ! Personne ne voit où je veux en venir ! Je n'ai que des incompétents en face de moi !

Elle ne comprenait plus. Pourquoi s'obstinait-il dans cette impasse ? Avec quels moyens voulait-il qu'elle le fasse ? Que cherchait-il à prouver en s'accrochant à cette chimère ? Elle était trop fatiguée pour réfléchir. Anéantie par la tension qui régnait dans la salle de réunion, Diane retrouva son bureau avec délice. Elle transforma instantanément les demandes de Fred en ordres à passer. Elle consulta ses messages et n'en trouva aucun de Michael. Au bord de la crise de nerfs, elle lui envoya un texto : *où es-tu ? Je n'en peux plus. Je craque… Tout craque, ici…*

*

Catherine enleva sa robe en fixant Michael dans les yeux. Elle ne portait rien d'autre et se dévoila dans toute la pureté de sa nudité.

— Tu vois… Je suis restée soumise. Peux-tu en dire autant ?

Un désir brûlant, ardent, total monta en lui. Elle se dandina vers lui et il se réappropria la sensation unique d'être envoûté, aspiré par son irrésistible pouvoir d'attraction. Impuissant, il la laissa le déshabiller. Elle étendit ses mains sur ses épaules, puis le massa du bout des doigts jusqu'à la poitrine. Il était tétanisé, fasciné par la promesse d'une volupté qui lui avait tant manqué. Un frisson intense lui parcourut le dos lorsqu'elle fit glisser ses ongles sur ses reins.

Il écarta légèrement les jambes pour lui ouvrir un passage. Elle comprit instinctivement et posa ses lèvres sur son menton. Tout en l'enlaçant, elle se rapprocha de lui et il sentit ses seins frôler sa peau. Elle effleura sa gorge du bout des lèvres, embrassa délicatement son ventre et continua à le couvrir de baisers en baissant la tête vers son entrejambe. Elle finit par s'agenouiller devant lui et lui fit une longue caresse qui l'entraîna aux limites de l'abandon total. Elle se releva doucement et se coucha sur lui. Secoué par d'indicibles spasmes, il s'immisça en elle et lui offrit le plus extraordinaire des voyages vers les lagons éthérés de l'amour.

Une minute passa, dans le concert harmonieux de leurs halètements. Un gémissement rauque fut le point d'orgue de cette symphonie miraculeuse, qui les avait réunis dans une communion complète. Leurs muscles se décontractèrent lentement. Il aurait voulu ne jamais la quitter. Catherine avait retrouvé le vertige de l'extase, aussi puissant, aussi magique que celui qu'elle avait éprouvé pour la première fois dans son atelier. Michael avait redécouvert le plaisir infini de la guider aux confins de la féminité, de sentir avec quelle générosité elle lui rendait ce qu'il lui donnait. Ils étaient deux, mais ne formaient à nouveau plus qu'un. **1+1=1**. Seule cette équation comptait pour eux.

Il se pencha sur sa joue, la caressa et l'embrassa délicatement.

— Je t'aime, Catherine. Je t'aime comme je n'ai jamais aimé personne.

— Moi aussi, Michael. Je te refais cette promesse : je me donne à toi. Je t'aime !

— Regarde, lui dit-il en se tournant vers son sac. Tu ne l'avais pas perdu…

— Mon foulard ! Oh, merci ! Merci mille fois ! Je désespérais de le retrouver un jour !

— Accepterais-tu de m'accompagner à New York ?

Elle lui adressa un sourire épanoui.

— Oui !

— C'est vrai ? Tu es sûre ? C'est vrai ?

— Oui !

— Et ton atelier ?

— J'ai dessiné tous les modèles de ma prochaine collection. Ma première couturière peut prendre le relais en attendant les défilés. Si nécessaire, je ferai simplement un aller-retour rapide...

— C'est fantastique ! Tu es tellement imprévisible !

— Tu me laisses une heure pour boucler mes bagages ?

*

New York

Dan Ashcroft se rua dans le bureau de Fred Alistair miné par d'énormes inquiétudes. Il venait d'encore comparer des tableaux, de croiser des informations et semblait happé par un tourbillon de questions sans réponses.

— Fred, tu te souviens ? Tu m'avais demandé d'analyser l'actionnariat de Victoria.

— Euh... Ah oui, bien sûr. Et alors ? Ça donne quoi ?

— Le flottant négociable représente moins de 50 % et le reste est très morcelé.

— Tu parles d'un scoop... Nous le savons depuis que Michael nous a présenté le dossier.

— C'est clair, mais j'ai voulu aller plus loin. Hormis la banque britannique Pinnacle Trust, l'actionnariat est non seulement fragmenté, mais aussi très nébuleux. Prenons un exemple parmi d'autres. Je vois une boîte dénommée Woodgrove dans le tour de table. Elle possède moins de 3 pour cent de Victoria. Aucun problème jusque-là. Ça se corse quand tu vas plus loin. Woodgrove est aux mains d'un consortium panaméen, lui-même contrôlé par une holding à Chypre. Mais tout est à l'avenant. Il n'y a pas d'investisseur institutionnel crédible derrière Victoria. Plutôt un ensemble de sociétés imbriquées les unes dans les autres qui remontent toutes, tôt ou tard, vers des paradis fiscaux. Ça ne m'inspire rien de bon.

Attentif, Fred Alistair appuya sur le bouton de l'interphone.

— Karen ?

— Oui, Monsieur Alistair.

— Trouvez-moi Sommers et mettez-le en téléconférence avec Dan et moi.

— Bien, Monsieur Alistair.

Dan et Fred restèrent silencieux un instant. L'appareil grésilla enfin.

— Vous êtes en ligne, Monsieur Alistair. Sur le poste 3.

— Merci, Karen. Michael ? Ici Fred.

— Bonjour, répondit Michael d'une voix métallique.

— Bon. Je ne sais ni où tu es, ni ce que tu manigances. J'avoue franchement que je n'ai pas le temps d'en parler pour le moment. Nous aurons une explication à ce sujet plus tard. En attendant, je veux que tu écoutes ce que Dan a découvert.

Dan se pencha sur le micro du téléphone et résuma ses conclusions. Il insista sur l'opacité du noyau d'actionnaires de base, sur la structure étonnamment similaire des différentes entreprises concernées, sur les liens obscurs qui les unissaient et sur le manque de transparence qui entourait l'ensemble.

— OK, répondit Michael. Où est le souci ? On a tous touché un jour aux paradis fiscaux. Nous avons, nous aussi, une filiale aux Îles Caïman. Alors ?

— Le souci ? Il est tout simple. Nous pensions que les fonds présents au capital de Victoria étaient tous autonomes et distincts les uns des autres. En fait, ils présentent tous la même architecture et sont imbriqués par un subtil jeu d'interdépendances. J'ai déjà remonté la filière pour trois d'entre eux et leur point commun est une holding faîtière, à Chypre. Je n'ai pas été plus loin.

— Qui est aux commandes de cette holding ?

— Je n'en sais rien, Michael. Je n'ai pas réussi à aller au-delà des habituels prête-noms.

— En quoi cela change-t-il la donne sur Victoria ?

— Nous n'avons probablement pas une multitude de fonds en face de nous, mais une personne unique qui peut faire basculer le cours comme elle l'entend et même vendre ses participations dans les meilleures conditions, en misant sur notre intérêt pour Victoria. Il lui suffit de céder par petites doses, pour canaliser la baisse. Ça confirme ma première intuition. Celle dont je vous ai parlé le 11 juillet... Tu me suis ?

— Continue, répondit-il en comprenant que Dan aurait à nouveau immanquablement raison.

— Imagine un instant que notre actionnaire mystère crée une hausse spéculative artificielle sur Victoria. Quand il arrive à son objectif, il passe vendeur en sachant que nous lui prendrons ses titres et qu'il encaissera sa plus-value.

— Quel est son avantage ? S'il est actionnaire, il est sans doute au courant de notre projet et de la prime convenue avec Royant...

— C'est là toute la subtilité du procédé. Admettons qu'il sache jusqu'où nous sommes prêts à aller réellement pour racheter Victoria sur le marché... Il la fait monter d'un coup pour attirer l'attention des traders. Le cours dépasse le prix de l'offre, qui est caduque avant même d'être annoncée. Nous continuons à acheter, il continue à vendre. Toujours plus haut. Quand il a tout cédé, le cours s'effondre naturellement, faute de transactions. Nous devrions déprécier et nous y laisserions notre chemise.

Un silence de mort suivit la démonstration d'Ashcroft.

— Détendez-vous, les gars... Ce n'est qu'une hypothèse. J'ai tendance à voir le mal partout, mais le diable se cache souvent dans les détails. Grâce à ce stratagème, notre adversaire encaisserait bien plus que la prime que nous avons promise pour l'OPA. Ça nous coûterait des millions, conclut-il avec effroi.

— Michael ? Tu as des nouvelles de Catherine Swann ? demanda soudain Fred dans un éclair de lucidité.

— Non... Euh. Je passe au bureau dès que possible.

— Je t'attends. Je suis curieux d'entendre tes explications... J'espère qu'elles seront convaincantes.

Paris

— Un problème ? demanda Catherine en refermant sa valise.

Elle était souriante, détendue et avait passé un chemisier couleur crème qu'elle portait sur un pantalon court et des bottillons noirs. Son foulard blanc lui couvrait le cou à la façon des pilotes d'autrefois et Michael eut le sentiment que ce détail apportait la touche finale à l'élégance de sa tenue.

— Non... Une vague idée, rien de plus... Catherine ? Puis-je te poser une question ?

— Bien sûr, je t'écoute.

— Je pense que tu as utilisé mon ordinateur quand nous étions rue de Berri. Pourrais-tu me dire pourquoi ?

Elle se remémora tout en une seconde et pâlit, incapable d'articuler une phrase. Cette matinée du 8 juillet lui revint immédiatement devant les yeux. L'appel de son père, son angoisse face à l'écran, l'étreinte de Michael quand il était rentré... *Séduire pour trahir.* Elle s'effondra d'un coup et partit dans un sanglot.

— Oui... Je l'ai utilisé...

— Et qu'as-tu fait exactement ?

— Quelqu'un m'a demandé de lui fournir un de tes fichiers.

Elle tremblait subitement de tous ses membres, redoutant la suite. Le vide se fit dans sa tête. *Ce secret... Ce terrible secret.* Elle aurait tout donné pour se livrer jusqu'au bout, pour s'en acquitter, mais l'emprise qu'exerçait son père sur elle lui interdisait de tout divulguer. Michael ou son père ? Son père ou Michael ? Le destin la renvoyait crûment face à elle-même, à ses déchirures et à ses contradictions.

Michael resta impassible. Il venait de trouver la pièce qui manquait pour corroborer l'hypothèse de Dan. Si son adversaire disposait du tableau envoyé à Alistair, il avait toutes les cartes en mains pour concrétiser son projet.

— Quel fichier ?
— Ton rapport de valorisation sur Victoria…
— Qui te l'a demandé ? Je t'en prie, dis-le…
— Mon… Mon père, répondit-elle en haletant.

Son cœur s'emballa au rythme de pulsations accélérées et les larmes creusaient de lourds sillons sur ses joues. Elle se sentait sale, honteuse, abjecte comme quatorze ans auparavant. Elle comprit que cet homme, ce père dont elle ne portait pas le nom, la propulsait pour la deuxième fois dans le néant, vers ce cauchemar dont il lui avait fallu des années pour sortir. Un enfer dont seule Haissi avait pu la sauver, au prix d'une douloureuse initiation et d'un parcours parsemé d'embûches.

— Qui est ton père ?
— Bernard... Bernard Royant.

Un éclair l'aveugla. Elle était en manque de drogue. Elle en avait besoin pour passer le cap. Elle tourbillonna sur elle-même et s'écroula.

*

Au-dessus de l'Atlantique

Un bourdonnement lui arrivait aux oreilles. Elle était légère et aérienne, en apesanteur. Catherine cilla et se sentit sanglée à un siège, incapable de bouger. Une lumière crue éclairait l'endroit où elle se trouvait. Aucune odeur particulière ne lui venait aux narines et elle avait la gorge sèche. Elle se redressa et entendit le ronronnement d'un moteur. Elle grelottait et perçut du bout des doigts que quelqu'un avait étendu un plaid sur ses genoux. Elle revint très lentement à elle, cherchant à reprendre contact avec la réalité. Il y avait eu cet appel téléphonique, auquel Michael avait répondu. Puis des questions. De plus en plus précises, comme des flèches acérées. Et enfin, le noir. Où était-elle ? Elle baignait dans une étrange torpeur, entre ciel et terre. La trajectoire d'un avion se dessinait sur l'écran qui s'offrait à son regard et lui indiquait qu'elle survolait l'Atlantique.

— Bienvenue à bord, Catherine.

La voix douce de Michael lui paraissait lointaine et proche à la fois. Elle ne parvenait à la situer ni dans l'espace ni dans le temps. Elle tourna la tête vers lui et discerna son visage, qu'un sourire inondait.

— Michael… Michael... Où sommes-nous ? Que s'est-il passé ?

— Nous sommes en route pour New York. Je t'ai donné du Valium pour te remettre d'aplomb, mais tu t'es endormie dès le décollage. Nous sommes partis de Roissy il y a trois heures.

Elle retrouva d'un coup sa lucidité, se redressa sur son siège et déboucla sa ceinture pour se rapprocher de lui, le profil bas.

— Je… Je suis désolée… Pourras-tu un jour me pardonner ?

— Je t'en ai fait la promesse. Souviens-toi. Tu m'avais dit que je devrais te prouver tout mon amour en temps opportun. Nous y voilà. Je tiens trop à toi pour te perdre. Nous reparlerons de tout ça à New York. Repose-toi, tu en as besoin. Tu as soif ?

— Oui… J'ai la gorge tellement sèche.

Il commanda un verre d'eau qu'elle avala d'un trait. Elle se sentait étonnamment sereine. Elle avait avoué une partie du secret qui la minait. Il faudrait qu'elle ait le même courage pour divulguer la suite et que Michael comprenne tout le mal que Bernard Royant était capable de faire autour de lui.

*

Michael était pensif et hésitant. Aussi terrifiante qu'elle soit, la révélation de Catherine avait au moins l'avantage de cerner l'ennemi : Royant lui-même. En supposant qu'il ait morcelé le capital de Victoria au fil du temps, tout accréditait la théorie de Dan. Fallait-il qu'il transmette dès maintenant cette information à

Fred et Mark ? Un message de Diane lui avait appris que l'activité était étonnamment calme sur Victoria. Le cours était certes à nouveau haussier, mais dans des volumes restreints.

Il décida finalement d'en parler d'abord avec Catherine. Il était persuadé qu'elle n'avait pas tout dit. Il parcourut le journal que l'hôtesse lui avait remis au décollage. Il n'en retint rien de positif. La tension était à son comble. La Maison-Blanche s'apprêtait à promulguer une loi de soutien au marché immobilier et à accorder une aide d'urgence pour sauver Fannie Mae et Freddie Mac de la débâcle. Il eut la désagréable impression que la situation échappait à tout contrôle. Comme Diane l'avait pressenti, la Fed et le gouvernement prenaient des mesures ponctuelles, mais n'apportaient pas de solution structurelle à des événements qui les dépassaient.

Catherine s'éveilla peu avant l'atterrissage. Elle semblait rétablie et avait retrouvé son caractère fougueux. Michael l'embrassa affectueusement. Il avait encore un point délicat à aborder. *Comment lui dire ?*

— Catherine… Depuis ton départ, je me suis rapproché d'une femme de mon équipe. Elle s'appelle Diane Preston. Tu comprends ?

— Continue…

— Je croyais ne jamais te revoir, tu ne répondais plus... J'ai donc... Je me suis...

— J'ai saisi. Tu essaies de m'avouer que tu n'es pas resté soumis à moi. C'est dommage, car je n'ai pensé qu'à toi pendant ces trois semaines.

— Comment voulais-tu que je le sache ? Tu m'as faussé compagnie sans prévenir, balbutia-t-il, tétanisé comme à leur première rencontre. Diane et moi, c'était…

— Tu devras choisir, coupa-t-elle sur un ton cinglant.

— Mon choix est fait, Catherine. Tu es la femme de ma vie, mais…

— Mais ?

— Laisse-moi le temps de l'annoncer à Diane, d'accord ? Je ne tiens pas à la faire souffrir. Tu comprends ? Elle ne le mérite pas.

Elle lui lança un regard noir.

— Match nul, Monsieur Sommers. Nous en sommes à une trahison partout.

*

New York

Ils atterrirent en fin de soirée à New York, en n'ayant échangé que quelques mots depuis les révélations de Michael sur Diane. Il était anxieux. Il avait vu Catherine sous son meilleur jour, cet après-midi à Paris. Elle s'était montrée plus douce, plus authentique que rue de Berri. Telle une fleur exposée au soleil, elle s'était ouverte à un amour naturel, spontané... Mais pas pleinement. La lionne indomptable que pouvait réveiller sa part d'ombre avait certes cédé la place à la vraie femme, magnifiée par l'expérience extatique d'être enfin aimée. Il eut cependant l'intuition qu'elle devait encore lui avouer quelque chose pour que l'avenir se dégage définitivement. Il savait d'instinct qu'elle ne serait heureuse qu'à ce prix. Il enroula le bras sur son dos après avoir récupéré sa valise. Elle le laissa faire. Il glissa ses doigts dans les siens. Elle les serra. Ils quittèrent l'aéroport main dans la main. Elle lui avait adressé un sourire irrésistible. Il déposa leurs bagages dans le coffre d'un taxi en sifflotant.

14

New York

Michael et Catherine entrèrent peu après minuit à pas de loup dans l'appartement en se câlinant comme deux amoureux. Elle était d'humeur frivole et il eut toutes les peines du monde à la modérer, imaginant que Diane devait dormir à poings fermés.

Le penthouse baignait dans la lumière diffuse que reflétait la rue, trente étages plus bas. Seules les sirènes feutrées des voitures de police troublaient parfois le silence pesant. Il déposa doucement la valise de Catherine, puis se faufila jusqu'à la chambre.

Il entrouvrit la porte et vit la silhouette de Diane, allongée sur le flanc. Elle n'avait pas trouvé facilement le sommeil, comme en témoignait la boîte de somnifères qu'il aperçut, éventrée sur le tapis. *Diane, ma petite Diane... Pardonne-moi pour le mal que je vais te faire.*

Il referma délicatement derrière lui et retrouva Catherine devant la fenêtre panoramique de son appartement. Elle contemplait la ville, attentive aux moindres détails.

— Bienvenue à New York, chuchota-t-il en l'enlaçant.
— J'y suis déjà venue... Il y a tellement longtemps...
— Et tu as aimé ?
— À l'époque, oui... J'y reviens dans un état d'esprit différent...

Elle se blottit dans ses bras et leurs yeux se croisèrent un instant avant de se tourner vers l'horizon. Elle serra le foulard qu'elle avait noué autour de son cou. Elle sentait Michael près d'elle, mais avait la désagréable impression qu'il était ailleurs, que son regard portait dans une autre direction.

— Souhaites-tu que nous parlions ?

— Pas maintenant, Catherine... Dors d'abord. La journée sera éprouvante pour toi et moi.

— Éprouvante ? Pourquoi ?

— Parce que je dois percer ton secret. Je veux savoir qui tu es vraiment.

Il la fixa sans faux-fuyant, cherchant un indice ou une émotion dans la moindre de ses attitudes. Elle resta imperturbable et baissa la tête.

— Si je le savais moi-même...

*

Diane se leva tôt. Comme tous les jours, elle commença par se doucher, puis choisit sa tenue avec soin. Michael avait finalement répondu à son texto. Il devait revenir aujourd'hui et elle voulait l'accueillir de la plus belle des manières.

Elle alluma son ordinateur et parcourut rapidement la revue de presse que lui adressait chaque matin le back-office de Global Invest. La Maison-Blanche confirmait l'aide d'urgence aux agences hypothécaires en péril. Elle en conclut que cela pourrait rassurer les marchés et se traduire par une séance haussière. Il ne lui en fallait pas plus pour espérer céder quelques participations de plus en limitant les pertes.

En quittant la chambre, elle ne remarqua pas la valise de Catherine. Elle entra dans la cuisine et se servit un jus d'orange, qu'elle avala en découvrant Manhattan se lever devant elle. *Quel panorama*, songea-t-elle.

Un bruit de draps froissés vint la troubler. Elle chercha à en percevoir l'origine et se dirigea vers le salon où Michael somnolait sur un fauteuil. À deux mètres de lui, Catherine était couchée sur le canapé et enveloppée d'un édredon. Elle eut un choc qui la fit virer au pourpre. *Alors voilà la fameuse Catherine Swann...*

Elle s'approcha silencieusement, se pencha avec jalousie sur sa rivale endormie et ne put contenir un soupir admiratif. Elle était superbe, c'était évident. Elle était d'une beauté que Diane n'avait jamais vue ni même imaginée. Divine, rayonnante... émouvante. Ce genre de femmes qui marquent dès la première seconde et que personne ne peut oublier après. *Tout mon contraire.* Le visage de Catherine frémit soudain. Elle cilla et transperça immédiatement Diane d'un regard intense.

— Bonjour. Vous devez être Diane, non ?

— Euh... Oui, en effet. Diane Preston. Euh..., bredouilla-t-elle, soumise à l'emprise de Catherine dès la première seconde.

— Michael m'a parlé de vous.

— C'est vrai ? Euh... Il vous a parlé de moi ?

Diane avait toujours été réservée. Face à Catherine Swann, elle se dissolvait totalement. Elle lâcha rapidement prise, incapable de se soustraire à sa domination écrasante.

— Pardonnez-moi, Mademoiselle Swann, vous... J'ai...

— Appelez-moi Catherine, je vous en prie.

— Pardonnez-moi, Catherine. J'ai... J'ai du mal à exprimer ce que je pense en ce moment...

— Michael m'a dit la même chose un jour.

— Et... Et que lui avez-vous répondu ?

— Je lui ai enseigné d'apprendre à s'exprimer d'une autre manière. Faites-en autant...

Leur échange réveilla Michael qui les apostropha avec entrain.

— Bonjour, les filles... Je vois que vous avez fait connaissance...

Ses yeux passèrent de l'une à l'autre et il comprit que ce face à face avait troublé Diane. Il se leva, fit quelques pas et la prit dans ses bras, fronçant les sourcils.

— Diane, ma petite Diane... Puis-je te parler ?

Elle rougit, redoutant avec désespoir ce qu'il allait lui révéler.

— À quoi bon ? Il n'y a rien à ajouter...

— Diane, je t'en prie. C'est important.

Ils s'isolèrent dans la cuisine. À travers une vitre, Catherine assista, sans rien entendre, à la conversation que Michael eut avec Diane. Elle la vit contenir du doigt une fine larme qui coulait sur sa joue. Curieusement, elle éprouva alors une sincère compassion pour cette jeune fille sans doute un peu gauche, mais adorable au premier abord. Elle aurait voulu la réconforter, lui tendre la main. Elle attendit de longues minutes, anxieuse que l'avenir de l'amour phénoménal qui l'unissait à l'homme dont elle avait toujours rêvé se joue à quelques mètres d'elle.

La porte s'ouvrit enfin, Diane sortit et se tourna vers Catherine. Une empathie touchante se lisait dans son regard. Elle semblait l'implorer de prendre soin de Michael, de l'accompagner, d'être là pour lui. Elle s'enferma dans la chambre, glissa ses quelques vêtements dans un sac et quitta l'appartement, consciente qu'elle n'y reviendrait jamais.

*

— Tu veux une eau ou un jus ? demanda Michael.

— J'aimerais commencer par me doucher, répondit-elle en ouvrant sa valise.

— Bien sûr. Deuxième porte à droite...

Catherine sortit de la salle de bains resplendissante, vêtue d'une chemise bleue dont elle avait retroussé les manches, d'un pantalon blanc et d'une paire de tennis. Elle s'assit et semblait soucieuse, comme si une question cruciale la préoccupait.

— Qu'as-tu dit à Diane ?

— La stricte vérité. J'ai connu bien des femmes, mais aucune comme toi. Ta beauté extérieure m'a conquis dès l'instant où tu as baissé ton masque. Souviens-toi... Mais j'ai appris à aller au-delà. J'ai appris à percer ta beauté intérieure. J'ai trouvé en toi mon âme sœur. La seule femme au monde qui compte pour moi. Ça ne s'explique pas. Et je sens aujourd'hui que tu as quelque chose à me dire. Un secret à partager. Une folle envie de te libérer d'un poids qui te mine…

— Me voici donc chez le docteur Sommers, le psychiatre des stars et la star des psychiatres…

— Catherine… Je suis très sérieux. Tu dois exprimer ce que tu as en toi.

— D'accord… Je vois où tu veux en venir. L'argent, les affaires, c'est ça ? Ce maudit fichier, non ? Dis-le franchement. Sois honnête.

— Tu te trompes. Les affaires sont une chose. L'amour que j'ai pour toi en est une autre, bien plus importante. Je ne veux pas que nous parlions d'affaires, mais de ton père.

— Mon père… répliqua-t-elle avec un haussement d'épaules. Tu le connais sans doute mieux que moi… Je n'ai pratiquement pas de rapports avec lui.

— Que t'a-t-il fait ? Je sens une tension monter en toi quand tu parles de lui. J'ai le sentiment qu'il t'écrase. Que c'est le seul homme capable de te faire baisser les yeux.

Elle s'affaissa d'un coup et se prit la tête entre les mains.

— Si tu savais comme tu as raison.

— Pourquoi ? Dis-le, Catherine. Dis-moi pourquoi…

Elle se leva et fit quelques pas jusqu'à la fenêtre. Trente étages plus bas, New York ressemblait à une fourmilière. Les trottoirs étaient noirs de monde. Des centaines de véhicules bloqués dans les embouteillages tentaient de gagner quelques mètres au prix de manœuvres parfois suicidaires. Comme à Paris, les bouches de métro déversaient leur lot de touristes éberlués devant Manhattan et d'employés pressés d'arriver à leur bureau. Catherine se retourna vers Michael. Elle plissa les yeux et soupira.

— Le moment est venu. Je suis d'accord. Je vais t'expliquer qui tu as en face de toi. Et surtout, te dire le mal qu'il m'a fait.

*

Arrivée à son bureau, Diane consulta sans enthousiasme ses messages et son courrier. Michael l'avait assurée qu'il tenait à elle, qu'il l'aimait à sa façon. De belles paroles qui n'occultaient en rien la réalité. Il était resté avec Catherine et elle se retrouvait seule à la barre du front-office de Global Invest, à devoir gérer des dossiers qu'elle n'avait plus la force de suivre. Il lui avait demandé d'appeler Fred, de lui dire qu'il avait une information capitale sur le déroulement de l'offre sur Victoria et qu'il leur donnait rendez-vous en fin de journée.

— Une information capitale ? Et il ne t'a pas indiqué laquelle ? grogna Fred.

— Non. Rien. Il m'a laissé entendre qu'il devait recouper certaines preuves, qu'il bouclerait dans l'après-midi.

— Bon. D'accord. Je l'attends de pied ferme. Préviens Mark et Dan. Qu'ils soient là aussi.

— Pas de soucis, je m'en charge.

Elle était triste, mais heureuse à la fois. Triste pour elle, car elle se sentait congédiée après quelques semaines de vie à deux avec l'homme qu'elle aimait. Heureuse pour Michael, dont elle avait spontanément compris que Catherine était l'alter ego par excellence. Ils ne pouvaient être que le yin et le yang l'un pour l'autre. Et tout ce qui faisait le bonheur de Michael faisait le sien.

Elle avala un calmant. Elle ne pouvait plus s'en passer avant de s'attaquer à la masse de nouvelles démoralisantes qu'elle devait parcourir chaque matin avant l'ouverture des marchés. Elle perçut soudain des bruits de pas et vit Dan Ashcroft s'effondrer sur le mur en entrant dans son bureau.

— Dan... Ça va ?

— C'est... C'est la catastrophe. Cette fois, c'est la débandade !

— Qu'y a-t-il encore ? demanda-t-elle à bout de nerfs.

— Merrill Lynch vient de lever 8,5 milliards. Ils vendent pour 30 milliards d'actifs toxiques. C'est fini...

Droguée par ses anxiolytiques, Diane Preston composa mécaniquement le numéro de Fred.

— Fred ? Apparemment, nous avons un problème sur nos positions Merrill Lynch. Que faisons-nous ?

Elle n'entendit qu'un gémissement rauque et comprit qu'elle devrait improviser, comme d'habitude. Elle raccrocha en pleurant. En un instant, son rêve de petite fille lui revint à l'esprit : faire le bien autour d'elle... et ne jamais laisser l'argent diriger sa destinée. Elle s'était fixé cet idéal à sept ans. Vingt ans plus tard, elle chercha sans la trouver l'erreur d'aiguillage qui l'avait entraînée sur une voie à contresens…

*

— Michael. Avant tout, je te demande de ne pas porter de jugement sur moi. Ce que je m'apprête à te dire est infiniment personnel. Je vais te confier une douleur que j'ai gardée en moi toute ma vie et qui me suivra à jamais. Je n'en ai parlé à personne avant toi... Es-tu d'accord ?

— D'accord, promit-il.

— Voilà… Avant ma naissance, Bernard et son épouse légitime habitaient une petite bourgade, près de Bourges. Il y était banquier, elle y était avocate. Ils formaient un couple de notables. En province, les gens ont encore de l'estime pour ces professions. Mon père aimait sa femme, mais il eut un jour une aventure avec une artiste de la couture un peu bohème qui passait ses week-ends dans cette ville… Madame Swann. Maman…

Elle essuya une larme à l'évocation de sa mère, avant de continuer.

— Maman tomba passionnément amoureuse de lui. Ils vécurent une idylle courte, mais intense. Quelques semaines plus tard, elle lui annonça que j'allais naître. Ça l'a mis dans une rage folle. C'était inconcevable dans le milieu bourgeois de Bernard, tu comprends ? Il demanda à ma mère d'avorter, mais elle refusa et me donna son nom. Mis devant le fait accompli, Bernard ne s'est jamais accommodé de ma présence. Je ne l'ai pratiquement pas vu pendant mon enfance. Maman m'a éduquée le mieux possible. Elle faisait tout pour moi. Un jour, elle est passée chez un notaire pour me transmettre sa maison de couture. Je devais avoir quinze ou seize ans et mon futur de styliste était tout tracé.

Elle s'interrompit une seconde pour chercher la sérénité dans l'horizon qu'elle survola des yeux.

— Mais maman est morte, Michael. Maman est morte trop tôt et je me suis retrouvée seule. Je me suis retrouvée seule à seize ans, obligée de supplier ce père qui n'avait jamais voulu de moi de m'aider… Bernard a été d'emblée stupéfié par ma beauté. Il pensait que je la lui devais. Et il me l'a fait comprendre. Durement. Avec cruauté. C'est là qu'il m'a cassée pour la première fois. Il a brisé la femme que je rêvais de devenir. Il a réduit tous mes espoirs de bonheur à néant... Les Royant avaient déménagé à Paris, où Bernard venait de créer Victoria. Il s'était enrichi en peu de temps et m'a pris, malgré lui, sous son aile en m'installant dans un studio, à Saint-Germain. Mais il y avait une contrepartie...

Cette dernière phrase lui était sortie de la bouche dans un déluge de larmes. Michael se rua vers elle et la couvrit de toute l'attention dont il était capable, de tout l'amour qu'il avait en lui.

— Une contrepartie honteuse…
— Il t'a...
— Non, coupa-t-elle dans un long soupir avant qu'il ait pu formuler sa question. Il ne m'a jamais touchée. Au fond, j'aurais préféré qu'il le fasse. Qu'il soit brutal et qu'il m'abandonne un matin, comme n'importe laquelle de ses maîtresses. Tout aurait été plus simple. Mais il ne l'a pas fait... Il m'a fait souffrir avec beaucoup plus de subtilité. Il me traînait à Versailles, chez lui. Il m'y offrait à ses amis et se délectait de les voir me posséder. Il m'a humiliée. Il m'a dominée par la crainte qu'il m'inspirait. Il s'est servi de moi pour assouvir ses fantasmes les plus méprisables… Il m'a imposé la toge noire. Il m'a contrainte à la porter en m'avouant qu'il ne m'avait jamais désirée, qu'il se résignait à me tolérer, que je devais lui obéir si je ne voulais pas me retrouver sans rien… Et je l'ai fait. La peur au ventre. En

ravalant ma fierté. Et en me sentant avilie comme tu ne pourras jamais l'imaginer.

Un sanglot la fit tressaillir et son visage déformé par le chagrin était méconnaissable.

— À dix-huit ans, j'ai repris la maison de couture de maman. J'ai tout rebâti, mais j'avais besoin de capitaux. Aucune banque ne m'a suivie et Bernard a énormément investi. Je pensais naïvement qu'il le faisait pour moi. Mais il le faisait pour lui. Il n'a pas tardé à me le rappeler. *Si tu ne viens pas samedi, je laisserai tomber ton atelier lundi.* J'étais prisonnière. Obligée de capituler devant chacune de ses menaces. J'ai cherché à m'évader... Ma route a alors croisé celle de Haissi. Elle m'a protégée et initiée. Elle m'a appris à aimer. Toutes les belles choses que je vivais avec elle me permettaient d'oublier le mal infini que me faisait mon père...

— Tout était donc organisé ? Ce fameux soir du 5 juillet, tu as mis ta main sur mon épaule parce que Royant t'a demandé de le faire ? C'est ça ?

— Oui... Et il m'a cassée pour la deuxième fois, ce jour-là. Ça ne devait être qu'un flirt de complaisance parmi d'autres. Bernard m'a obligée à te voler tes fichiers, d'accord. Il avait tout prévu, sauf que je tombe amoureuse de toi. Éperdument amoureuse...

Catherine s'effondra dans les bras de Michael. Il tenta de la consoler, mais ne put endiguer la détresse qui déferla soudain en elle.

*

Washington D.C.

Entouré des nombreux invités rassemblés dans la *East Room* de la Maison-Blanche, George W. Bush s'appliqua à sourire devant les photographes en paraphant le décret de financement qui confirmait une subvention de 48 milliards de dollars au fonds international de lutte contre le SIDA, la malaria et la tuberculose en Afrique. Il prononça un bref discours marqué par l'élan de solidarité qui lui avait inspiré cette décision et quitta la salle, convaincu d'avoir entamé la journée par un geste historique.

Il entra ensuite avec entrain dans le Bureau ovale. Différents documents attendaient sa signature. Il les parcourut rapidement. Comme à l'accoutumée, il commença par ceux du Secrétariat à la Défense. Deux militaires avaient trouvé la mort, la veille, dans un attentat suicide en Irak. Il annota point par point les lettres à envoyer aux familles, soulignant l'importance du sacrifice de leurs proches, et les signa. *Ces hommes sont des héros*, pensa-t-il tristement.

Il ouvrit une deuxième chemise, déposée par Henry Paulson, et y découvrit quelques feuilles agrafées. Intitulé sobrement *Housing and Economic Recovery Act*, le projet prévoyait une aide de 300 milliards de dollars pour sauver l'immobilier aux États-Unis. L'urgence plaidait pour une promulgation immédiate de cette loi. De nombreux petits propriétaires avaient été expulsés de chez eux, parfois avec violence. Il était temps de leur offrir une planche de salut en leur proposant d'emprunter à un taux avantageux et garanti par le gouvernement, pour leur éviter d'être chassés d'un logement qui avait souvent perdu toute valeur.

Les deux chambres du Congrès avaient approuvé le texte une semaine auparavant. Mais le président hésitait encore... Il s'opposait à une clause qui stipulait l'octroi d'une subvention de près de quatre milliards de dollars aux municipalités et aux États du pays. Il réfléchit un instant... À quoi bon se cabrer pour une mesure de quatre milliards ? Des enjeux nettement plus importants l'appelaient ailleurs. Il promulgua la loi en apposant sa signature au bas des quelques pages dont il venait de terminer la lecture.

Il composa ensuite le numéro de la secrétaire d'État Condoleezza Rice et s'entretint longuement avec elle à propos de la réunion trilatérale qui devait avoir lieu, plus tard dans la journée, entre les États-Unis, Israël et la Palestine afin de relancer le processus de paix au Moyen-Orient. S'il s'était résigné à quitter la Maison-Blanche, Bush espérait le faire sur une note positive. Les aléas auxquels l'économie américaine était soumise lui parurent soudain secondaires…

*

Paris

À six mille kilomètres de Washington, l'œil avisé de Bernard Royant se posa un instant sur son écran. La presse du jour s'étalait devant lui et il poussa un grognement de satisfaction en parcourant les sites boursiers. La séance s'annonçait euphorique. Le gouvernement américain avait confirmé dans la nuit un plan d'urgence pour sauver Fannie Mae et Freddie Mac. Les marchés semblaient convaincus et repartaient à la hausse, Victoria en tête, sur un regain de spéculation.

Royant réfléchit rapidement. Il lui restait un million de titres à céder pour être quitte de Victoria et tourner la page, avec une plus-value énorme. Toute la subtilité du stratagème consistait désormais à vendre en suscitant un ultime intérêt des opérateurs. Mais comment faire ? Il passa un ordre d'achat pour soutenir le cours à la hausse. Il appela ensuite New York.

— David ?

— Bonjour, Monsieur Steel ! Comment allez-vous ? Je vous remercie pour votre tuyau sur Victoria. Nous en avons largement profité.

— Tu sais que je suis là pour partager mes informations avec les meilleurs. Comme toi. À ce propos, la fête est loin d'être finie sur Victoria. Une rumeur court à Paris selon laquelle quelqu'un va annoncer une offre dans peu de temps…

— Vous croyez ?

— Regarde ton graphique, il confirme les bruits qui circulent. Le marché anticipe clairement une acquisition. Tu vois ce que je vois ? Il me semble que quelqu'un cherche à cadenasser le cours de Victoria pour éviter qu'elle s'envole. Qu'en penses-tu ? David, je respecte ton point de vue et j'attends aussi que tu me conseilles. C'est toi, le professionnel… J'ai besoin de ton avis, lança-t-il d'un ton outrageusement complaisant.

— En effet. Nous pouvons encore certainement engranger quelques points à la hausse, répondit Andrews, flatté qu'une personnalité comme Royant l'ait propulsé au rang des meilleurs.

— David ? Tout cela reste entre nous. Inutile de mettre tout Wall Street au courant de nos projets. D'accord ?

— Bien sûr. Comptez sur ma discrétion absolue et merci.

— Je n'en doute pas…

Royant raccrocha et se frotta les mains avec jubilation en riant aux éclats.

— Eh oui, Monsieur Sommers. C'est vous qui m'avez appris que les marchés financiers sont des espaces où aucune concurrence loyale n'est possible. J'espère que vous vous en souviendrez toute votre vie !

*

New York

— Catherine… Réponds-moi franchement. Quand tu m'as volé ce fichier… M'aimais-tu déjà ?

— Je t'ai aimé dès le premier soir. Dès que nous avons échangé le premier mot. J'ai décidé de me soumettre à toi le lendemain. Et l'amour que j'ai pour toi n'a fait que grandir. Crois-moi, je t'en prie. Je me souviens de chaque seconde de ces trois journées. Mon père m'a forcé la main, c'est tout. C'était ça ou la maison de couture de maman sombrait. Tu ne sauras jamais comme j'ai souffert de t'écrire ce message… Ça a été un déchirement total. J'ai failli mourir en sortant de chez toi.

— Et après ? Qu'as-tu fait après ?

— J'ai continué comme un zombie, comme je le pouvais. En anesthésiant mes sentiments dans la drogue. En ne pensant qu'à toi. En espérant que tu me sauverais. J'ai vécu un enfer. Bernard, c'est le mal absolu.

— Mais… Mais quel était le but de Royant ? Il avait tous les détails de notre convention. Il était au courant de tout... demanda benoîtement Michael.

— Il avait tout sauf une chose. Il voulait savoir jusqu'où vous étiez prêt à aller pour acquérir Victoria.

Elle fondit en larmes. Michael passa dans le dos de Catherine et l'embrassa sur la nuque. Il descendit lentement les lèvres sur ses joues et lui murmura quelques mots de réconfort à l'oreille. Elle lui enserra les reins en se soutenant la tête de son autre bras.

— Catherine, calme-toi. Le lien qui nous unit est plus fort que tout ça. Appelle cela de la soumission si tu veux... J'appelle cela de l'amour. Peux-tu me faire une promesse ?

— Laquelle ? demanda-t-elle en se frottant le visage.

— Promets-moi que plus rien ne nous séparera. Promets-moi que nous ne souffrirons plus jamais. Je ne pourrais pas supporter de te perdre à nouveau.

Elle étouffa un sanglot et reprit son souffle.

— Promis...

Elle se leva et leurs regards confluèrent. Toute la tendresse qu'ils avaient l'un pour l'autre se matérialisa dans l'éclair qui brilla dans leurs yeux à cet instant. Elle y trouva le pardon. Il y trouva la sincérité. Leurs lèvres s'unirent sans qu'ils aient dû y réfléchir. Ils s'effleurèrent les joues, se caressèrent le corps. Michael enfonça ses doigts dans ses longues mèches dorées et mouillées par les larmes. Elle répondit par un sourire timide. Même livide, elle était irrésistible.

Il retrouva instinctivement l'envie de l'entourer de tout son amour, de lui faire comprendre que tous les hommes ne sont pas comme Royant. Elle se sentit étonnamment en phase avec lui après cette douloureuse confession. Elle venait de se mettre à nu dans ce qu'elle avait de plus intime et ne l'aurait fait que devant l'élu avec qui elle voulait passer le reste de sa vie.

Michael déposa une couverture sur les épaules de Catherine quand il la vit partir dans un frisson. Elle le remercia d'un frêle hochement de la tête. Le réconfort qu'il lui offrait n'était que pure générosité. La confiance qu'elle lui faisait n'était que pure merveille. Ils s'embrassèrent à nouveau, plus intensément que jamais. L'odeur douçâtre de Diane flotta une seconde dans l'air, mais s'effaça aussitôt dans les effluves du parfum obsédant de Catherine.

*

Michael était au zénith de ses facultés quand il pénétra dans la salle de conférence, vêtu d'un élégant costume noir. Il arrivait en retard, au beau milieu d'une réunion avec Fred, Dan, Mark et Diane.

— Non, vous ne vendez pas Victoria ! hurla-t-il tandis qu'Ashcroft s'escrimait à convaincre Alistair de tout céder pour générer les liquidités dont Global Invest avait besoin à très court terme.

Il ne reçut qu'un accueil glacial en retour. Il comprit à quel point leurs préoccupations étaient différentes. À quel point la situation s'était dégradée en quelques jours à peine.

— Ah… Te voilà, toi, murmura Fred.
— Fred. Ça m'ennuie de le dire devant lui, mais Dan avait raison.
— Sur les subprimes ? Il y a longtemps que nous le savons. Mets-toi au courant.
— Non… Sur Victoria.
— Victoria ?
— Oui. Royant cherche à nous doubler. Dan a vu clair. Il a morcelé ses parts dans une multitude de paradis fiscaux. C'est lui l'actionnaire de référence.
— Et alors ?
— Il considère notre offre comme un filet de sécurité s'il ne parvient pas à vendre ses titres sur le marché en profitant de la spéculation. Son but n'est pas d'obtenir la majorité de Victoria, mais de tout liquider sur une envolée artificielle du cours.

— Dans le contexte actuel, c'est la meilleure chose qu'il puisse faire, souffla Dan.

— À supposer que cela soit correct, Michael, peux-tu nous communiquer tes sources ? demanda sèchement Diane.

— Oui…

— Eh bien, vas-y… On t'écoute, rugit Alistair en fronçant les sourcils.

— Catherine Swann.

— Catherine Swann ! Un vrai témoin de moralité !

— Catherine est la fille illégitime de Royant, Fred. Elle m'a, en effet, volé mon rapport. Pour lui donner.

Un silence de plomb tomba d'un coup sur la salle, chacun essayant d'analyser la portée des révélations de Michael. Diane cherchait à se maîtriser, mais une larme coula sur sa joue. Dan jubilait d'avoir encore vu juste, mais appréhendait déjà l'avenir. Mark se concentrait sur ses documents, trop épuisé pour pouvoir suivre le fil. Fred fut le premier à reprendre la parole.

— Et tu proposes quoi ? On fait quoi maintenant ?

*

Au trentième étage de sa tour, Catherine se sentait enfin sereine, presque heureuse. Elle venait de relater les pages les plus sombres de sa vie au seul homme qu'elle aimait. À lui de faire maintenant la part des choses. Elle ne s'était jamais donnée à ce point, ne s'était jamais exposée aussi intimement. Le visage de sa mère se forma devant elle. *Maman ! Maman ! Si seulement tu avais été là, ma petite maman chérie… Si tu n'étais pas partie si tôt...*

Rien ne serait désormais plus pareil entre Michael et elle. Elle le savait, elle le redoutait. Mais elle s'était livrée et un bien-être indicible l'habitait. Elle avait fait le bon choix, elle en était sûre. Elle se souviendrait de New York comme de la ville où elle avait ouvert son cœur à son élu. Elle espérait avoir trouvé les mots justes. Il était trop tard pour y réfléchir.

Elle se faufila devant un miroir. Des cernes noircissaient son regard, mais elle se sentait libérée de tous ses doutes, prête à revivre. Elle était fatiguée, mais féminine jusqu'au bout des ongles. En se confiant à Michael, elle avait atteint une étape qu'elle n'aurait jamais imaginé franchir un jour. Elle passa devant le miroir et vit son reflet lui renvoyer une image sublime d'elle-même. *Curieux*, pensa-t-elle. *Je n'ai pas envie de drogue.* Depuis quelques minutes, elle était simplement en paix avec elle-même. Et elle savait que l'homme de sa vie ferait tout pour qu'il en soit toujours ainsi. Une chaude sensation de douceur l'envahit.

Elle s'assit sur le canapé et contempla la toile qu'elle lui avait offerte, à Paris. *M'aimeras-tu encore ?* Cette œuvre représentait toute l'ambivalence de leur relation. Ils s'aimaient, mais elle l'avait trahi. Lui avait-il véritablement pardonné ? Sans doute… Michael lui avait prouvé avec délicatesse en l'écoutant, en étant à ses côtés, en ne lui fermant pas la porte. Elle attendit son retour avec avidité, impatiente de partager tout l'amour qu'elle avait pour lui. Une idée folle l'enthousiasma soudain et elle se leva d'un coup. Elle se glissa dans la salle de bains, se déshabilla et couvrit son corps nu d'une robe choisie avec soin dans sa valise.

— Monsieur Sommers, sourit-elle en se passant du mascara, vous n'avez pas encore vu tout ce que Catherine Swann vous réserve !

*

— Il nous a piégés, expliqua Michael. Il se doute bien que nous sommes obligés de soutenir le cours de Victoria : c'est la seule ligne verte que nous ayons encore en portefeuille. Si nous la laissons tomber pour tenter de sauver notre offre, nous plombons d'autant notre solvabilité. Le dilemme est donc tout simple : soit nous intervenons à l'achat pour préserver la valeur de notre participation au risque de brûler des liquidités, soit nous en restons là et Victoria s'effondre naturellement. Je vous propose de maintenir le cours, mais la décision appartient au comité.

— A priori, je le maintiendrais aussi, suggéra Mark.

— J'ai même une idée pour que le marché le fasse à notre place.

— Et comment vas-tu réussir ce prodige ? demanda Fred.

— Nous publions un communiqué de presse. Nous confirmons que Global Invest manifeste son intérêt pour Victoria. Ça stabilise le cours et ça nous donne deux avantages : d'une part, nous ne perdons plus un euro sur les titres que nous détenons déjà. Deuxièmement, ça stoppe le courant vendeur, sans que nous devions toucher à notre trésorerie.

— Oh… On ne s'emballe pas, tempéra Dan. Si nous publions quoi que ce soit, nous tombons sous le coup de la réglementation française sur les offres publiques. Ça nous mettrait face à des obligations que nous ne pourrions pas honorer.

— Tout comme notre communiqué exposerait Royant à des obligations. Jusqu'à preuve du contraire, il est toujours président du conseil d'administration de Victoria. Et puis, nous ne lançons pas une offre. Nous clarifions simplement les choses. On peut faire passer ça sous le coup d'une volonté de transparence.

— D'accord, mais Bernard Royant continue alors à vendre au plus haut.

— Nous devons gagner du temps en attendant de prendre une décision sur l'avenir de notre proposition. Nous déprécions à un tel rythme sur le reste que nous devons préserver cette ligne dans le vert. Si nous choisissons d'abandonner, nous pourrons au moins déboucler cette position avec une plus-value.

— C'est à creuser, lâcha Fred. Mais si Royant dément ?

— Il n'a pas intérêt à le faire. Mais il nous suffit dans ce cas d'annoncer officiellement l'offre. Tant que nous avons de quoi ramasser le flottant, nous avons une chance. D'ici à ce que nous ayons la majorité, le vent aura tourné. Il nous faut 30 ou 40 millions… C'est jouable, non ?

— C'est précisément le problème, confessa Fred.

— Nous avons perdu à ce point ?

— Et ce n'est pas tout, enchaîna Dan… Nos clients commencent à sortir. Pour l'instant, nous parvenons à rembourser. Mais tout s'écroule trop vite autour de nous.

Mark étala soudain différents graphiques sur la table et se tourna vers Michael.

— Bon. Peux-tu finaliser ton projet ? Je propose que nous en parlions demain. Il y a d'autres urgences pour le moment.

— Compte sur moi.

Égal à lui-même, Dan ne put contenir un long soupir. Tout cela lui paraissait trop simple, trop improvisé. Une fois encore, l'amertume l'emporta et il posa un instant un regard désabusé sur Diane, abattue pour une raison qu'il ignorait, et sur Fred, qui avalait discrètement un antidépresseur.

*

Lorsqu'il rentra, Michael eut la curieuse impression de revivre un autre jour. Tout lui rappelait ce lundi magique où Catherine lui avait ordonné de le masser, au quatrième étage d'un bâtiment de la rue de Berri. De petites lampes renvoyaient leur lumière feutrée sur les murs. Un concerto joué en sourdine plongeait l'appartement dans une ambiance délicate, empreinte de fantasmagorie.

— Je suis là, Catherine…

Sa voix n'eut aucun écho et il finit par allumer un lustre, après avoir visité chaque recoin où Catherine aurait pu se trouver. Une obscure appréhension le gagna. Il parcourait les quelques mètres qui le séparaient du buffet pour aller se servir un verre quand il aperçut un morceau de papier posé sur le sol. Il se pencha, le ramassa et le lut attentivement. Il ne comprit pas d'emblée ce qu'il voyait. Un immense cœur dessiné au rouge à lèvres surplombait un schéma approximatif de son immeuble. Une flèche lui ordonnait de prendre à droite en sortant. Il glissa la feuille en poche et appela l'ascenseur.

Arrivé sur la rue, il suivit son plan et tourna à droite. *Mais après ?* pensa-t-il avant de découvrir un trait, tracé à la craie sur un mur. Il releva le défi avec plaisir et continua dans cette direction jusqu'à un carrefour, à l'affût de chaque symbole qui pourrait lui montrer la voie à emprunter. Il le repéra sur une boîte aux lettres qui lui indiquait la gauche, d'un pouce griffonné au crayon. *Hum... Il me semble que Mademoiselle Swann est d'humeur badine.* Il s'immobilisa au terme de ce jeu de piste devant la porte d'un très chic établissement new-yorkais. Un groom en livrée le salua et lui ouvrit.

Michael entra et longea le bar. Un serveur l'accueillit avec une exquise politesse. Haletant, il passa devant un miroir et en profita pour ajuster rapidement sa cravate. Il pénétra dans le restaurant où de nombreux couples mangeaient au rythme de la musique qu'interprétait un orchestre de chambre.

Parmi la foule, ses yeux s'arrêtèrent instinctivement sur une jeune femme seule et qui lui tournait le dos. Elle portait une robe de soirée étourdissante, faite de verre et de soie blanche. La blondeur étincelante de ses cheveux cachait une nuque qu'il ne connaissait que trop bien. Le teint hâlé de ses bras nus ne pouvait s'harmoniser qu'avec l'éclat du visage qu'il se représentait. Il avança vers la table et se plia devant elle avec déférence.

— Mademoiselle Swann, m'accorderiez-vous cette danse ?

Elle lui sourit et se leva. Belle, mystérieuse, royale dans son maintien.

— Vous en doutiez, Monsieur Sommers ?

Ils dansèrent et dansèrent encore avant de se rasseoir, simplement ravis d'être à deux.

— Cette robe te va à merveille. Félicitations.
— Collection été 2007. Elle n'a pas eu un franc succès.
— Elle non plus ? Mais heureusement... Elle ne va qu'à toi. Tes robes ne vont qu'à toi. Je me demande pourquoi tu t'obstines à essayer de les vendre !

Elle le regarda avec amour, en battant des cils.

— Catherine... Il faut des semaines pour avoir une table dans ce restaurant. Comment as-tu fait ?

— Je te l'ai dit. Je suis déjà venue à New York. Et je suppose que le maître d'hôtel a pris plaisir à me faire plaisir. Il n'a probablement pas pu résister à mon charme...

— Tu es miraculeuse... Tu es la plus belle chose qui me soit arrivée.

— Toi aussi, Michael. Sache que je ne me suis jamais autant confiée que ce matin. Et c'est grâce à toi. Je ne l'oublierai jamais. Je ne te serai plus seulement soumise, je te serai fidèle. Tu m'as ouvert des mondes inédits. Tu as également révélé la femme qui est en moi. Tu m'as aidée à me libérer du passé. Cela restera gravé dans mon cœur. Je te le promets.

Un serveur leur apporta leurs plats et releva les cloches. Michael put difficilement cacher sa surprise. Il avait devant lui la réplique exacte de l'assiette qu'ils avaient savourée chez Charles.

— Mais... Mais comment as-tu fait ?

Elle se contenta de lui envoyer un petit clin d'œil en dégustant une gorgée de sancerre.

— Il ne manque que les azalées pour faire mon bonheur !

*

Ils rentrèrent tard, heureux et renforcés chacun par la présence de l'autre. Arrivés au trentième étage, ils s'embrassèrent devant la porte que Michael ouvrit en n'ayant qu'un mot en tête pour la femme de sa vie.

— Je t'aime.

— Merci encore, mon amour... Sans toi...

— C'est moi qui te remercie. Grâce à toi, je vis enfin. Tu ne peux pas savoir à quel point je vis enfin !

Il la serra dans ses bras, ferma du bout des pieds et l'accompagna dans la chambre. Une petite lampe de chevet projetait leur ombre ondoyante sur le mur au gré de leurs mouvements frénétiques pour se déshabiller, puis pour s'unir, corps et âme, avec une ferveur fébrile.

230

Débarrassée du secret qui la rongeait, Catherine trouva d'emblée les chemins de l'éden et se tortilla à l'infini, en se laissant emporter par le bien-être que cette vague lui procurait au centuple depuis qu'elle s'était confiée à lui.

Michael s'endormit en pensant à la chance inouïe qu'il avait de l'avoir près de lui. Perdu dans la zone floue qui sépare la conscience du rêve, il revit imperceptiblement le profil affable de Royant se dessiner devant lui et envoya un coup de poing dans le vide avant de s'abandonner au sommeil.

15

New York

Michael arriva au bureau bien avant l'ouverture des marchés. Il se sentait bien et voulait profiter du calme matinal pour traduire son plan sur Victoria en instructions précises. Catherine l'avait transcendé et il avait les idées étonnamment claires. Son authenticité l'avait touché. Elle lui semblait différente, humaine, accessible, peut-être réconciliée avec elle-même.

Il alluma son ordinateur et traça les grandes lignes de la riposte qu'il préparait pour contrecarrer les projets de Royant. Un léger frottement le troubla et il leva la tête. Diane apparut devant lui, tremblante et dissimulant mal sa détresse.

— Puis-je te parler ?
— Bien sûr. Je ne pensais pas te voir ici si tôt !
— J'ai réfléchi et j'ai compris. Je crois... Je crois qu'il serait préférable que je quitte Global Invest.

Elle avait prononcé ces quelques mots en se tortillant les mains, visiblement émue par l'effort terrifiant qu'avait nécessité cette annonce. Elle baissa les yeux et sa frange noire lui couvrit la moitié de la figure.

— Diane... Pourquoi ? demanda Michael, abasourdi.
— Tu as trouvé ton bonheur avec Catherine Swann et je suis ravie pour toi. Elle a tout pour te rendre heureux. Je n'aurai jamais son élégance, sa grâce, sa beauté. Je le sais... Je n'ai que la simplicité à t'offrir. Je suis désolée... Je ne veux plus souffrir. Je ne veux plus te croiser tous les jours ici, après ce qu'il s'est passé entre nous. Je n'en serais pas capable.
— Diane... Tu es la meilleure. Arrête, je t'en prie. Pense à ta carrière. Pense à nous... Nous avons besoin de toi. Catherine n'aura aucun impact sur notre relation professionnelle. Ne mélange pas les deux.

— Tu ne comprends pas, Michael. Tu ne comprends pas, répéta-t-elle dans un long sanglot.

— Comprendre quoi ? Je ne te suis pas.

Il s'était rapproché d'elle et posa son bras sur ses épaules. Manifestement touché, il essuya ses larmes du bout des doigts. Diane se raidit aussitôt et détourna le visage. Son ton se fit vif et agressif.

— Tu dors avec elle dans le lit où nous avons dormi ensemble. Tu vis avec elle là où j'ai vécu avec toi. Tu lui fais les sourires que tu m'as faits. Cette femme a cassé notre bonheur. Malgré tout ce que tu m'as dit hier, elle a détruit ce que j'avais de plus cher. Catherine Swann nous a détruits...

Elle s'affaissa sur un siège, les jambes et les mains jointes.

— Et pourtant... Je ne lui en veux pas. Elle te rend plus heureux que moi. Et c'est la seule chose qui importe...

— Diane... Écoute... Je...

— Ça suffit. Restons-en là. Je te préparerai une synthèse des dossiers que je suis, rassure-toi. Je ne t'abandonnerai pas, mais je ne peux pas continuer ici. Je suis à bout... Pardonne-moi.

Elle se leva et sortit du bureau, la tête basse. Quand elle se glissa dans l'encadrement de la porte, elle se tourna soudain et jeta sur lui un regard déchirant.

— Michael... Rappelle-toi que je t'ai fait une promesse. Je t'attendrai. Tu peux compter sur moi. Je sais qu'un jour ou l'autre, tu reviendras.

*

Catherine s'éveilla comblée. Elle trouva sur l'oreiller de Michael une feuille de papier, recouverte de petits cœurs dessinés au crayon. Trois mots se détachaient : *Kiss. Kiss. Love.* Elle retomba sur le lit, les bras en croix, songeant un instant qu'elle avait frôlé la mort quatre jours plus tôt. *Que la vie est belle…*

Elle se trémoussa dans les draps et mesura pleinement le parcours qu'elle avait accompli depuis qu'elle avait rencontré cet amant extraordinaire. Elle passa délicatement la paume de sa main sur ses seins et les sentit se contracter. Elle glissa les doigts sur son ventre et le vit partir en convulsions infinies. Elle toucha son intimité et plia le cou en se mordillant la lèvre, vaincue par la perspective d'une éternité d'amour avec Michael.

Son portable vibra et la tira de sa douce euphorie. Elle répondit, espérant l'avoir en ligne. Un blanc suivit.

— Ma petite Cathy. Où es-tu ?

Elle tressaillit et sursauta instantanément. La voix lugubre de son père l'infantilisait en quelques mots apparemment anodins. Elle eut besoin de quelques secondes pour reprendre le dessus.

— Je suis à New York, papa.
— Je vois... Avec lui ?

Catherine fixa l'horizon, soudain résolue à ne plus jamais baisser les yeux.

— Oui, avec Michael.

Bernard Royant comprit d'un coup qu'il avait perdu l'avantage de la surprise. Elle avait tout avoué, il en était sûr. Une idée diabolique et cruelle fusa dans son esprit durant les interminables secondes de silence qu'il laissa planer avant de poursuivre.

— Tu lui as parlé de moi ?
— Oui.
— C'est infiniment regrettable, ma petite Cathy.
— Je crois qu'il est temps que tu cesses de m'appeler Cathy. Je suis Catherine Swann.
— Tu souhaites t'affranchir, Catherine ? Je t'en félicite. Au fond, j'attendais ce moment.
— Que... Que veux-tu ? demanda-t-elle, encore tremblante de lui avoir répondu aussi sèchement pour la première fois de sa vie.
— Et si nous repartions à zéro ?

— Je ne vois pas où cela nous mènerait…

— Permets-moi de continuer malgré tout. Tu viens de naître. Tu es ma fille, je suis ton père. Tu me pardonnes le passé et je t'offre ton avenir.

— Je… Je ne comprends pas.

— Je te donne mes parts dans ta maison de couture. Je tire un trait sur ce que tu me dois. Libre à toi d'en disposer comme tu le désires.

Catherine laissa son téléphone lui échapper des mains. Elle était tétanisée. Elle s'attendait à une punition dont Royant avait le secret, mais pas à ça.

— Allô ?

— Je suis là, Catherine. Je t'écoute.

— Et… Et que dois-je faire ? répondit-elle, consciente qu'il y aurait une contrepartie.

— C'est tout simple. J'ai besoin de toi pour finaliser mon projet. Tiens-moi informé de l'actualité de Global Invest, c'est tout. Tu n'entendras plus parler de moi après.

— Tu veux que je trahisse une deuxième fois Michael ? Non, je t'en supplie, papa. Je ne pourrais pas… S'il te reste un peu d'affection pour moi, ne m'impose pas cela.

— Arrête, je ne te demande pas cela.

— Qu'attends-tu de moi, alors ?

— Pose-lui des questions anodines. Dis-moi ce qu'il ressent. Je dois comprendre dans quel contexte il prend ses décisions. Rien de plus.

— Je ne pourrais pas. Je l'aime… Je t'en prie.

— Je déteste me répéter. Tu ne dois rien lui voler, rien m'apporter. Intéresse-toi à son travail, tente d'obtenir un maximum d'informations de fond. Et tiens-moi au courant. Je ne veux rien de plus.

— Et… Et… Comment puis-je avoir…

— La certitude que je tiendrai parole ? J'ai chargé mon notaire d'établir les documents nécessaires. Il te les adressera par courrier si tu respectes ta part du contrat. Il te suffira de les signer et de lui renvoyer. Souviens-toi, Catherine, insista-t-il en détachant chaque syllabe de son prénom. La Maison Swann est à ce prix. Je te souhaite une belle journée.

Il raccrocha sur ces mots. Elle lâcha son téléphone, touchée par une tristesse sans nom. Le dilemme angoissant dont elle pensait s'être libérée revenait au galop. Michael ou son père ? Son père ou Michael ? *Non, pitié...* Elle pleura quelques instants, puis se ressaisit et réfléchit. Au fond, Royant ne réclamait rien de tangible. Il n'était plus question de lui livrer un disque dur sur un quai de métro. Il ne demandait que des impressions, une interprétation forcément partiale et biaisée de la réalité. Catherine y vit une exigence ambiguë. Elle pouvait lui dire ce qu'elle voulait, il n'était pas là pour contrôler la véracité de ses propos.

Elle se leva, se dirigea vers la salle de bains et prit une douche avant de recouvrir sa nudité d'une simple tunique blanche. Pensive, elle glissa jusqu'à la fenêtre. Manhattan n'avait que la monotonie de sa démesure à lui offrir et Paris lui manquait déjà... Elle sourit. Elle venait de décider d'accepter la proposition de Royant, mais avec un léger changement de scénario. Elle lui fournirait un flot continu de fausses nouvelles et tenterait subtilement de corroborer sa bonne foi en lui donnant parfois une information qu'il pourrait aisément vérifier. Il lui suffirait de faire traîner ce petit jeu en longueur en attendant de recevoir la confirmation que la Maison Swann lui revenait.

Était-ce une trahison ? Elle se remémora ses robes, ses croquis, ses couturières, la douceur de vivre du Marais par rapport à la froideur glaciale de New York. *Oui, c'en est une. Mais seulement contre ce père qui m'a tant fait souffrir...* Et si cela lui assurait un avenir radieux, en la vengeant du mal qu'il lui avait fait... Pourquoi pas ? Un instant, elle rêva même que Michael puisse la suivre à Paris, dont elle ne retrouvait ni la fantaisie ni la délicatesse dans cette métropole de verre et d'acier. Elle passa ses doigts dans ses cheveux en se demandant si les armoires de ce grand appartement sinistre contenaient un peu de thé.

*

Michael était encore sous le choc de la déclaration de Diane. Qu'avait-il fait ? Qu'allait-il faire ? Il se pencha sur son bureau et sentit une secousse l'ébranler. Il devait se ressaisir pour se concentrer. Il échafauda son plan de trading sur Victoria. En achetant par petits blocs, il était convaincu de pouvoir maintenir le cours. Si seulement Global Invest avait la trésorerie nécessaire…

Il tenta d'appeler Dan, mais n'obtint aucune réponse. Il consulta le carnet d'ordres en temps réel, sur Paris. Victoria fluctuait dans un canal stable, autour de 27 euros. Royant vendait avec intelligence, profitant de chaque rebond pour intervenir sans casser la tendance et risquer un effondrement.

Son regard se noya dans les chiffres qui défilaient à toute allure devant lui. Il avait plus de trente ans et sa vie se résumait à une suite sans fin de cotations, alignées en vert ou en rouge sur un écran. Catherine était certes la femme dont il avait toujours rêvé, mais il regrettait d'avoir fait souffrir Diane. *Tu devras choisir*, se souvint-il. Pour la première fois, il sentit une hésitation l'envahir. *Ai-je fait le bon choix ?* La vibration de son portable mit fin à ses idées noires.

— Oui, Karen ?
— Monsieur Alistair vous attend, Monsieur Sommers.
— Bien, j'y vais. Merci.

Il rassembla quelques documents et passa par l'escalier de service pour monter les deux étages qui le séparaient du bureau de Fred. Quand il arriva, Alistair et Spencer l'accueillirent d'un mouvement raide de la nuque, après avoir relevé les yeux d'un grand tableau couvert de chiffres surlignés. Était-ce la lumière glauque ? Leurs traits tirés ? L'odeur de café froid qui planait dans la pièce ? La boîte d'anxiolytiques qu'il aperçut à côté du téléphone ? Michael eut brièvement l'impression d'avoir devant lui deux cerfs aux abois, prêts à être abattus dès que sonnerait l'hallali.

— Alors ? lança Fred. Dis-moi comment tu comptes procéder…

238

— Tu annonces aujourd'hui que nous pourrions projeter une prise de participation dans Victoria. Le marché anticipera une prime sur le cours actuel et nous le préservons pour un temps. À toi de voir pour la suite. Soit nous abandonnons l'idée d'acquérir Victoria et j'en profite pour passer à la vente et récupérer de la trésorerie, soit nous gardons le cap et je continue à acheter tout ce que je peux. Quoi que tu décides, notre offre est dépassée... Je te propose donc simplement une manifestation d'intérêt pour temporiser. Dans le pire des cas, l'AMF peut suspendre le titre, mais je n'y crois pas.

— Quelle heure est-il à Paris ?

— 15 h 30. Si notre communiqué part maintenant, nous pouvons encore faire bouger Paris à la clôture.

— D'accord. Mais ne t'engage pas. On indique notre éventuel intérêt, c'est tout. Après…

— Bien sûr. Ça nous permettra de gagner du temps. Sans doute un jour ou deux. Nous aurons peut-être même le week-end pour finaliser une stratégie aboutie en attendant une réaction de l'AMF.

— Bon, vas-y. Tu as mon feu vert.

Alistair lança un large sourire à Michael, puis se tourna vers Mark Spencer. Son visage se fit plus grave et il plissa les yeux en découvrant les montants que commentait Mark, en les parcourant du doigt.

*

Paris

Communiqué de presse

New York, le 31 juillet 2008

Dans le but d'informer exactement, précisément et sincèrement les actionnaires de Victoria S.A., dont les actions sont admises aux négociations sur Euronext Paris sous le code « VICT », Global Invest

239

Corporation, Inc., établie à New York, indique manifester son intérêt pour l'ouverture de pourparlers en vue de l'acquisition de la totalité des actions de Victoria. Les parties concernées ont conclu un accord de confidentialité afin d'engager des discussions sur une éventuelle offre amicale.

Ce bref communiqué de presse fit l'effet d'une bombe en clôture, à Paris. Comme Michael s'y attendait, le cours de Victoria fit un bond instantané, sauvant momentanément Global Invest dont les autres investissements s'étaient encore écroulés dans la journée. À Paris, Bernard Royant explosa de joie en levant les bras en signe de victoire.

— C'était la peste ou le choléra, cher Fred. Soit tu laissais couler le titre et la valorisation de ta participation, soit tu tentais de le maintenir. Tu as choisi le choléra et je t'en remercie ! J'espère qu'il te reste assez de liquidités pour acheter tout ce que j'ai à te vendre !

La sonnerie de son téléphone le troubla... Il décrocha et entendit une journaliste lui demander de prendre position par rapport au communiqué que venait de publier Global Invest.

— Je peux, en effet, confirmer l'existence de pourparlers avec Global Invest Corporation. Vous comprendrez cependant que l'accord de confidentialité que nous avons conclu m'impose le silence tant que cette entreprise ne procédera pas à une proposition formelle. Permettez-moi de m'en tenir à cette déclaration.

— Monsieur Royant, pensez-vous que les actionnaires de Victoria avaliseraient une offre émanant de Global Invest Corporation ?

— Il ne m'appartient pas de prendre parti pour nos actionnaires de référence, répliqua-t-il en se délectant de ce mensonge.

— Acceptez-vous que nous diffusions vos commentaires sur notre chaîne ?

— Je vous en prie.

240

En raccrochant, il se frotta les tempes du bout des doigts et réfléchit un instant. Alistair avait tiré son baroud d'honneur. Il tentait de gagner du temps en sauvegardant momentanément la valeur des titres Victoria qu'il avait déjà achetés. Royant partit dans un rire nerveux qui n'eut pour seule répartie que l'écho de la pièce dans laquelle il se trouvait.

— Et voilà... Global Invest est échec et mat !

Il profita de la frénésie qui s'empara des spéculateurs parisiens pour céder en douceur la moitié des participations qui lui restaient dans Victoria. Elle clôtura à plus de 30 euros, dans un tourbillon de folie.

*

New York

Quand il rentra, Michael eut le plaisir de trouver Catherine confortablement installée sur le canapé, vêtue d'une simple tunique blanche. Il s'était habitué à son caractère fantasque et avait secrètement imaginé la surprise qu'elle lui avait réservée. Une escapade imprévue ? Un restaurant improbable ? Une gâterie inédite ? Non... La perspective d'une soirée à deux l'embrasa. Elle l'accueillit avec un large sourire.

— Comment s'est passée ta journée ?
— Comme d'habitude... Sur les charbons ardents...
— Mais encore ? Dis-moi tout. J'ai tellement envie de tout partager avec toi...
— Nous essayons de maintenir le cours sur Victoria pour sauver la valorisation de ce portefeuille, mais ce n'est pas facile... Nous n'avons plus de liquidités. Oh... Et puis tout cela peut attendre demain...

Il l'enlaça, elle l'embrassa avec fougue. Michael oublia d'un coup tous ses soucis et se fit câlin. Il effleura le menton de Catherine et lui mordilla rageusement le cou. Elle se prit au jeu et le serra sans ménagement contre elle.

— J'étais en manque de toi…

— Rassure-moi, Catherine… Tu n'as pas compensé par…

Elle lui posa l'index sur les lèvres et se fit voluptueuse.

— Arrête. Grâce à toi, je n'en ai plus besoin. Tu m'en as sevrée. Mais tu ne me sèvreras jamais de toi…

Son regard se figea sur elle. Il ressentit une irrépressible envie de la dompter, de la dominer. Il enleva sa veste et déboutonna sa chemise. Catherine lui faisait le même effet qu'à la première seconde. Il était hypnotisé. Elle était réceptive, prête à tout. Il se déshabilla devant elle et elle découvrit avec amusement sa virilité émoustillée.

— Catherine… Catherine… lança-t-il sans parvenir à s'exprimer.

— Moi aussi, je t'aime !

Elle fondit dans ses bras, enfonça sauvagement ses dents dans ses épaules et sentit qu'il passait frénétiquement les mains sous sa tunique, en caressant nerveusement son dos. Il glissa sur ses reins, qu'il agrippa avec force, puis dériva vers son bas-ventre. Elle posa ses doigts sur ceux de Michael et les guida là où ils voulaient se perdre. Elle lui ouvrit le passage et le plaisir qu'elle ressentit l'excita jusqu'au délire. Ils basculèrent sur la table en verre du salon, le souffle coupé. Elle le fixa dans le blanc des yeux avec une intensité inouïe, en faisant légèrement tomber sa tête en arrière pour déployer sa chevelure dorée.

— Prends-moi, ordonna-t-elle avec fureur. Prends-moi ici et maintenant ! Donne-toi à moi comme je me donne à toi !

Il s'agenouilla devant elle, releva sa tunique jusqu'à la nuque et s'invita en elle. Le meuble grinça un instant, mais ils n'y prêtèrent aucune attention. Ivre de son odeur et guidé par le désir charnel de la posséder, il s'empara d'elle au rythme frénétique de ses déhanchements. Elle s'ouvrit à lui avec entrain, hurlant au gré de ses assauts. Ils avaient atteint ensemble le point culminant lorsque la table s'effondra et qu'ils se retrouvèrent l'un dans l'autre, au milieu des éclats de verre, en pleine étreinte.

— Désolée, murmura Catherine, terrassée par le séisme qui la secouait.

— Aucun souci, répondit-il en émergeant du plaisir indicible que seule cette femme pouvait lui donner.

Un long moment d'hébétude partagée passa. Ils s'embrassèrent et laissèrent leurs mains stimuler leurs corps soûlés par la jouissance. Michael se releva soudain d'un bond.

— Nous sommes bien le 31 ?

— Oui, mon amour… Le 31 juillet...

— Le gala de charité, se souvint-il en se frappant le front de la paume.

— Le gala de charité ?

— Catherine… Je t'emmène à un événement digne de toi, mais j'ai un défi.

— Un défi ? Tu m'intrigues !

— Peux-tu être en tenue de soirée dans un quart d'heure ?

— Oups, murmura-t-elle en se relevant d'une rapide flexion des reins.

*

Ils partirent en trombe, en riant et en se tenant affectueusement par le bout des doigts. Michael avait été invité par un client à un bal de charité et il avait accepté cette escapade avec satisfaction, des semaines plus tôt. Il y avait vu une occasion unique de s'abstraire de la monotonie quotidienne et de fréquenter l'élite qu'il aimait tant côtoyer.

Ils arrivèrent devant un tapis rouge. Elle était ravissante dans sa sublime robe de verre et de soie. Il était d'une élégance rare dans son smoking taillé à l'européenne. Un photographe leur demanda de se rapprocher et les immortalisa. Michael revit un instant Catherine à Cannes.

La réception fut un miracle. Il vivait pleinement le moment et Catherine se retrouvait dans son monde, terrassant chacun de ses interlocuteurs par son charme incomparable.

— Michael, il ne fallait pas nous cacher cette merveille !

— Michael, donnez-nous le nom de la perle qui vous accompagne !

— Michael, elle est tellement… séduisante !

Nul doute que tout ce que New York comptait de personnalités en parlerait encore le lendemain. L'orchestre lança les premières notes d'une valse. Il chercha Catherine du regard, mais ne la trouva pas. Il balaya fiévreusement la salle des yeux et la vit enfin, à l'écart et illuminée par l'écran blanchâtre de son portable. Il fit quelques pas…

— Mademoiselle Swann… En Amérique, les convenances interdisent à une dame, aussi belle soit-elle, d'abandonner son cavalier dans ce genre de soirée.

Elle sursauta et lui fit face en tremblant, après avoir surmonté l'effet de surprise.

— Pardonne-moi. Je pensais qu'on m'appelait… Apparemment, une erreur.

Il l'embrassa en silence et l'accompagna vers la piste de danse. Une légère vibration fit frémir le sac à main de Catherine, indiquant que son correspondant confirmait avoir reçu son texto. Son téléphone se tortilla souvent de cette façon durant tout le mois d'août, jusqu'au jour où une brève conversation avec Madame Antonin lui avait appris qu'une enveloppe officielle, envoyée par un notaire parisien réputé, était arrivée le matin même dans sa boîte aux lettres. Son portable se tut dès cet instant...

16

Henry Paulson et Ben Bernanke attendaient avec une fébrilité croissante que le président Bush les reçoive. Éreinté, Paulson venait de participer à un marathon de négociations pour sauver Lehman Brothers et envisageait avec découragement l'idée de remettre le cap sur New York à la fin de son entrevue. Ils entrèrent dans le Bureau ovale dès que la secrétaire leur confirma d'un hochement du menton que Bush était prêt. Quelques pas leur suffirent pour prendre place devant le *Resolute desk*, le meuble en bois qui incarnait depuis plus d'un siècle le pouvoir suprême aux États-Unis.

— Bonjour, Messieurs. Je vous écoute, dit simplement George W. Bush, dont la tenue décontractée tranchait avec la noirceur des costumes de ses interlocuteurs.

— Monsieur le Président, commença Paulson, je dois vous avertir que les États-Unis vont au-devant d'un problème majeur.

Paulson tourna la tête vers la gauche et croisa le regard impassible du buste de Lincoln, qui braquait sur lui un œil grave et réprobateur.

— Nous avons certes pu sauver Fannie Mae et Freddie Mac la semaine dernière, mais je crains de devoir aujourd'hui vous informer de la faillite imminente de Lehman Brothers. Officiellement, nous présenterons cette annonce comme une démarche préventive, visant à protéger ses actifs et à maximiser sa valeur. L'effet en cascade que nous anticipons risque toutefois d'avoir des répercussions incalculables sur l'économie mondiale et sur les relations qui nous unissent avec nos alliés.

— Selon nos estimations, près de soixante milliards d'actifs toxiques devront être bloqués chez Lehman, ajouta Bernanke. Et nous n'avons aucune idée de ce que nous y trouverons, car le statut juridique de la plupart des transactions que nous allons devoir passer au crible est incertain.

— Au-delà du choc que provoquera la disparition de Lehman, nous appréhendons une défiance généralisée, des retraits massifs de fonds, un assèchement brutal du crédit. Je pense que le moment est venu d'étudier avec vous toutes les options politiques dont nous disposons pour éviter le chaos.

George W. Bush se remémorera en une seconde la citation de Confucius que lui avait murmurée son homologue chinois, deux mois plus tôt. *Examine si ce que tu promets est juste et possible, car la promesse est une dette.* Il sentit la fatigue le gagner. *Nous y voilà. Nous sommes au pied du mur. Que pouvons-nous faire de plus ?*

— Tout le modèle des banques d'affaires est en péril, Monsieur le Président, poursuivit Ben Bernanke. Si nous n'intervenons pas d'urgence, nous craignons que d'autres établissements soient touchés dans les prochains jours. Morgan Stanley et Goldman Sachs sont en première ligne.

Paulson eut un frisson à l'évocation de Goldman Sachs, où il avait passé pratiquement toute sa carrière et dont il avait dirigé la destinée avant d'accepter d'endosser la lourde tâche de gérer les finances de la première puissance mondiale.

— Timothy Geithner, le président de la Fed de New York, a organisé hier soir une réunion avec Morgan Stanley, Goldman Sachs et JP Morgan, expliqua Paulson. J'y ai assisté. Nous avons tout tenté pour les convaincre de créer une structure indépendante vers laquelle nous pourrions transférer les actifs toxiques de Lehman. Nous examinons aussi une possibilité de reprise avec Barclays, au Royaume-Uni. Ils étudient actuellement une offre de la dernière chance sur Lehman.

Ben Bernanke tempéra cet espoir par un mouvement sceptique de la main.

— À propos de ce rapprochement, je doute fort que la FSA[12] autorise Barclays à acquérir Lehman. Elle n'a pas la capitalisation nécessaire.

Bush mit un terme au débat en frappant son bureau du bout des doigts.

— Bon, j'en sais assez. Il est inutile d'entrer dans les détails. Je suppose que vous vouliez me rencontrer parce que vous avez une solution à me présenter.

— Il est trop tard pour Lehman. Mais nous avons esquissé les grandes lignes d'un plan de sauvetage pour le reste du secteur financier et bancaire, répondit Paulson. Je vous propose d'en prendre connaissance.

Il se leva et déposa trois pages dactylographiées, euphémiquement intitulées *Troubled Asset Relief Program*, devant le président. Bush s'en saisit et fit pivoter son siège. Il fixa un instant le portrait de George Washington, dont la présence bienveillante avait accompagné les innombrables décisions lourdes de conséquences prises depuis des décennies dans cette pièce.

La lecture du projet le tétanisa. Paulson y prévoyait le rachat à concurrence de 700 milliards de dollars des actifs non liquides des banques d'investissement par le gouvernement fédéral. Il s'arrogeait aussi le droit d'intervenir sans la supervision du Congrès ni d'aucune cour de justice. L'ensemble du dispositif se justifiait par l'impérieuse nécessité de stabiliser l'économie, de garantir la liquidité et de réagir sans délai pour apporter une solution significative à cette crise, dont la correction du secteur immobilier était désignée comme la cause initiale.

---

[12] La Financial Services Authority était l'organisme de régulation des institutions financières et bancaires britanniques à l'époque des faits.

— Monsieur le Président de la Réserve fédérale, approuvez-vous ce plan de sauvetage ? demanda Bush.

— Je ne vois pas d'alternative, Monsieur le Président. Dans l'état actuel des choses, le risque d'assèchement des liquidités sur les marchés et le climat de suspicion qui règne entre les banques nous exposent à un blocage total.

— Le Congrès n'approuvera jamais. Vous privez les parlementaires du pouvoir de contrôler les dépenses que vous engagerez dans le cadre du projet. Ils ne laisseront pas passer cela...

— Nous pouvons encore négocier les détails de cette proposition, nuança Paulson. Mais ses fondements doivent être entérinés sans tarder. La survie de notre système financier est à ce prix.

Un épais silence suivit et plongea le Bureau ovale dans une tranquillité surréaliste au vu des enjeux qui s'y discutaient. Bush termina la lecture du texte et déposa les trois pages devant lui.

— Ben, demanda-t-il familièrement à Bernanke, comment voulez-vous que nous vendions ça aux Américains ? C'est tellement... inimaginable.

— Avant tout, nous devons insister sur le fait que ce plan n'est pas une tentative pour sauver quelques banques, mais le seul moyen de préserver le niveau de vie de nos concitoyens. Il nous faudra du courage. Nous devrons faire face à de nombreuses protestations, à d'innombrables obstacles, mais nous n'avons aucun autre choix. Ceci dit, nous pourrions argumenter que cette opération n'est pas une dépense publique au sens technique du terme. Les actifs que nous rachèterions gardent une valeur, en dépit des dépréciations dont ils ont fait l'objet. Juridiquement, nous pourrions même y voir un investissement. Risqué, certes. Mais un investissement, pas une dépense. Cet aspect des choses peut donner une dimension plus positive à notre communication.

— Je partage le point de vue de Ben, Monsieur le Président. Il serait périlleux de valoriser ce que nous reprendrions, mais il nous resterait les garanties afférentes.

— Et pourquoi ne pourrions-nous pas refinancer Lehman Brothers comme nous l'avons fait pour Fannie Mae et Freddie Mac ?

— Nous devons choisir entre la peste et le choléra, répondit Bernanke. Si nous volons au secours de Lehman, nous épuiserons d'emblée les ressources que nous avons pour sauver d'autres institutions en difficulté. D'autre part, un tel sauvetage poserait un problème juridique et créerait un dangereux précédent. Pour respecter le cadre légal, Lehman Brothers devrait pouvoir nous proposer une contrepartie à l'octroi d'un prêt. Elle en est incapable.

— D'accord. Mais nous pourrions alors imaginer de mettre sur pied un montage avec une autre banque, comme nous l'avons fait pour Bear Stearns…

Paulson se chercha vainement une contenance devant le regard glacial de Bush.

— Nous y travaillons. Mais cette perspective reste très aléatoire. Comme je vous l'ai exposé, Barclays examine une offre, mais elle est conditionnée à la constitution d'un véhicule spécifique pour les actifs toxiques de Lehman et à l'approbation de la FSA, au Royaume-Uni. Aux États-Unis, seule Bank of America pourrait intervenir, mais elle privilégie actuellement un rapprochement avec Merrill Lynch.

— Essayez-vous de me dire que Merrill Lynch est également sur le point de s'effondrer, Monsieur le Secrétaire au Trésor ?

— J'ai le regret de vous le confirmer, Monsieur le Président.

George W. Bush se leva et fit quelques pas vers les fenêtres de son bureau. Il contempla un instant le jardin de la Maison-Blanche, inondé par la lumière matinale de ce samedi ensoleillé d'arrière-saison. *L'été indien. Avant l'ouragan.* Il se retourna et appuya sur le bouton de l'interphone.

— Mademoiselle, veuillez me passer le vice-président, le président du Sénat et la présidente de la Chambre des représentants.

Bush dévisagea Paulson et Bernanke. Ses traits s'étaient empreints de gravité. Le grésillement du téléphone troubla le silence pesant.

— Monsieur le Président ? Vos interlocuteurs sont en téléconférence sur la ligne 2.

Le président des États-Unis adopta alors un ton solennel en prenant place devant le microphone de son combiné.

— Madame, Messieurs... Je vous remercie d'être présents. J'ai le regret de vous informer que les États-Unis d'Amérique vont devoir faire face à un problème majeur. J'ai besoin de votre aide et de vos prières...

La voix monocorde du vice-président Dick Cheney résonna dans le Bureau ovale.

— Nous vous écoutons, George. S'agit-il de l'Irak ? De l'Iran ?
— Non, Dick. Il est malheureusement question des fondements mêmes de notre système économique...

17

Dimanche 14 septembre 2008

New York

Michael était épuisé. Il se leva hagard, tenaillé par une crise d'angoisse éprouvante. Il entendit le souffle rassurant de Catherine et lui embrassa tendrement la nuque en saluant d'une œillade la salamandre qui dansait dans les plis de son dos.

Il se doucha sans bruit, puis s'assit devant son ordinateur et reprit son travail là où il l'avait abandonné la veille. Le monde s'était écroulé en quelques semaines. La débâcle que Dan Ashcroft avait prédite un an plus tôt se déroulait exactement comme il l'avait décrit. Ses prophéties se concrétisaient les unes après les autres, avec une précision mathématique implacable. Le mois d'août avait vu les banques solder leurs actifs toxiques à coup de milliards de pertes. Le calme précaire qui avait caractérisé la trêve estivale avait rapidement cédé la place à une panique incontrôlable, alimentée par l'actualité désespérante de cette fin d'été.

Le 7 septembre, Henry Paulson avait annoncé la mise sous tutelle publique de Fannie Mae et Freddie Mac. Il pensait avoir éteint l'incendie, mais n'imaginait pas que le pire restait à venir… L'onde de choc dépassait désormais largement le secteur financier et touchait de plein fouet l'économie américaine. Le système tout entier s'effondrait, sans que personne ne puisse l'empêcher de sombrer.

Michael avait abandonné l'idée de remporter la compétition féroce à laquelle il se livrait contre Bernard Royant. Quelques jours après la parution du communiqué selon lequel Global Invest s'intéressait à Victoria, Fred l'avait appelé un matin pour lui avouer qu'il n'avait plus de trésorerie à consacrer à cette reprise et lui demander de préparer la vente de cette position. Tout espoir s'envola définitivement le 26 août, lorsque la *Federal Deposit*

Insurance, l'organisme qui assure les dépôts effectués auprès des quelque 9 000 établissements qu'il supervise, annonça l'élargissement de sa liste noire à 117 nouveaux noms. Global Invest Corporation figurait dans cette énumération de banques d'affaires aux abois.

Bernard Royant s'était entre-temps complètement dégagé de Victoria en profitant de la spéculation qui avait entouré le titre. Il fit publier dès le lendemain une mise au point indiquant que Victoria ne pouvait en aucune façon poursuivre d'éventuelles négociations avec un partenaire considéré comme pratiquement insolvable par son autorité de régulation. En prenant soin de ne pas l'évoquer ouvertement, il renvoyait Global Invest à la clause de caducité de la transaction en cas de problèmes financiers.

La perte encourue sur cette opération se chiffrait en millions. En temps normal, Dan aurait procédé à une dépréciation, Fred aurait rappelé Michael à l'ordre en termes crus et les choses en seraient restées là. Dans le climat délétère de cette fin août 2008, cet échec achevait d'abattre une entreprise qui, douze mois auparavant, comptait près de cent cinquante millions de dollars d'actifs en gestion et prévoyait avec optimisme de s'étendre en Europe.

Tout au long de ces semaines cruciales d'août, Michael s'était montré offensif, contrant les ventes de Royant par d'habiles contre-mesures de stabilisation afin d'éviter de nouvelles moins-values sur les portefeuilles de Global Invest.

Il avait toutefois rapidement décelé un changement dans la tactique de son adversaire. Ses opérations se faisaient plus précises, plus chirurgicales. Il semblait souvent avoir une longueur d'avance, comme s'il percevait dans quel contexte Michael prenait ses décisions et intervenait. Il avait alors eu la désagréable impression que Royant voyait dans son jeu et qu'il avait un allié dans la place. Ce goût amer de trahison le poursuivait encore en ce dimanche lumineux. Une folle envie d'air pur le prit soudain.

Washington D.C., Francfort

— Vous m'entendez, Ben ?

— Oui, je vous reçois.

Un éclair zébra l'écran de Ben Bernanke, puis le visage familier de son homologue européen Jean-Claude Trichet se stabilisa sur les téléviseurs de la salle de visioconférence de la Fed.

— Dites-moi ce qui me vaut le privilège de ce rendez-vous dominical impromptu.

— Jean-Claude, je crains de devoir vous apprendre certaines mauvaises nouvelles. J'aimerais vous en faire part pour que nous accordions nos stratégies afin d'envoyer un signal fort aux marchés. L'enjeu est à ce prix.

— Je vous écoute.

Jean-Claude Trichet se maîtrisa pour ne rien laisser paraître de son irritation. *Accorder nos stratégies.* Alors qu'un fossé séparait les États-Unis de l'Europe quant à la solution à apporter à la crise… Si Bernanke avait l'intention de contrer l'inévitable récession à venir en abreuvant les marchés de liquidités, Trichet restait indéfectiblement fidèle à son credo : la Banque centrale européenne avait pour mandat de se préoccuper de l'inflation. Sortir du gouffre en œuvrant pour la croissance ou pour la stabilité des prix ? En cette rentrée 2008, le débat transatlantique se cristallisait autour de cette épineuse question.

— Nous redoutons la déroute imminente de Lehman Brothers. Si elle survient, ce qui nous semble probable, nous anticipons un brusque assèchement des crédits interbancaires dans le monde entier. Je pense que la BCE devrait instaurer avec nous certaines mesures exceptionnelles pour faire face à ce risque et je souhaitais m'en entretenir avec vous.

Il y eut un moment de silence pendant lequel Trichet analysa les conséquences systémiques effarantes des révélations de Bernanke.

— Ben, vous connaissez mon point de vue à cet égard. La Banque centrale européenne a pour vocation de lutter contre l'inflation. Inonder les marchés de liquidités comme vous le suggérez à demi-mot n'est pas une option que nous pouvons retenir.

— Jean-Claude… souffla Bernanke avec lassitude. Je crois que votre mission, aussi louable soit-elle, est dépassée par les faits…

— Que voulez-vous dire ? Je vous rappelle que notre mandat est gravé dans le marbre du Traité fondateur de l'Union européenne.

— J'en conviens. Mais la vitesse à laquelle la situation se dégrade ne nous laisse pas d'alternative. Paulson et moi avons présenté un programme de sauvetage de 700 milliards de dollars au président Bush. Nous souhaitons lui donner toutes les chances de réussite en mettant en place une action temporaire concertée avec la Grande-Bretagne, la Suisse et les pays de la zone euro. Notre but est le même que le vôtre : nous cherchons à éviter un effondrement total du système financier.

Trichet interpréta spontanément la portée de la requête de Bernanke.

— Qu'attendez-vous de la Banque centrale européenne ?

— Nous voudrions adopter avec vous des mesures d'urgence pour assurer la liquidité des marchés et atténuer les tensions extrêmes que nous prévoyons dans les prochaines heures.

— À quelles mesures faites-vous allusion ?

— Nous pourrions annoncer des interventions conjointes pour renforcer notre capacité à fournir de la liquidité en dollars. Et puis...

— Et puis ?

Ben Bernanke rassembla tout le pouvoir de conviction dont il était capable avant de poursuivre.

— Il faudra inéluctablement que la Banque centrale européenne pense à très court terme à abaisser ses taux directeurs.

— Ben… Imaginez-vous ce que vous me demandez ? Croyez-vous que je puisse remettre en question la ligne conductrice de la Banque centrale européenne de mon seul fait ? Une telle décision doit être prise au plus haut niveau. Quand puis-je vous rappeler ?

— Nous n'avons malheureusement pas le temps de réfléchir aux conséquences politiques de ce que nous allons devoir faire. Il ne nous reste que quelques heures avant l'ouverture des places asiatiques. Si nous n'intervenons pas immédiatement, nul ne sait ce qu'il adviendra demain.

— Ben, j'insiste. Je dois me concerter avec les chefs d'État de la zone euro. Je reprendrai contact avec vous plus tard.

— Bien. Je comprends. J'attends donc votre réaction le plus tôt possible.

Trichet mit fin à la conférence et balaya le ciel du haut du trente-cinquième étage de la tour anonyme qu'occupait la BCE, à Francfort. La situation était critique et l'appel au secours de Bernanke soulignait l'urgence d'une réponse directe. Tout s'effondrait outre-Atlantique et si elle se concrétisait, la désintégration du système financier américain aurait des répercussions catastrophiques en Europe. Il fallait agir. Et dans les plus brefs délais.

Il empoigna son téléphone et composa l'indicatif international de la France, chargée de la présidence tournante de l'Union depuis le 1er juillet, suivi d'un numéro à neuf chiffres. Une sonnerie retentit au Palais de l'Élysée, à près de 600 kilomètres des berges du Main.

— Bonjour, Mademoiselle. Ici le président de la Banque centrale européenne. Auriez-vous l'obligeance de me passer le président de la République ?

— Je vous mets en communication, Monsieur Trichet, répondit la standardiste, manifestement blasée de ces conversations au plus haut niveau, à toute heure du jour et de la nuit.

Une voix sémillante et familière chanta soudain dans l'écouteur de Trichet.

— Mon cher Jean-Claude… Que me vaut ce plaisir ?

— Nicolas[13] ? Pardonnez-moi de vous déranger, mais nous avons un problème. Un problème tellement grave que nous devrions associer la chancelière Merkel[14] à notre entretien…

— De quoi s'agit-il ? s'inquiéta Nicolas Sarkozy.

— Ni plus ni moins que de l'avenir de l'ordre financier mondial...

*

Montville (New Jersey)

— Une balade à Montville te plairait ?

Catherine venait de sortir de la douche et se frictionnait les cheveux. Elle avait revêtu une petite robe noire, qu'elle avait assortie à de hautes bottes vernies qui lui recouvraient les jambes jusqu'aux genoux. Elle était élégante, mais troublante et séduisante à la fois.

— Montville ? demanda-t-elle avec un sourire amusé.

— Montville. C'est dans le New Jersey, à une heure de route. J'aimerais t'y présenter quelqu'un que j'ai trop longtemps négligé.

— L'autre femme de ta vie ?

— Oh oui. Tu ne crois pas si bien dire !

Elle le fusilla du regard.

— Maman ! ajouta-t-il dans un grand éclat de rire.

---

[13] Nicolas Sarkozy était président de la République française à l'époque des faits.

[14] Angela Merkel était chancelière fédérale allemande à l'époque des faits.

Ils quittèrent New York comme des enfants faisant l'école buissonnière. Catherine était excitée à l'idée de rencontrer la mère de son élu. Il était heureux de s'accorder un jour d'escapade, loin de ses écrans et de l'actualité déprimante que lui débitait en continu sa messagerie. Ils arrivèrent dans un joli village arboré, où de petites maisons cossues se succédaient sur de beaux terrains bien entretenus. Michael s'engagea dans une rue transversale et arrêta sa voiture dans l'allée de garage d'un adorable cottage en bois.

— Et voici… Nous sommes chez ma mère !

Tout y inspirait la paix et l'harmonie. Le jardin se colorait déjà des nuances féeriques de l'automne. Un escalier décoré de fleurs menait à une plateforme garnie d'une barrière. La pelouse verte tranchait magnifiquement avec le blanc de la façade et le drapeau américain flottait fièrement au gré du vent, du haut d'un mât érigé au beau milieu du gazon. Ils entendirent une porte grincer et virent le visage d'une dame d'une cinquantaine d'années passer par l'entrebâillement.

— Michael ? C'est bien toi ?

— Bonjour, maman ! Pardonne-moi de ne pas t'avoir prévenue. Nous avons quitté New York comme des voleurs !

Elle descendit les marches en levant gaiement les bras au ciel, avec la même ferveur que si un ange s'était posé devant chez elle.

— Mon fils ! Que je suis heureuse ! Je me demandais même si tu ne m'avais pas oubliée…

— Maman… J'ai dû travailler tout l'été ! Et crois-moi, je n'ai pas chômé !

— Ah oui… Les affaires… Je ne comprendrai jamais rien aux tiennes. Que c'était simple du temps de ton père ! Mais avec toi !

Elle tourna ses magnifiques yeux bleus sur Catherine et lui tendit la main.

— Bonjour, Mademoiselle…

— Catherine Swann. Je suis ravie de faire votre connaissance, Madame Sommers.

— Soyez la bienvenue chez moi, Mademoiselle Swann. C'est bien la première fois que Michael me présente une amie !

— Appelez-moi Catherine, je vous en prie.

— D'accord. Mais à condition que vous m'appeliez Grace et plus jamais Madame Sommers. Marché conclu ?

*

New York

— Et m... ! hurla Dick Fuld, le président de Lehman Brothers.

Il n'avait pas quitté son bureau depuis la veille et comprit que rien ne pourrait plus sauver sa banque. Depuis le 11 septembre, la déroute s'était accélérée au rythme frénétique d'une actualité désastreuse. En proie à d'insurmontables problèmes de financement et à la défiance généralisée de ses pairs, Lehman Brothers avait été étrillée par Wall Street et avait cédé 42 % de sa valeur en quelques heures à peine. Mis au pied du mur, Fuld avait accepté de mauvaise grâce d'ouvrir ses comptes à Barclays et à Bank of America, les deux seuls candidats possibles à un éventuel rapprochement. En ce funeste dimanche matin, un message laconique lui confirmait que la FSA venait d'interdire à Barclays de reprendre Lehman.

Réputé pour son franc-parler légendaire et la brutalité de son style managérial qui faisait la part belle à l'intimidation d'un conseil d'administration entièrement vassalisé, Fuld avait rêvé jusqu'à la dernière minute que cette offre se concrétise.

La banque britannique avait proposé 5 dollars par action de Lehman la nuit précédente. Une aumône, certes... Mais suffisante pour sauver l'empire auquel il avait donné une autre dimension en treize ans à peine. Sous sa main de fer, Lehman avait multiplié ses bénéfices par quarante en une décennie. Il devait cette réussite éclatante à une stratégie opportuniste audacieuse, n'hésitant pas à exploiter sans vergogne l'effet de levier sur les marchés et à maximiser aux limites du raisonnable l'exposition de Lehman aux actifs les plus rentables, mais aussi les plus risqués.

— Et du côté de Bank of America ? demanda-t-il à l'adjoint qui venait de lui transmettre la nouvelle du refus de la FSA.

— Aucun espoir, Monsieur. Ils négocient un rapprochement avec John Thain, le patron de Merrill Lynch. Apparemment, Paulson leur aurait même promis une aide publique.

— Une aide publique ! s'étrangla Fuld. Une aide publique pour Merrill et pas un dollar pour nous ! C'est insensé ! Ils sont devenus fous ! Ils nous ont eus dans les grandes largeurs ! Tous ces ex-crabes de Goldman Sachs nous ont eus ! Que le diable les emporte ! Bon. Nous avons encore une carte à jouer : Paulson doit nous couvrir.

— Monsieur Fuld… Je crains, à ce propos, d'avoir une autre mauvaise nouvelle à vous annoncer.

— Laquelle ?

— Le Trésor a confirmé qu'il n'accordera aucune garantie sur nos créances. Si les autres banques prouvent qu'elles ne seront pas affectées par notre faillite, rien n'empêchera la Fed et le gouvernement d'exiger de nous le dépôt de bilan pur et simple.

Fuld vacilla. Tout s'effondrait. Il resta interdit quelques instants, pendant lesquels il sentit toute la vacuité de l'existence l'envahir. Si même les autorités jetaient l'éponge, tout était perdu. Il tenta de se maîtriser.

— Appelez-moi Paulson, je vous prie.

Le secrétaire au Trésor ne décrocha jamais.

Dans l'après-midi, Goldman Sachs et Morgan Stanley démontrèrent une exposition limitée aux créances de Lehman Brothers, lâchée de toutes parts. Tel un gladiateur assommé par les coups de l'adversaire, Fuld se traîna jusqu'à la fenêtre de son bureau. Il eut le sentiment d'être le témoin désabusé d'un événement historique. Il embrassa du regard les centaines d'anonymes qui se promenaient sur la 7e Avenue, cent mètres plus bas. *Profitez de ce beau dimanche. Vous ne le savez pas encore, mais vous n'avez plus que quelques heures de répit avant l'apocalypse.*

Il se retourna et prononça une phrase inimaginable quelques jours auparavant.

— Arrêtez les comptes à ce jour, je vais déposer le bilan.

*

Montville (New Jersey)

La mère de Michael était parvenue à improviser un repas de roi. Catherine s'amusait de la voir échanger de petits clins d'œil approbateurs avec son fils. Ils pénétrèrent dans une pièce meublée d'une grande table en chêne, d'un dressoir et décorée de bougies, d'une improbable collection de théières multicolores et d'une photo sous cadre représentant un homme d'une quarantaine d'années.

— C'est ton père ? demanda Catherine.
— Oui... John Sommers, dans la plénitude de ses quarante ans.
— Il n'est pas là ?
— Il est mort il y a quinze ans.
— Je suis désolée, pardonne-moi.
— Ce n'est rien. Mais il me manque parfois tellement...

Une immense nostalgie envahit également Catherine quand elle revit flotter la silhouette fugace de sa mère devant ses yeux. Ils s'enlacèrent, silencieux.

— Allez, les enfants... Servez-vous ! La dinde, c'est meilleur chaud !
— Tu dois goûter ça ! Maman n'a pas son pareil ! lança Michael, soudain ragaillardi.
— Et que faites-vous dans la vie, Catherine ? demanda Grace en déposant un plat d'airelles sur la table.
— Je suis styliste, à Paris.

260

— À Paris ? Le vrai Paris ? En France ?

— Oui !

— Ah… Paris… Que j'aurais aimé que ton père m'y emmène, Michael ! Et vous y vivez aussi ? insista Grace en se tournant à nouveau vers Catherine.

— Oui, j'ai un appartement sur la Place des Vosges.

— La mode… Paris… Ah, quel bonheur ! Vous vous êtes rencontrés là-bas ?

— Oh oui ! J'y suis allé pour affaires, au début juillet. Et j'y ai trouvé cette perle !

— Quelle chance tu as !

Elle lui avait fait cette remarque malicieuse en lui assénant un coup de coude. Visiblement, Grace avait succombé au charme de Catherine et imaginait déjà son fils lui annoncer un mariage rapide et d'adorables petits-enfants l'année suivante. Ils sortirent après le repas et passèrent l'après-midi en amoureux, à se promener main dans la main, laissant Grace s'adonner à la délicieuse rêverie de sa sieste.

Une légère brise fit frissonner Catherine et Michael enleva sa veste pour la déposer sur ses épaules. Elle était heureuse, épanouie, sereine. Au creux de ses bras, elle se sentait aimée, prête à rendre tout ce qu'il lui donnait. *Donne-toi à moi comme je me donne à toi*, songea-t-elle. Ils y étaient parvenus. Elle y était enfin parvenue. Haïssi aurait été fière d'elle…

— Tu te rappelles ? Quand nous nous baladions à Paris ? Je t'ai enseigné que certaines choses n'ont pas de prix. Voici un moment qui n'a pas de prix… Chaque seconde que nous en vivons se conjugue instantanément au passé, mais nous offre le plus beau des souvenirs.

— Merci de me l'avoir appris, Catherine. Tu m'as ouvert de nouveaux horizons. Tu m'as fait changer. Grâce à toi, je suis un autre homme.

— J'ai oublié de te le dire… Ta mère est charmante !

— Je la connais et je crois avoir compris que tu lui plais beaucoup !

— Elle a tout d'une belle-mère en or…

— Et attends... Tu n'as pas encore goûté sa tarte aux pommes !

Ils partirent dans un grand éclat de rire et rentrèrent en courant, cherchant à se rattraper, à s'éviter pour mieux se retrouver et s'embrasser. Ils étaient libres et insouciants. Ils vivaient chaque instant sans penser au lendemain. L'amour la rendait magnifique. Elle se sentait divinement femme. Une étrange prémonition lui glaça le sang. Peut-être était-ce la plus belle heure de sa vie ?

*

New York

— Mark ? Ici Fred.

— Bonjour, Fred. Alors ? Tu as pu voir Dan ?

— Oui, bien sûr. Il fallait prendre la décision à froid, en ne se laissant guider que par les chiffres.

— Et tes conclusions ?

— Les jeux sont faits. Nous n'avons plus de trésorerie et aucune banque n'est prête à nous financer. Je demanderai demain que nous soyons placés sous la protection du chapitre 11.

— Il n'y a pas d'autre possibilité que la faillite ?

— Pas cette fois... Il n'y a plus personne sur le marché. C'est mort.

— Tu as prévenu Michael ?

— Non, pas encore... Il ne répond pas. Mark, je voulais te dire... Ça a été un honneur pour moi de travailler avec toi. Pardonne-moi. J'ai fait une énorme erreur d'appréciation. Je suis désolé de vous avoir tous entraînés dans ce bourbier... J'ai... J'ai fait preuve d'un orgueil démesuré en croyant que nous étions indestructibles.

— Ça a été un grand honneur pour moi aussi de collaborer avec toi. Ne t'inquiète pas. Nous avons fait ce que nous pensions devoir faire. Nous sommes tous responsables...

— Merci. Tu ne peux pas savoir comme je m'en veux... Je... Je n'ai rien vu venir.

Mark laissa Fred étouffer un sanglot, puis brisa le silence.

— Quelle est la suite ?

— Je suppose que la SEC débarquera mardi pour passer notre comptabilité au crible. Il vaudra mieux être présent et prudent.

— D'accord, je serai là, bien sûr. Tu peux compter sur moi.

— Eh oui, Mark… Je… Je n'aurais jamais imaginé que nous en arriverions là… Bonne chance, vieux.

— À toi aussi. J'espère que nos chemins se croiseront à nouveau un jour...

Fred se leva de son siège et se servit un verre. Il trinqua seul, devant son reflet ténébreux que renvoyait un miroir. Son regard s'embruma d'une larme. Il baissa la tête et se laissa gagner par le désarroi. À un âge où il aurait enfin pu se retirer, fortune faite, il devait trouver l'énergie de tout rebâtir.

À quelques kilomètres de Wall Street, au treizième étage de l'immeuble qu'il habitait depuis quinze ans, Mark Spencer déchira le rapport financier qu'il lisait depuis le matin. Tout cela n'avait plus aucun sens. Un sourire mélancolique fleurit sur ses lèvres lorsqu'il comprit qu'il avait maintenant la vie entière pour aller pêcher avec Scottie.

*

La journée avait été magique, comme toujours quand ils se la consacraient pleinement l'un à l'autre. Lorsqu'ils retrouvèrent l'appartement de Manhattan, à la nuit tombée, Michael alluma son portable et remarqua un appel en absence de Fred. *Encore une énième réunion de crise.* Il avait envie de tout sauf d'y participer à une heure aussi tardive.

Il entraîna Catherine dans leur chambre et la coucha sur le lit. Elle s'étendit, puis plia voluptueusement ses bras autour des reins de cet homme auquel elle tenait tant. Elle le regardait avec amour, il lui répondit avec passion. La flamme qui brillait dans leurs yeux ne s'éteindrait jamais, ils le savaient chacun. Il baissa lentement la fermeture à glissière des bottes de Catherine jusqu'à ses chevilles, les ôta avec délicatesse, puis se pencha sur ce corps de rêve, sur cette femme de rêve.

— Mademoiselle Swann, vous avez marqué un point, aujourd'hui. Vous avez séduit ma mère.

— Qu'il est dommage que je ne puisse vous présenter mes parents, Monsieur Sommers. Ma mère n'est plus de ce monde et quelque chose me dit que la fréquentation de mon père ne vous plairait guère.

Il enfouit ses lèvres dans son cou. Elle se redressa, déboutonna sa robe et l'enleva d'un adroit mouvement des épaules. Il laissa ses mains explorer chaque centimètre carré de sa peau, au rythme de ses gémissements de plus en plus haletants.

— Heureusement que les boutons ont tenu, murmura Michael en pleine action. Tu imagines la tête de maman, si elle t'avait vue comme ça ?

*

Au-dessus du New Jersey

Henry Paulson avait quitté sa suite du Waldorf-Astoria quelques instants plus tôt pour regagner Washington. Lorsque son avion décolla en pleine nuit, il vit avec un serrement de cœur les lumières de New York s'estomper peu à peu dans l'obscurité et repensa aux journées éreintantes qu'il venait d'y vivre.

Il savait que Dick Fuld allait déposer le bilan de Lehman Brothers d'une minute à l'autre... Il ne lui avait pas laissé d'autre choix. Pour parer au risque que représentait cette banqueroute, il avait autorisé une séance exceptionnelle de négoce, un dimanche après-midi, pour permettre aux principales banques de réduire massivement leur exposition à Lehman Brothers.

Un doute énorme le torturait. *Et si... Et si j'avais pris la mauvaise décision ? Peut-être aurais-je dû sauver Lehman Brothers ?* Le manque de sommeil et la nervosité l'empêchaient

264

de raisonner logiquement. Trois heures avant son départ, il était convaincu d'avoir tout fait pour préserver le système financier. À mesure que l'avion entamait sa descente sur la capitale fédérale, il n'en était plus aussi sûr.

Il se figura l'ouverture des Bourses, dans la matinée. Il n'eut aucun mal à visualiser la panique qui affecterait les places du monde entier. Bernanke l'avait assuré que la Banque centrale européenne prendrait les mesures appropriées pour garantir la liquidité des marchés. Les chefs d'État de la zone euro s'y étaient résignés. Mais cela suffirait-il ? Tout cela pouvait-il éviter la réaction en chaîne qu'il redoutait ? Il eut un bref instant l'impression d'avoir appuyé sur le bouton rouge qui déclenche le feu nucléaire... Il n'aurait rien pu faire de plus, mais l'indéfinissable intuition de s'être lourdement trompé le tiraillait. *Trop tard*, pensa-t-il en atterrissant à Dulles peu avant l'aurore. *Les dés roulent, rien ne va plus.*

Ce 15 septembre, Wall Street s'écroula et les crédits interbancaires se figèrent dès les premières cotations, semant l'effroi sur toutes les Bourses du monde. Paulson avait peut-être fait l'impossible pour sauver ce qui pouvait l'être, mais il avait commis une erreur de taille : malgré sa clairvoyance, malgré sa prudence, il avait largement sous-estimé l'impact psychologique dévastateur qu'aurait la faillite de Lehman Brothers sur des marchés chauffés à blanc. Rien ne serait plus jamais pareil.

18

Lundi 15 septembre 2008

New York

— Je t'assure que cela te ferait du bien. Crois-moi. Rien ne vaut un peu de sport. Ça te détendra ! Tu travailles trop !

Catherine s'était levée tôt et avait revêtu un bustier et un pantalon corsaire. Elle s'échinait depuis dix minutes à convaincre Michael de la suivre pour un jogging.

— Tu es gentille, mais je vais devoir décliner ton invitation. Je dois être au bureau à 9 h 30. Une nouvelle journée lugubre devant mes écrans m'attend, loin de toi.

— Dommage… Je reviens dans une petite heure. Si tu es encore là, nous pourrons commencer la matinée par un petit aparté entre nous… Tu vois ce que je veux dire ?

— Hum… Voilà une idée tentante, lança-t-il avec délectation.

Ils s'embrassèrent. Catherine fit quelques mouvements des jambes, puis entra dans l'ascenseur. Il sourit pour répondre au clin d'œil qu'elle lui envoya au moment où la cabine se referma. Qu'elle était belle ! Qu'elle était séduisante ! Elle était la femme dont il rêvait. Il la regarda partir en espérant déjà son retour. Il se connecta au réseau de Global Invest et consulta sa messagerie. Le premier e-mail qu'il lut provenait de Fred.

De : Fred Alistair [Global Invest Corporation]

À : Michael Sommers [Global Invest Corporation]

Objet : Peux-tu m'appeler ?

Michael,

Peux-tu me rappeler ? Merci.

P.-S. Profite… C'est sans doute le dernier message que tu reçois de moi…

Michael resta un instant dubitatif devant le post-scriptum. Il empoigna son portable. Un coup de fil de Mark l'interrompit pendant qu'il composait le numéro de Fred.

— Mark ?

— Passe sur CNN. Vite ! Tu ne verras pas ça deux fois dans ta vie !

Spencer était survolté, comme si le monde venait de s'écrouler. Michael alluma son téléviseur. Toutes les chaînes diffusaient les mêmes images en boucle. On y voyait des hommes et des femmes pleurer, éberlués de perdre leur emploi, leur raison de vivre pour certains. Le bâtiment devant lequel ils étaient filmés sembla familier à Michael. Un bandeau rouge apparut en bas d'écran et confirma ses appréhensions : Lehman Brothers avait déposé le bilan à deux heures du matin, ce lundi 15 septembre. Il s'effondra sur un siège, incapable d'articuler un mot.

— Michael ? Tu es là ? Allô ? Michael ?

Il remonta lentement son téléphone le long de son visage, soudain blême.

— Mark ? Qu'est-ce que… ? Qu'est-ce qui arrive ?

— La fin de la partie… Lehman Brothers a mordu la poussière. Cette fois, le bateau sombre pour de bon…

— C'est… C'est totalement impossible, murmura-t-il en raccrochant du bout du pouce.

La sonnerie de son portable le rappela immédiatement à l'ordre.

— Sommers.

— Michael ? Ici Fred. Je t'avais demandé de prendre contact avec moi.

— Pardonne-moi. Je suis devant mon téléviseur. Je suis… C'est…

— Tu n'as pas fini de tomber des nues…

— Quoi ? Qu'y a-t-il ?

— Global Invest passe sous le chapitre 11.

— Quoi ? Fred, dis-moi que ce n'est pas vrai ?

— Ça ne fera pas la une, car on a une sacrée concurrence aujourd'hui. Mais on a coulé, fiston. On a coulé comme des grands, avec les grands, mais on a coulé.

— Mais... Fred ? Je t'en prie, Fred ! Ce n'est... Ce n'est pas possible !

— Nous n'y pouvons rien. Nous avons tout donné. Nous sommes sans doute allés trop loin, c'est tout.

— Mais...

— Inutile de venir à la boîte ce matin. Par contre, je t'attends demain... N'oublie pas ton ordinateur. Je suppose que la SEC voudra l'examiner. Ciao.

Une longue tonalité suivit, le laissant face à ses doutes et à ses interrogations. Qu'allaient-ils devenir ? Il tourna les yeux vers l'écran qui retransmettait encore et encore les images de ses collègues de Lehman, emportant chacun leurs effets personnels dans de petites caisses brunes.

Ces scènes de désespoir se déroulaient à quelques blocs de là, au même moment. Du haut de sa baie vitrée, Michael constata pourtant que le trafic dense d'un jour de travail normal animait le quartier. Des milliers d'anonymes se hâtaient de rejoindre les bureaux du centre-ville. Autant de voitures se disputaient chaque mètre de bitume à coup de klaxon. *Comme d'habitude*, pensa-t-il. *Bon Dieu... Que se passe-t-il ?*

Une angoisse effroyable l'envahit. Il lui fallait un exutoire. Il devait partager cette nouvelle avec la femme qu'il aimait plus que tout. Il composa le numéro de Catherine. Un écho suivit, puis il entendit son téléphone sonner dans la chambre. *Elle l'a oublié ici*, songea-t-il... Il s'écroula sur son canapé, incapable de réfléchir. Il vivait un cauchemar. Le même cauchemar que des milliards de personnes, aux quatre coins du monde. En direct. Et relayé par toutes les chaînes de télévision des États-Unis.

*

À peine rentré à Washington, Henry Paulson dut faire face à l'onde de choc que suscitaient la faillite de Lehman Brothers et l'assèchement immédiat du marché du crédit. L'effondrement de cette banque qui avait survécu à la Guerre civile américaine et même à la Grande Dépression était le détonateur d'une bombe dont la déflagration menaçait de tout détruire.

Ses proches collaborateurs le harcelaient de questions, toujours plus urgentes. General Electric, un des principaux conglomérats industriels des États-Unis, appelait à l'aide après avoir emprunté près de cent milliards de dollars désormais sans contrepartie. AIG, un géant de l'assurance, faisait état de difficultés qui nécessitaient sa nationalisation à très court terme. Lehman était l'élément déclencheur d'un tsunami qui déversait ses flots furieux sur la planète financière. Paulson comprit alors la portée de l'erreur qu'il avait commise en acculant Fuld au dépôt de bilan.

Il devait gagner du temps et tenter de calmer le jeu. Il mobilisa toute l'énergie qu'il lui restait pour paraître persuasif devant une salle de presse comble. *Les Américains ne doivent avoir aucune crainte quant à leurs comptes dans les banques*, tempéra-t-il. *Nous devrons procéder à des changements majeurs pour éviter de nouvelles crises. Le système bancaire américain est sain et solide.* Paulson trembla en s'entendant prononcer ces mots. Peut-être n'y croyait-il plus lui-même…

George W. Bush fit publier dans l'après-midi un communiqué arborant le sceau de la Maison-Blanche. Ses experts en relations publiques lui avaient conseillé de se poser en rassembleur, de remettre les événements en perspective. Le président tenta de convaincre qu'en dépit de leur magnitude, les ajustements que connaissaient les marchés financiers n'ébranlaient aucunement la confiance qu'il avait dans la résistance de l'économie américaine à surmonter cette crise. Un modèle de langue de bois comme il la détestait... Mais au point où en étaient les États-Unis en ce dramatique 15 septembre, il dut se résigner à cette preuve patente de mauvaise foi pour éviter un dérapage incontrôlé. Il n'avait plus le choix.

*

New York

Michael resta prostré de longues minutes, cherchant à donner un sens aux événements. Il s'était ressaisi et son cerveau lui envoyait des millions d'informations simultanées. À la télévision, les caméras s'attardèrent sur un homme écœuré par la cruauté du destin.

— Nous ne savons rien de notre avenir. Nous ne savons même pas si nous allons recevoir notre salaire pour cette semaine. Que vais-je devenir ?

Qu'allons-nous tous devenir ? Où avons-nous dérapé ? se demanda-t-il. La démonstration de Dan, en juin 2007, lui revint d'un coup à l'esprit. *Qu'avons-nous fait ? Mon Dieu, qu'avons-nous fait ?* En quelques minutes, il se refit le film de ces derniers mois. Le sauvetage in extremis de Northern Rock, la débâcle de Bear Stearns et d'Indymac, la mise sous tutelle de Fannie Mae et Freddie Mac. Les déclarations rassurantes des autorités. Les vaines illusions du monde politique qui excluait tout risque de contagion... Il était resté aveugle à ces signes avant-coureurs d'un désastre annoncé.

Il s'enfonça le visage dans un coussin et pleura. *Victoria.* S'il n'y avait pas eu ce projet, Global Invest aurait peut-être survécu. Il sentit un immense sentiment de culpabilité le submerger. *Je n'aurais jamais dû...* Les idées se bousculaient. Il revit chaque assaut de Royant, chaque transaction, chaque tentative de le déstabiliser. Il se souvint qu'il avait eu l'étrange impression que l'adversaire avait un allié dans la place. *Qui ? Comment ?*

Un doute énorme le fit tressauter... Il se leva et se dirigea vers la chambre. *Non. Ce n'est pas possible.* Il s'empara du portable de Catherine et glissa fébrilement les doigts sur l'écran. Parmi la multitude d'échanges anodins que révélait l'historique d'envoi, son œil se figea sur un texto expédié le 26 août. Il le lut avec incrédulité. *Gros problème : ils sont sur la liste noire de la Federal Deposit Insurance. Michael très soucieux, ce soir. C.*

Ce numéro… Ce numéro précédé de l'indicatif international de la France lui rappelait quelque chose. Où l'avait-il déjà vu ? Il empoigna son téléphone et parcourut rapidement son carnet d'adresses. Son pouce s'arrêta sur un nom. Bernard Royant. Michael balança un instant en apesanteur. Il sentit la fureur le paralyser et un vent de colère l'aveugler. À cette seconde précise, il aurait pu tuer Catherine Swann.

*

Elle courait à un rythme soutenu. *Michael a eu raison de ne pas m'accompagner.* Il avait certes une constitution athlétique, mais il aurait eu du mal à la suivre. Elle passa la réception de leur bâtiment en adressant un sourire lumineux au gardien qui la salua en esquissant un petit geste des doigts sur la tempe.

Malgré sa vitesse étourdissante, l'ascenseur ne lui semblait pas assez rapide. Elle désirait Michael plus que tout et espérait qu'il l'attende au lit, qu'ils se donnent l'un à l'autre avant qu'il parte et la laisse à nouveau seule dans ce grand appartement triste. Elle arriva en trottinant, tourna sa clé dans la serrure et ouvrit la porte. Elle se faufila en sifflotant et se dirigea vers la chambre qu'elle trouva vide. *Hum...* Elle se glissa dans le salon et le vit blême, inerte sur un fauteuil. Il avait pleuré et ses yeux rougis témoignaient d'une peine immense. Elle sentit l'anxiété la submerger.

— Michael ? Que se passe-t-il ?
— Catherine… commença-t-il, sans pouvoir terminer sa phrase.
— Quoi ? Mais qu'y a-t-il ? Explique-moi !
— Catherine…
— Dis-moi, bon sang !

Il tendit les doigts vers les images qui défilaient sur l'écran de télévision.

— Lehman Brothers a fait faillite ce matin.
— Oh, mon Dieu !
— Global Invest est tombée aussi. Je n'ai plus de travail. Je n'ai aucune idée de ce que je vais devenir.

Elle fit un bond vers lui, s'agenouilla et l'enlaça pour tenter de le réconforter. Il se raidit, détourna la tête et se leva brutalement. Une colère noire l'habitait.

— Et puis… Il y a toi, Catherine. Toi en qui j'avais mis tout mon amour et qui m'as trahi pour la deuxième fois !
— Je ne comprends pas… Que veux-tu dire ?
— Catherine, Catherine… Arrête de nier l'évidence. C'est toi qui donnais à Royant les informations dont il avait besoin pour nous doubler sur Victoria.
— Non, Michael. De quoi parles-tu ? Je n'ai rien transmis à Bernard !
— Ça suffit ! Tu mens, une fois de plus !

Il lui montra son portable, incapable de dominer la rage qui brûlait en lui. Elle se souvint d'un coup qu'elle avait méticuleusement effacé toute trace des messages qu'elle envoyait à son père... *Sauf un, le dernier*, se maudit-elle. *Oh, non...* Elle tenta de reprendre l'initiative. La lionne qui sommeillait en elle se réveilla impulsivement.

— Quel manque de tact ! Je ne pensais pas que tu t'abaisserais un jour à fouiller dans mes affaires, à jouer au détective...
— Arrête, Catherine. Arrête ! N'inverse pas les rôles ! C'est à toi de te justifier, pas à moi !
— Continue. Je t'écoute, répondit-elle en essayant de se ressaisir.
— Royant t'a appelée, c'est ça ? J'imagine la scène. Il t'a demandé de fournir des informations sur Global Invest. Je comprends mieux pourquoi tu t'intéressais tant à mon travail... J'y voyais de l'amour, tu y voyais un gain. Tu vois que tout a un

prix ! Tu m'as trompé avec tes belles paroles sur le moment à déguster, sur la vie au présent... Tu m'as volé tout ce que je partageais avec toi. Tu aurais dû me donner ton prix. J'aurais peut-être payé plus que lui !

Il devenait insolent, violent et lança brusquement le portable de Catherine sur le sol avant de partir dans un sanglot. Déstabilisée, elle n'osait pas bouger, tentant désespérément de reprendre son souffle.

— Tu m'as encore trahi, mais ce n'est pas le problème. Au fond, tu as fait pire. Tu n'as pas eu confiance en moi. Si tu m'avais parlé des intentions de ton père, nous aurions cherché une solution ensemble. Nous l'aurions désorienté. Nous lui aurions donné de fausses informations qui m'auraient aidé à le piéger. Mais non... Tu as préféré t'abaisser une nouvelle fois devant lui. Tu as préféré le suivre, lui plutôt que moi. Tu as rompu ta promesse.

— Tu te trompes. Ce n'est pas ce que tu crois. Je peux t'expliquer...

— C'est trop facile ! Pourquoi devrais-je t'écouter ? Dis-le ! Trouve une bonne raison !

— Parce que tu m'aimes. Parce que je t'aime. Parce que notre amour est plus fort, murmura-t-elle en laissant couler une larme.

— Pas cette fois, Catherine. Je suis désolé. Pas cette fois. Pas après la promesse que tu m'as faite.

Elle sentit une immense amertume l'envahir.

— Tu ne m'as pas demandé ce que j'ai transmis à mon père. Tu ne sauras jamais ce que je lui ai vraiment dit. Je lui envoyais des informations tronquées, biaisées. J'ai toujours caché la vérité. Quand tu me parlais de problèmes de trésorerie, je lui indiquais au contraire que vous aviez obtenu un financement. Quand tu me disais que...

— Arrête ! Je n'ai que ce message du 26 août. Tu lui expliques clairement que nous sommes sur la liste noire. Ce n'est pas une preuve, ça ?

— Réfléchis, Michael. Il l'aurait de toute façon vu le lendemain dans la presse. C'était un moyen pour moi de lui démontrer ma bonne foi.

— Je ne te crois pas. Je ne te crois plus ! Il a agi avec trop de précision. Les informations que tu lui as passées étaient forcément vraies.

— Non. Écoute… Il a peut-être anticipé que je lui mentirais et fait l'inverse de ce que je lui disais. Je ne sais pas, je ne sais plus… Je ne lui ai rien dit qui aurait pu te faire du tort. Rien !

— Tu délires ! Tu es folle ! J'ai compris que tout a un prix avec toi, malgré tes beaux discours. Je ne sais pas ce qu'il t'a donné en échange de ta trahison et je ne veux pas le savoir. Mais tu en porteras le poids. Tu vivras en te rappelant que ce qu'il t'a payé a tué ce qui me rattachait à toi.

Elle s'effondra sur une chaise, les lèvres frémissantes.

— Michael… Tu m'as dit un jour que notre amour est le plus fort. J'aurais dû t'en parler, c'est vrai. Mais ce n'est pas ce que tu crois. J'ai menti à mon père. Tu dois me faire confiance ! Pardonne-moi, s'il te plaît…

— Te pardonner ? Non… Ce serait trop simple. Désolé. Je ne peux pas. Pas cette fois.

Il avait proféré ces quelques mots avec un cynisme grinçant, comme s'il tirait un trait sur la magie de leur relation, sur l'alchimie unique qui sublimait leur bonheur d'être à deux. Elle se releva pâle de rage et répliqua sur un ton cassant et incisif.

— N'en rajoute pas, j'ai saisi. Je suis Catherine Swann et je n'ai pas à recevoir de telles réponses. Tu me déçois. Tu me déçois profondément. Aucun homme ne m'a jamais parlé comme tu l'as fait, sache-le.

— Sauf ton père, je suppose !

— Mon père ? Je crois que tu sais tout le mal qu'il m'a fait. Je te pensais assez intelligent pour comprendre et pour imaginer le genre d'informations que j'ai pu lui donner à ton sujet. Je regrette infiniment que ce ne soit pas le cas. C'est toi qui viens de mettre le point final à tout ce qui nous a unis. Retiens-le toute ta vie. Adieu.

En une seconde, elle avait retrouvé l'autorité et la fermeté qui avaient terrassé Michael le premier soir. Elle ramassa son téléphone, se dirigea d'un pas assuré vers la chambre, ouvrit sa valise et y jeta ses vêtements. Elle passa ensuite à la salle de bains et en sortit transcendée, habillée d'un tailleur noir et d'escarpins assortis. Sans un mot, elle prit ses bagages et appela l'ascenseur, en toisant dédaigneusement cet homme dont elle avait naïvement pensé partager l'existence jusqu'au vertige. Elle fit une pirouette sur ses talons, s'engouffra dans la cabine, mais fondit en larmes dès la fermeture des portes et arriva en tremblant à la réception.

— Mademoiselle ? Pourriez-vous me demander un taxi pour Kennedy Airport, s'il vous plaît ?

— Je m'en charge, répondit-elle en fixant avec effroi le visage de Catherine, dont le mascara coulait sur les joues.

Trente étages plus haut, Michael Sommers s'écroula et pleura comme un enfant…

Cette journée était irréelle. Il venait de tout perdre en deux heures…

*

— Soyez la bienvenue à bord, Mademoiselle Swann. Voici votre siège.

— Merci, Mademoiselle.

Catherine s'assit dans son fauteuil et fit légèrement pivoter la molette de la climatisation pour l'orienter vers elle. Elle alluma la lampe qui la surplombait et entama la lecture d'un magazine. L'hôtesse s'approcha d'elle après quelques instants et lui sourit.

— Mademoiselle Swann, pourriez-vous boucler votre ceinture ? Nous allons décoller.

— Oui, bien sûr...

Elle sentit la puissance de l'avion l'envahir au moment où il quitta le sol et se souvint en une fraction de seconde de la force de Michael lorsqu'il s'emparait d'elle. Un abîme de tristesse lui contracta tout le corps. *Tant pis... Cela ne restera qu'un rendez-vous manqué. Un de plus... Je suis maudite.*

Michael chercha toute la matinée à joindre Mark, Dan et Fred, mais sans succès. Il essaya d'appeler Catherine pour tenter de s'excuser, de modérer ses propos. Il aboutit sur sa boîte vocale. *Fin de partie, Monsieur Sommers.* Il composa un texto rapide. *Pardonne-moi... Rappelle-moi, s'il te plaît.* Il espéra longtemps une réponse qui ne vint jamais. Catherine Swann dormait à 10 000 mètres d'altitude, rêvant de retrouver autrement qu'avec Michael Sommers les horizons inédits qu'elle avait découverts dans ses bras.

19

Mardi 16 septembre 2008

Paris

Catherine avait atterri à Roissy peu après minuit. Un taxi l'avait ramenée Place des Vosges. Pendant tout le trajet, son humeur avait oscillé entre la peine immense d'avoir perdu Michael et la joie de rentrer à Paris, qui lui avait tant manqué. Malgré l'heure tardive, Madame Antonin lui avait remis son courrier et s'était félicitée qu'elle soit de retour après une absence si longue. Un pli frappé du sceau d'un notaire lui confirma que Bernard Royant pouvait aussi tenir parole. Elle l'ouvrit, parcourut les documents et en signa une copie qu'elle glissa dans une enveloppe à poster le lendemain. *Tout est réglé, maman. Bernard ne pourra plus nous faire de mal.*

Elle enleva sa veste, passa dans sa salle de bains et croisa son reflet dans le miroir. Le vague à l'âme la submergea et froissa son visage. Elle se retourna et revit son lit, où Michael l'avait réconciliée avec la vie. Elle sombra dans une terrible déprime et se dirigea d'un pas chancelant vers la table de son salon. Elle fouilla le tiroir et en sortit une pochette en aluminium dont elle étala rapidement le contenu sur le verre. Elle l'inhala et s'écroula sur le canapé. *Michael, je n'ai rien dit à mon père qui puisse te nuire. Je te le promets.* Une goutte de sang coula sous ses narines, puis sur son menton. Elle s'envola vers des paradis artificiels frelatés, mais sentit aussi la flamme qui l'animait vaciller et s'éteindre.

*

New York

Michael s'éveilla cruellement affligé. Il réfléchit aux aléas du destin. Il se revit vingt-quatre heures plus tôt. La vie était belle à croquer. L'amour s'offrait à lui sous les traits de Catherine et il avait un travail, aussi difficile et démotivant soit-il. Chacun réagit différemment à l'adversité. Ce matin-là, elle lui inspirait curieusement le fatalisme plutôt que la colère, la résignation plutôt que la révolte. Il passa un costume, rangea son ordinateur dans son étui en cuir et descendit.

Il décida d'adopter un autre rythme, de se rendre à Wall Street à pied, d'essayer de faire le point en marchant. Qu'allait-il faire ? Qu'allait-il devenir ? Avec qui pourrait-il tenter de reconstruire ce bonheur qui s'était évaporé en quelques heures à peine ? Il pénétra dans l'immeuble qui abritait Global Invest Corporation, se faufila dans l'ascenseur et eut un frisson en imaginant qu'il montait sans doute pour la dernière fois au douzième étage.

Le calme inhabituel qui l'accueillit lorsque les portes de la cabine s'ouvrirent lui fit froid dans le dos. Une chape de plomb était tombée sur les bureaux, sur les couloirs, sur les salles de réunion… En temps normal, l'activité aurait déjà été frénétique à cette heure. Il aurait croisé des courtiers hurlant des ordres avant l'ouverture des Bourses. Il aurait embrassé affectueusement Karen, survoltée entre sa messagerie, le fax et le courrier à dactylographier. Les écrans de télévision branchés sur Bloomberg et sur CNN auraient tourné en boucle, au gré des *breaking news* et des cotations. La voix tonitruante de Fred Alistair aurait résonné d'un bout à l'autre du bâtiment…

Tout était mort, ce matin-là. La salle de marché baignait dans un silence lugubre. Les ordinateurs débitaient des graphiques multicolores que personne ne suivait. Les téléphones sonnaient inlassablement dans le vide. Une pile de documents avait glissé sur le sol et des chemises éventrées vomissaient sur le tapis des comptes de résultat, des rapports, des tableaux chiffrés, désormais sans valeur.

Michael fit quelques pas jusqu'à son bureau. Il le caressa des yeux, prit un carton et y rangea ses quelques effets personnels. Il retrouva dans un tiroir la photo que Catherine lui avait donnée à Paris. Il aimait se plonger dans son regard entre deux appels pour y puiser la force de se battre et la volonté d'aller de l'avant. En le faisant pour la dernière fois, il ne ressentit qu'un profond abattement... L'impression d'un gigantesque gâchis.

Il déchira le cliché et lâcha les lambeaux de papier glacé au-dessus d'une poubelle. Il déposa son ordinateur, le laissant à la disposition de la SEC qui ne manquerait pas d'en examiner chaque fichier. Il emporta sa caisse, sortit de son bureau et se dirigea vers celui de Mark, qui venait d'arriver.

— Bonjour, Mark.
— Bonjour, Michael.
— Triste journée...
— Oui, répondit Mark, les lèvres frémissantes.
— Tu as des projets ?
— Aucun. Et toi ?
— Rien, non plus...

Une vive émotion étreignait Michael lorsqu'il reprit la parole.

— Mark... Je voulais te dire merci pour tout ce que tu m'as enseigné.
— Merci. J'espère ne pas l'avoir fait en vain.
— Bonne chance à toi, Mark.
— Bonne chance à toi aussi...

Il monta chez Fred Alistair et passa la tête dans l'entrebâillement de la porte.

— Fred...
— Bonjour, Michael.
— Je suis désolé... Qu'avons-nous fait ? Pourquoi tout cela est-il arrivé ?
— Nous l'apprendrons dans les livres d'histoire. Il faudra des années pour comprendre. Des décennies sans doute pour en tirer les leçons...
— Dan avait raison... Nous sommes allés trop loin. La cupidité nous a aveuglés.
— Peut-être. Mais avoue, fiston... On s'est tout de même éclaté, non ?

Il avait prononcé cette phrase avec un sourire triste et en donnant une tape complice dans le dos de Michael.

— Tu prends un dernier verre avec ton futur ex-patron ?

— Bien sûr, Fred...

— Tu sais, j'ai bien réfléchi à tout ça. Ce n'est pas la cupidité qui nous a coulés. Ce n'est pas l'orgueil ou la vanité... C'est tout simplement notre obsession à vouloir mettre un prix sur tout.

— Tout a un prix, répondit Michael, en songeant avec amertume à Catherine.

— J'ai compris que non. Si nous ne devons retenir qu'une chose de tout ça, c'est bien celle-là.

— Pourquoi dis-tu ça ?

— Pense au temps que nous avons perdu. Pense à tout ce que je n'ai pas partagé avec mes gosses en travaillant ici, jour et nuit. Pense à la vie qui a filé... Aux livres que nous n'avons pas lus... Aux amis que nous avons négligés...

— Aux azalées qui fanent... ajouta Michael.

— Aux azalées ?

— Pardonne-moi... Tu ne peux pas comprendre...

Ils se turent un moment, chacun absorbé par ses soucis.

— Tu as des projets, Michael ?

— Aucun... Et toi ?

— À court terme, j'attends la SEC. Je suppose qu'ils vont éplucher chacune de nos transactions. Il faudra être convaincant. Après... Je n'en sais rien. Je prendrai un peu de recul. Ce n'est plus à mon âge qu'on se refait. Toi, tu as encore la vie devant toi...

Fred se leva et fit quelques pas vers la fenêtre. Michael eut l'impression qu'il avait la gorge serrée quand il brisa le silence.

— S'il ne faut retenir qu'une chose, c'est bien celle-là.

— Quoi donc, Fred ?

— Certaines choses n'ont pas de prix. Ne l'oublie jamais, fiston. Ne l'oublie jamais...

— Mademoiselle Catherine, vous êtes de retour !

— Oui, Delphine… Me revoici.

— Quelle bonne nouvelle ! Je passe le mot à toutes vos couturières, Mademoiselle !

Catherine entra dans l'atelier et retrouva avec bonheur l'effervescence qui y régnait. Elle toucha un rouleau de tissu du bout des doigts. Elle huma à pleins poumons les odeurs qui y flottaient. Elle virevolta entre les mannequins en bois et se dit que tout cela était désormais à elle, que son père ne pourrait plus jamais la priver de ce fabuleux cadeau de sa mère. *Maman, si tu savais comme je suis heureuse d'être ici, mais comme j'ai mal... J'ai mal, maman. J'ai tellement mal d'être seule au monde.*

Elle s'assit à son bureau et rangea quelques documents. Entre deux esquisses, elle vit celle qu'elle avait dessinée avec Michael, ce dimanche où elle l'avait invité à découvrir son métier de styliste. Un après-midi de pur bonheur… C'était hier, mais si loin à la fois. Il avait fait d'elle un ange, dans un paradis dont les portes s'étaient aussitôt refermées. Elle déchira le croquis et se releva.

— Delphine ? Et si vous me montriez comment vous avez réalisé notre nouvelle collection ?

— Suivez-moi, Mademoiselle Catherine. Nous mettons la dernière main aux broderies de la robe de mariée. Elle nous a donné du fil à retordre !

20

Lundi 22 septembre 2008

New York

— Le numéro que vous avez composé n'est pas attribué.

Une voix musicale, douce et lancinante, répétait cette formule stéréotypée en boucle dans le haut-parleur du téléphone de Michael. Catherine avait définitivement coupé les ponts. Il essuya une larme. Son seul espoir de renouer le dialogue était de prendre directement contact avec sa maison de couture, dont il avait trouvé les coordonnées sur Internet.

— Bonjour, Madame. Je souhaiterais m'entretenir avec Mademoiselle Swann.
— Qui puis-je annoncer ?
— Michael Sommers, bredouilla-t-il, convaincu que son accent l'avait déjà trahi.
— Vous permettez, Monsieur ? Je vais voir si Mademoiselle Swann est disponible.

Il eut la douloureuse impression que Catherine avait sciemment refusé de lui parler quand son interlocutrice reprit le fil de la conversation.

— Je suis désolée, Monsieur Sommers. Mademoiselle Swann n'est pas à l'atelier en ce moment.
— Merci… Informez-la de mon appel, s'il vous plaît.

Il raccrocha et médita toute la matinée. Un nouveau chapitre de son parcours commençait. Il devait l'accepter, tirer les leçons de cette passion volcanique qui l'avait métamorphosé, faire preuve de plus d'humilité sans doute…

Vis le présent, lui avait dit Catherine à Paris. Au fond, il aurait dû l'écouter… Chaque détail des six semaines qu'ils avaient passées ensemble dans ce penthouse lui revint en mémoire et il regretta de ne pas avoir savouré la féerie quotidienne d'être avec elle.

Elle avait intensivement travaillé pendant tout le mois d'août. Elle pensait avoir mis un point final à sa collection en quittant la France, mais le feu qui brûlait en elle lui avait insufflé une frénésie créatrice sans limites, à laquelle elle s'était totalement adonnée. Elle avait tout redessiné et Michael s'amusait de voir son bureau continuellement envahi de montagnes de croquis et de notes éparses sur lesquelles elle tentait de cristalliser en quelques mots les visions foudroyantes qui dansaient devant ses yeux.

Elle s'était assise un soir à ses côtés et lui avait présenté ses modèles.

— J'ai terminé. Tu es le premier à qui je dévoile ce que j'ai fait. Tu m'as inspiré chaque revers, chaque matière, chaque couleur.

Elle lui avait montré cinquante esquisses magistrales. Cinquante manières de magnifier la féminité comme personne n'y était parvenu avant elle. Chaque courbe qu'elle avait tracée sur le papier révélait un éclair de génie éblouissant. Chaque silhouette trahissait une maîtrise exceptionnelle, une inventivité débridée, une perfection pratiquement divine. Il en était resté émerveillé.

— Catherine, je n'ai jamais rien vu de plus beau…
— J'ai fait cette collection pour toi. Elle est à toi. C'est ma façon à moi d'extérioriser ce que je ressens. Les femmes qui porteront ces vêtements seront les messagères de mon amour pour toi aux quatre coins du monde…

Elle fit envoyer ses planches à Paris, où sa première couturière manqua de s'évanouir en découvrant la pureté infinie de ce que Catherine lui demandait de concrétiser, en quelques crayonnés.

Ils s'étaient aimés à la folie pendant ce mois et demi et elle lui avait entrouvert la perspective du bonheur total de ne faire qu'un avec l'être de lumière que le destin avait mis sur sa route, à l'aube de cet été extraordinaire. Il comprit à quel point Catherine l'avait transformé. À quel point elle avait laissé son empreinte sur lui.

286

Tout comme il avait libéré la femme que l'emprise traumatisante de son père avait enfermée en elle, elle avait fait un homme de l'éternel adolescent qu'il était avant de la rencontrer.

Elle n'était certes plus là… Mais il savait qu'il ne pourrait plus jamais se passer d'aimer et d'être aimé.

*

Washington D.C.

— Eh bien… Si aucun d'entre vous n'a d'objection, je vous propose le projet de communiqué de presse suivant.

La voix autoritaire d'Henry Paulson mit un terme abrupt aux dernières tergiversations de ses homologues du G7. Les Américains avaient convoqué une téléconférence d'urgence entre les ministres des Finances et les banquiers centraux des pays les plus industrialisés pour débattre des dispositions à prévoir pour ramener le calme sur des marchés en proie à la tempête.

En dépit de certaines réticences, les représentants des États-Unis, de l'Allemagne, du Canada, de la France, du Royaume-Uni, de l'Italie et du Japon saluaient unanimement l'effort exceptionnel consenti par l'Amérique pour couvrir les actifs à risque de ses banques.

— Je propose aussi de souligner que nous nous engageons à améliorer la coopération internationale avec les régulateurs, ajouta Paulson, sans que cette précision suscite la moindre opposition.

Le ministre britannique des Finances prit soudain la parole.

— Henry, j'ai relu le paragraphe consacré aux mesures nécessaires pour assurer la stabilité du système financier. J'aimerais que nous indiquions que nous les prendrons individuellement et collectivement. Je pense que cela aurait plus de poids.

La réaction de Paulson parvint à ses collègues avec un décalage perceptible entre le son et l'image.

— Je n'y vois aucune objection. Je crois d'ailleurs que le commissaire européen aux Affaires monétaires a rappelé que chaque État membre de l'Union européenne devrait décider d'adopter ou non des mesures similaires aux nôtres. Libre à vous de nous suivre… En ordre dispersé ou ensemble. Le seul point important est que nous agissions. Nous devons montrer au monde que nous ne resterons pas inertes. D'autres commentaires ?

— Il ne me semble pas opportun pour le Japon de lancer un programme comparable à celui des États-Unis, souligna son homologue japonais.

— L'essentiel est que nous fassions front commun. Faites ce que vous voulez chez vous, pour autant que nous envoyions un message d'unité.

Le communiqué se terminait par un satisfecit des ministres qui remerciaient les banques centrales de coordonner leur action pour garantir la liquidité sur les marchés. Face à la puissance du choc, l'heure était à la coopération dans les cénacles politiques. Si les officiels en étaient convaincus, les Bourses accueillirent sèchement leur détermination. Ce jour-là, Wall Street dévissa de 3 %. Henry Paulson n'en était qu'au début de son cauchemar…

*

New York

Michael mit fin à son introspection dans l'après-midi, se dirigea résolument vers sa chambre et glissa quelques vêtements dans un sac. En sortant de chez lui, il embarqua dans un taxi et s'arrêta, quelques minutes plus tard, devant une maison accueillante du centre de Greenwich Village. Un optimisme immense l'envahit quand il longea la grille en fonte et gravit quelques escaliers. Il sonna et entendit des bruits de pas, puis le déclic d'une clé. La porte s'ouvrit enfin sur un couloir lumineux dans lequel apparut la silhouette douce et rassurante de Diane.

— Diane… Je… Pardonne-moi… Tu… Tu avais raison… Tu... Tu te souviens ? Tu avais dit que je reviendrais... Je ne sais pas quoi te dire...

Elle le dévisagea avec étonnement. Petit à petit, la surprise céda la place à un large sourire. Elle rougit, se mordilla la lèvre et remonta la mèche qui lui couvrait les yeux. Tout l'amour du monde s'invita dans son regard.

— Entre, Michael. Tu es ici chez toi…

Elle n'avait peut-être pas la flamboyance de Catherine Swann, mais elle avait au moins une qualité : elle avait tenu sa promesse.

21

Mercredi 22 octobre 2008

Paris

— Salomée, il est temps que je t'enseigne tout ce que je sais.

Catherine invita son élève à la rejoindre dans sa chambre. Elle venait de vivre cinq semaines pénibles. Pas un jour n'était passé sans qu'elle pense chaque seconde à Michael. Tout lui rappelait sa présence. Une odeur, un geste, un simple mot suffisaient à la faire fondre en larmes. Elle était retournée une fois chez Charles. Les azalées avaient fané et elle avait ressenti un terrifiant sentiment de vide, seule devant sa table.

Elle avait connu ce que peu de femmes éprouvent dans leur vie : une passion totale, sauvage, sans limites, destructrice autant que miraculeuse. Elle avait exploré les confins de sa féminité et sentait qu'elle avait terminé son voyage, qu'elle était prête à transmettre à son tour son savoir-faire et cette expérience unique.

Au hasard d'une séance de photos, elle avait rencontré Salomée, un mannequin de dix-huit ans en quête d'elle-même. Elle l'avait prise sous sa coupe et l'avait installée chez elle, Place des Vosges. Catherine se revoyait adolescente dans les traits de cette jeune novice à la beauté sculpturale.

Elle lisait dans ses yeux la même soif d'absolu, le même désir d'aller au plus profond d'elle-même pour se révéler. Elle avait hésité à l'initier, mais les conversations qu'elles avaient eues l'avaient convaincue que Salomée était l'élève qu'elle cherchait. Catherine avait décelé en elle la flamme, le talent, l'étincelle de génie qui fait qu'une femme a le potentiel de se sublimer.

La chambre baignait dans une ambiance chaleureuse, illuminée par une multitude de petites bougies. Une délicate odeur d'encens flottait dans l'air. La soie accueillante des draps invitait à s'y glisser et un lecteur de musique diffusait un concerto de Mozart en sourdine.

— Salomée, peu de femmes ont vécu ce que tu vas vivre. Cette expérience te suivra toute ton existence. Tu t'en souviendras chaque seconde. Es-tu prête ? Acceptes-tu que je te guide ?

— Oui, maîtresse. J'accepte que vous me guidiez.

Ce soir-là, Catherine entama le rituel initiatique en rendant tout l'amour que lui avait donné Haissi, des années plus tôt. Elle incendia Salomée dans la tête et dans le corps. Après l'avoir portée à ébullition, elle la propulsa vers un paradis inconnu, où tout n'est que douceur et pureté. Elle la laissa s'y perdre, ivre de plaisir et haletante.

Son élève se rappellera toute sa vie que son cœur faillit exploser. Que ses membres se désarticulèrent, secoués par une convulsion orgasmique sans fin. Qu'elle eut l'impression de décoller avant de s'abandonner à l'onde qui la foudroya. Et surtout… que de ce voyage extatique aux confins d'elle-même naquit une vraie femme.

*

New York

Comme tous les matins depuis cinq semaines, Michael se leva déprimé. Il avait assisté, impuissant, au déchaînement de l'enfer. Depuis le naufrage de Lehman Brothers, la tornade s'était étendue à la planète entière.

Aux États-Unis, le plan de sauvetage présenté par Henry Paulson avait défrayé la chronique tout au long du mois de septembre. Il avait fallu une intervention solennelle de George W. Bush à la télévision pour débloquer la guerre de tranchées que se livraient les partisans et les opposants au projet. Fin septembre, Washington Mutual fut la première banque de détail à déposer les armes, provoquant un vif émoi.

L'Europe n'était pas épargnée par la tourmente. Les institutions financières y croulaient aussi, contraignant les gouvernements de la zone euro à prendre dans l'urgence des décisions inconcevables la veille. Ravagé par cet ouragan inédit et sans précédent, le système économique mondial s'effondrait par pans entiers, emportant dans sa chute tous les marchés boursiers. Jour après jour, les indices crevaient des planchers. Des capitalisations, hier encore inébranlables, s'étaient volatilisées en quelques semaines. Des milliards de dollars et d'euros étaient partis en fumée depuis le début de l'été. Au fond, tout cela ne touchait plus Michael. Il avait déjà tourné la page de Wall Street et s'était résolu à donner un nouveau cap à sa carrière, ailleurs qu'aux États-Unis.

Sa préoccupation du moment s'appelait Diane Preston. Elle était tout ce dont un homme pouvait rêver, mais elle avait du mal à canaliser l'amour exclusif qu'elle lui portait. Sa prévenance s'apparentait parfois à une possessivité maladive. Son conformisme les enfermait dans un cocon douillet, mais étouffant. Sa pondération interdisait la fantaisie de Catherine. Elle était affectueuse, mais sans être débridée dans sa générosité. Elle était douce, mais trop sérieuse. Elle s'émancipait de la rigueur qui la caractérisait, mais Michael ne percevait pas en elle la flamme céleste qui fait d'une femme une authentique complice. Cette proximité fusionnelle lui manquait terriblement.

Il avait longuement réfléchi. Catherine l'avait marqué à vie, mais elle était partie et Diane était restée. Il pensait continuellement à Catherine, incapable de tirer un trait sur la fascination qu'elle lui inspirait, mais Diane était là. La communion d'âmes qu'il formait avec Catherine lui faisait cruellement défaut, mais Diane se réveillait chaque matin à ses côtés. Tout comme il tournait la page de la finance, il devrait se résigner à tourner celle de cet amour vertigineux, mais sans issue.

*

Paris

Salomée redescendit doucement sur terre, émerveillée par l'intensité de l'expérience qu'elle venait de vivre. Elle glissa le bras à côté d'elle et remarqua que Catherine n'était plus là. Elle se leva, enfila sa chemise et la rejoignit au salon, agréablement plongé dans une semi-obscurité où ne brillaient que quelques bougies.

Catherine avait revêtu son peignoir et l'attendait devant une théière fumante et deux tasses en porcelaine. De délicieux arômes de jasmin flottaient dans l'air. Salomée embrassa tendrement sa compagne, puis s'agenouilla à ses côtés.

— Merci, maîtresse.

— Qu'as-tu vu Salomée ?

— J'ai vu l'infini. J'ai ressenti une déflagration qui m'a emmenée vers une plénitude que je n'avais jamais éprouvée. Je n'ai fait qu'un avec moi-même. Je me suis sentie belle à l'intérieur.

Catherine but une gorgée de thé, plissa le nez et sourit.

— Je suis ravie. Je t'ai menée à bon port.

— Pourrons-nous recommencer, maîtresse ?

— Aussi souvent que tu le voudras. Je serai là tant que tu auras besoin de moi.

— J'aurai besoin de vous toute ma vie.

— Non, Salomée. Un jour viendra où tu t'émanciperas de moi, comme je me suis émancipée de mon initiatrice. Tu devras alors parfaire ton expérience avant de la transmettre à une élève, comme je t'ai transmis la mienne. Tu dois me promettre que tu le feras.

— Je vous le promets.

— Retiens également que tout n'est que partage. Si tu ne rends pas le plaisir que tu as reçu, tu ne le revivras jamais. Assieds-toi, j'aimerais encore t'enseigner une chose.

Salomée prit place sur le canapé et écouta avec attention.

— Tu rencontreras sans doute bien des partenaires. Ils seront nombreux à ne pas pouvoir t'emmener où je t'ai guidée. Sache qu'ils ne te méritent pas. Mais si un homme te fait passer les portes du monde merveilleux que tu viens de découvrir, il sera ton élu. Tu devras te donner à lui comme il se donnera à toi. Tu devras aussi te soumettre à lui. Je ne te parle pas de fantasmes sordides, mais d'une expérience sensuelle, d'une sensation érotique que tu ne partageras qu'avec lui. Tu devras toujours te présenter nue à lui sous tes vêtements. As-tu compris ?

— Oui, je vous promets d'obéir. Maîtresse, puis-je vous poser une question ?

— Je t'écoute...

— Vous êtes-vous... Vous êtes-vous déjà soumise ?

— Oui, Salomée. Je me suis une fois pleinement soumise à un homme. Il m'a révélée à moi-même. Il a donné vie à la femme que je suis. Il m'a guidée jusqu'au bout du monde, là où aucun mot ne peut exprimer ce que tu ressens. Je lui en serai éternellement reconnaissante.

Une larme coula sur la joue de Catherine. Malgré son infinie tristesse, elle était heureuse. Elle avait accompli son destin et respecté le serment qu'elle avait fait à Haissi. Cette immense satisfaction apaisait sa douleur. Elle savoura pensivement chaque gorgée de thé en contemplant son élève avec fierté. Après avoir terminé sa tasse, Salomée se leva et ôta sa chemise.

— Maîtresse... J'ai déjà trop d'amour à rendre. Je ne peux plus attendre.

Catherine l'enlaça et l'accompagna vers la chambre avec tendresse et dans un tourbillon de baisers.

*

New York

Michael passa à son appartement chercher quelques vêtements, ce jour-là. Il y revenait de temps à autre, mais n'y restait jamais très longtemps. La nostalgie de Catherine l'oppressait trop pour qu'il s'y éternise.

Il s'assit à son bureau pour consulter son courrier. Des factures, plusieurs lettres stéréotypées annonçant le refus de sa candidature aux fonctions qu'il avait sollicitées… Une enveloppe officielle se distinguait des autres. Elle provenait de la SEC et contenait une convocation à comparaître dans le cadre de l'enquête sur la faillite de Global Invest. *Encore ?* Il avait déjà été entendu au début du mois. Pourquoi s'appesantir sur ces événements ?

Au milieu des documents qui encombraient sa table, ses doigts feuilletèrent le rapport de Forgean. Il ressentit de plus en plus douloureusement l'absence de Catherine à mesure qu'il tournait les pages. Il se la représenta, la tête sur les épaules, son éternel sourire mutin aux lèvres. La toile de Liber, suspendue exactement à l'endroit où il l'avait clouée en rentrant de Paris, l'attira. *M'aimeras-tu encore ?* Il comprit soudain l'ambivalence de cet intitulé qui comportait à la fois l'espoir et la désespérance.

Il se leva et se figea devant la fenêtre. Quelques semaines plus tôt, elle était là, à ses côtés. Les chemins verdoyants d'un avenir radieux s'ouvraient à eux. Leurs éclats de rire résonnaient dans cette pièce. Ils s'émerveillaient d'observer New York, le soir, et le feu de leur amour se reflétait sur le verre trempé de la baie du penthouse. Un homme. Une femme. Une fusion totale.

Il n'avait plus aujourd'hui que la grisaille pour horizon. Cette ville l'étouffait. Sa vie l'étouffait. Il savait qu'il devrait tôt ou tard partir, prendre le large pour tenter de guérir ses blessures. Mais où ? Comment ? Avec Diane ? Il n'avait de réponse à aucune de ces questions...

22

New York

Il n'en pouvait plus. Il avait besoin de l'entendre, de la toucher, de se noyer en elle. Il était tétanisé comme au premier jour. Pourquoi refusait-elle de lui parler ? Pourquoi ?

*

Paris

Elle n'en pouvait plus. Elle avait besoin de l'entendre, de le toucher, qu'il se noie en elle. Elle était excitée comme au premier jour. Elle prit son portable, parcourut frénétiquement son carnet d'adresses et s'arrêta sur un nom. Après quelques secondes, elle perçut de faibles sonneries, atténuées par les six mille kilomètres qui les séparaient.

— Sommers.
— Michael ?
— Catherine ? Catherine ? C'est toi ? Je t'en prie, réponds !
— Je… Je…

Elle n'osa pas dire un mot. Elle était submergée. La pression était trop forte, les plaies étaient trop vives. Elle laissa tomber son téléphone et fondit en larmes. Il voulut la rappeler, mais vit qu'elle avait interdit l'affichage de son numéro. Peu lui importait. Elle avait repris le contact et l'espoir de peut-être renouer leur lien inaltérable l'enthousiasma jusqu'au soir. Sans comprendre les raisons de ce brusque revirement, Diane se félicita intérieurement de retrouver Michael comme elle l'aimait : enjoué et passionné.

23

— Tu as un rendez-vous ? demanda Diane en voyant Michael passer un élégant costume sombre et ajuster sa cravate.

— Oui, une convocation de la SEC. Je suppose qu'ils voudront une nouvelle fois que je leur explique le naufrage de Global Invest.

— Encore ? C'est curieux… Je n'ai été invitée qu'une fois.

— Ne t'inquiète pas, ma petite Diane. Je t'appelle dès que j'ai fini.

Il sortit, savoura un instant la brise automnale qui rafraîchissait New York et héla un taxi.

— Au Three World Financial Center, s'il vous plaît.

— Bien, Monsieur, lui répondit le chauffeur.

La voiture s'arrêta à dix heures le long de la plus haute tour du complexe de quatre bâtiments, situés en plein Lower Manhattan, où l'antenne régionale de la SEC enquêtait intensivement sur les origines du désastre financier et économique qui secouait le monde depuis un an déjà. Il reçut un badge qu'il agrippa au revers de sa veste et suivit un agent de sécurité à travers un dédale de couloirs. Ils arrivèrent finalement devant une porte ouverte sur un petit bureau où s'accumulaient des dossiers et des classeurs. Un homme quitta un instant des yeux l'écran de son ordinateur pour l'accueillir.

— Monsieur Sommers. Entrez, je vous en prie. Comment allez-vous ?

— Très bien. Et vous, Monsieur Fowley ?

— Pardonnez-moi de vous déranger à nouveau. Je sais à quel point il vous est difficile d'évoquer ces événements, mais il nous reste quelques questions pour comprendre les causes de la faillite de Global Invest et identifier les responsabilités.

— Je suis à votre service.

— Je n'en doute pas. Puis-je vous offrir un café ?

— Volontiers...

James Fowley appuya sur le bouton de l'interphone et ordonna sèchement à une collaboratrice de lui apporter deux cafés au lait.

— Bien, Monsieur Sommers, lança-t-il gaiement en fouillant dans une montagne de documents. Fred Alistair m'a déjà éclairé sur le montage financier qui a entouré votre tentative de reprendre Victoria. Il ne se souvient, hélas, pas de tous les détails et comme vous avez assuré l'aspect opérationnel de cette transaction, j'ai besoin d'en savoir davantage sur certains points dont vous étiez chargé.

— Je vous aiderai le mieux possible.

— Merci. Je vois, par exemple, que vous aviez signé un protocole d'accord avec Bernard Royant, le président du conseil d'administration de Victoria. Est-ce exact ?

— En effet, Monsieur Fowley.

— Je vois aussi que vous avez annoncé, le 31 juillet, votre intérêt pour l'acquisition de cette entreprise.

— Oui, nous l'avons fait par le biais d'un communiqué de presse.

— Curieusement, je constate que les volumes de Victoria se sont emballés à la vente en août. C'est étrange. Cette publication aurait plutôt dû inciter les actionnaires à attendre votre offre formelle et à vous faire enchérir, non ?

— Le contexte général les a sans doute encouragés à profiter du communiqué pour déboucler leurs positions au meilleur moment. Au vu de la crise actuelle, cette démarche n'était pas dénuée de tout fondement…

— Certes... Il me semble que vous avez alors essayé de maintenir le cours.

— Oui. Je me suis efforcé de le canaliser pour éviter à Global Invest de devoir déprécier cette ligne.

— Et tout cela vous paraît normal, Monsieur Sommers ?

— Je pense que oui…

— Je pense surtout que vous ne me dites pas toute la vérité, coupa sévèrement Fowley.

— Je vous demande pardon ?

— Nous avons des raisons de suspecter un délit d'initié dans cette affaire, Monsieur Sommers. Soyez prudent. Je ne vous ferai pas l'affront de vous rappeler que vos déclarations pourraient se retourner contre vous.

Michael accusa le coup et respira profondément avant de poursuivre.

— D'accord... Nous avons eu le sentiment que les vendeurs, quels qu'ils soient, se sont servis de cette offre pour s'assurer un montant minimal de reprise et qu'ils ont tenté de créer un courant acheteur artificiel autour du titre pour vendre plus cher. J'ai aussi eu l'impression qu'ils étaient informés des problèmes de Global Invest et qu'ils en tiraient parti pour intervenir au meilleur moment.

— Nous y voilà, Monsieur Sommers... Avez-vous une idée du nom de la personne qui a ainsi biaisé l'opération ?

Catherine... Protéger Catherine en priant le ciel qu'Alistair l'ait oubliée, pensa automatiquement Michael. Il transpirait et s'ingénia à rester elliptique.

— N'importe qui au sein de Global Invest aurait pu transmettre de telles informations.

— A fortiori vous, Monsieur Sommers, lança Fowley en fronçant les sourcils. Selon le témoignage de Dan Ashcroft, vous étiez cinq au courant de cette transaction chez Global Invest. Est-ce exact ?

— Oui, en effet. Mais permettez-moi de revenir sur ce point... Insinuez-vous que j'aie renseigné les adversaires de l'entreprise pour laquelle je travaillais ?

— Pas ouvertement, Monsieur Sommers. Si j'avais l'intime conviction que vous l'aviez fait en toute connaissance de cause, vous auriez les menottes aux poignets. Non... Vous avez peut-être simplement divulgué certains détails sur ce projet sans avoir l'intention de le faire. Vous souvenez-vous de quelque chose de particulier en juillet ou en août ? Une rencontre insolite ? Une conversation lors de laquelle quelqu'un aurait cherché à vous soutirer des informations privilégiées ?

— Non... mentit Michael.

— Je vois... J'ai mené mon enquête auprès des services de l'immigration, Monsieur Sommers. Apparemment, vous avez quitté New York pour Paris, le 27 juillet. Quelques jours à peine avant ce fameux communiqué de presse...

— Oui, en effet.

— Vous alliez à Paris pour affaires ?

— Oui, mentit-il à nouveau.

— Rien d'anormal pendant ce vol ?

— Non, absolument rien. J'étais épuisé... J'ai dormi pendant presque tout le voyage.

— Vous avez atterri à Kennedy Airport au retour de Paris, le 29 juillet. Rien de suspect non plus ?

— Non... Rien de particulier. Je suis rentré tard.

— À tout hasard, nous avons examiné la liste des passagers de cet avion, Monsieur Sommers. Nous y avons épinglé le nom de votre voisine à bord. Une certaine... Attendez, dit-il en se plongeant dans ses documents. Ah, voilà... Une certaine Catherine Swann. Ce nom vous rappelle-t-il quelque chose ?

— Oui. Nous avons sympathisé et échangé quelques mots. Sans plus.

— Sans plus ? demanda froidement Fowley à un Michael Sommers décomposé. Monsieur Sommers, réfléchissez bien avant de répondre. La réceptionniste de votre immeuble a confirmé que Mademoiselle Swann a résidé dans votre appartement pendant tout le mois d'août et la première quinzaine de septembre.

— Oui... En effet. Elle ne savait pas où loger à New York. J'ai proposé de l'héberger pour la nuit.

— Que s'est-il passé pendant ces quelques semaines ?

— Je... Pardonnez-moi, c'est assez personnel... Mademoiselle Swann et moi avons fait connaissance. Et puis...

— Et puis... reprit-il d'un ton évocateur. Je vous comprends parfaitement, Monsieur Sommers. Qui pourrait résister à une telle beauté ? demanda-t-il avec un sourire de connivence en posant une photo de Catherine sur son bureau. Saviez-vous qu'elle est styliste ? Je présume qu'elle venait présenter ses modèles aux États-Unis… Elle a quitté notre territoire le 15 septembre. Pourriez-vous m'éclairer sur les circonstances de son départ ?

— Je… Oui, euh… Elle a dû rentrer en France. Je… Je crois que ses affaires ne lui permettaient pas de séjourner plus longtemps aux États-Unis.

— Et êtes-vous resté en contact avec elle après ?

— J'ai tenté de la joindre, je l'avoue. Sans succès. Elle a refusé de me répondre.

— Vous ne pouvez rien m'apprendre d'autre sur Catherine Swann ?

— Tout ce que je pourrais vous révéler est étranger à ce qui nous occupe, Monsieur Fowley.

— Vous avez raison… Nous nous égarons. Pardonnez-moi. De toute façon, je vois mal le rôle qu'elle aurait pu jouer dans ce dossier. Je pense que cette piste ne nous mènera nulle part, dit-il enfin dans un long soupir.

La pression insoutenable qui pesait sur les épaules de Michael s'envola d'un coup. Il bénit le ciel que Fowley n'ait pas poussé plus loin ses investigations et découvert, comme Forgean l'avait fait, les liens qui unissaient Royant et Catherine. Il fit un effort énorme pour feindre l'impassibilité en terminant son café.

— Avez-vous autre chose à ajouter, Monsieur Sommers ? Un détail qui vous paraîtrait digne d'intérêt pour notre enquête ?

— Je n'ai rien à ajouter, Monsieur Fowley…

— Bon. Dans ce cas, je ne vous retiens pas. Je vous remercie pour votre collaboration. Au fond, cette affaire concerne davantage nos collègues français de l'AMF que nous. Et pour ne rien vous cacher, nous avons suffisamment de travail à passer au crible les transactions de Lehman Brothers. Par rapport à l'ampleur de cette tâche, la faillite de Global Invest est… anecdotique, si vous me permettez cette comparaison peu flatteuse.

— Je reste à votre disposition si nécessaire.

— Rassurez-vous... Je ne crois pas que je devrai encore solliciter votre mémoire, Monsieur Sommers. Quelque chose me dit qu'elle est, de toute façon, assez... sélective.

Lorsqu'il sortit des bureaux de la SEC, Michael dut reprendre son souffle pour évacuer le stress qui agitait tout son corps. Il eut du mal à articuler quand il composa le numéro de Diane pour l'informer qu'il rentrait.

*

Paris

— Maîtresse, j'ai une autre question.
— Je t'écoute, Salomée.
— Lorsque je rencontrerai mon élu, dois-je m'attendre au même plaisir que celui que vous me donnez ?
— S'il est doué, ton élu te fera vibrer bien au-delà de tes espérances. Il t'emmènera encore plus loin. Il te guidera jusqu'à des univers que je suis incapable de te décrire.
— Des univers encore plus beaux ? Est-ce possible ?
— Tu le sentiras te posséder. Tu ne feras qu'un avec lui. La symbiose sera totale et sublimera ton bonheur.

Elles étaient côte à côte, nues dans le lit de Catherine. Elles se caressaient le corps et s'admiraient d'un regard concupiscent.

— Maîtresse... Que devrai-je faire si je perds un jour mon élu ?

Les lèvres frémissantes de Catherine laissèrent échapper quelques mots avant qu'une larme zèbre sa joue.

— Tu devras faire ton deuil des horizons lointains, Salomée. Et peut-être te dire que tu n'as pas rendu assez d'amour pour revivre le plaisir que tu as éprouvé.
— Vous pleurez ?
— Donne-toi à moi, ordonna-t-elle avec un large sourire.

24

Jeudi 25 décembre 2008

Montville (New Jersey)

La maison de Grace reflétait magnifiquement la magie de Noël. Un grand sapin coloré décorait le salon et des guirlandes rouges et vertes donnaient un charme anachronique à la cheminée. Des dizaines de cartes de vœux s'alignaient sur le buffet et il flottait dans l'air une appétissante odeur de poulet grillé, de cannelle et de muscade.

— Alors, vous partez ? Tu vas laisser ta pauvre mère seule ?

Cette question toute simple jeta un froid. Diane et Michael venaient d'annoncer leur intention de s'établir en Europe, à Londres. Il y avait trouvé un poste à responsabilité dans une entreprise de courtage spécialisée dans la gestion du patrimoine de personnalités. La clientèle se comptait sur les doigts d'une main, mais comprenait des vedettes de la chanson, des auteurs à succès et des célébrités du cinéma.

Il avait réussi à imposer Diane, vantant ses mérites d'assistante indispensable sans laquelle il ne pourrait pas relever le défi qui lui était proposé. Tous deux avaient mûrement réfléchi. Si Michael avait applaudi l'idée de s'évader de New York, Diane avait eu plus de mal à admettre que son destin l'appelle loin de ses parents, de ses amis, de sa vie bien organisée et rangée. Il lui en avait parlé au lit, un soir.

— Tu m'accompagnerais à Londres ?
— À Londres ? Tu plaisantes ? Que veux-tu que j'y fasse ?
— J'ai également décroché un job pour toi. Notre appartement à Chelsea n'attend que nous. Il nous suffira de poser nos bagages, mon nouvel employeur se charge de tout.
— Peut-être… Je ne sais pas. Tu me prends au dépourvu…

Il avait regretté qu'elle n'ait pas l'impulsivité de Catherine Swann, qui aurait sans doute accepté sur un coup de tête, mais il avait finalement réussi à la convaincre de le suivre en lui promettant de fréquents retours en Amérique. Catherine ne s'était plus manifestée depuis son appel aussi bref qu'intense. Au fil du temps, Michael s'était résigné et avait reporté tout son amour sur Diane. Elle le lui rendait au centuple en lui offrant un bonheur simple et sans surprise. Il avait appris à sa mère la veille qu'ils fêteraient Noël avec elle, ce qui l'avait emplie de joie.

— Mais non, maman. Ne t'inquiète pas. Londres, ce n'est pas le bout du monde. Et puis tu sais, même les Anglais ont le téléphone, répondit-il avec humour à sa mère.

— Grand sot ! Rien ne me réjouit davantage ! J'espère au moins que tu trouveras là-bas quelqu'un capable de préparer la tarte aux pommes comme moi !

Le repas fut un miracle. Ils le savourèrent en dégustant l'excellent vin qu'avait apporté Michael et en échangeant des propos anodins. Ils se levèrent au milieu de l'après-midi et passèrent au salon pour prendre un café.

— Michael, Diane, vous êtes faits l'un pour l'autre, se félicita Grace. Vivez heureux. Et n'oubliez pas de me donner un petit-fils ou une petite-fille avant de m'envoyer dans une maison de repos !

— Maman, tu peux compter sur nous, lança-t-il en se tournant vers Diane, devenue rouge pivoine à cette idée.

— Diane, je vous confie mon fils unique… Vous imaginez ! Je pense que vous avez appris à le connaître. Je vois qu'il est fait pour vous et que vous êtes faite pour lui. À propos, Michael… As-tu encore des nouvelles de cette Catherine que tu m'as un jour présentée ?

Le faux pas de Grace mit instantanément ses invités mal à l'aise. Michael baissa les yeux et Diane glissa son bras autour de sa taille, en se mordillant la lèvre.

— Avoue... Elle avait bon genre de prime abord, mais te laisser tomber comme ça, sans crier gare…

— Ça suffit, maman, grogna-t-il. C'est du passé, d'accord ? Je n'ai plus de contact avec elle. Je ne sais ni où elle est, ni ce qu'elle fait. Mon présent, c'est Diane. J'aimerais que tu oublies Catherine. Elle n'a plus de place dans ma vie. Est-ce entendu ?

— Pardonne-moi. J'y veillerai. Mon seul vœu est que tu sois heureux. Et il l'est avec vous, ajouta-t-elle d'un ton sirupeux pour Diane.

— Merci, Grace. Je prendrai soin de lui. Comptez sur moi.

Michael sentit un vent de désespoir s'abattre sur lui. Il tentait désespérément de tirer un trait sur Catherine Swann depuis des semaines et sa mère venait de raviver ses blessures en quelques mots. Il avala son café d'un trait et se leva.

— Bon, maman. Nous te souhaitons encore un joyeux Noël. Nous devons rentrer à New York pour terminer nos bagages.

— Quand partez-vous ? demanda Grace.

— Demain. Je pense que je t'ai donné nos coordonnées à Londres, non ?

— Oui, oui... J'espère que vous reviendrez souvent. Promis ?

— Promis, maman… De ton côté, tu peux passer aussi quand tu veux.

Grace embrassa Diane et Michael, mais ne put réprimer une larme lorsqu'elle vit leur voiture se perdre dans l'obscurité naissante. Elle avait parlé de Catherine à dessein et compris, comme seul un cœur de mère peut le faire, que son fils ne pourrait jamais faire son deuil de l'amour infini qui l'unissait à elle.

Elle soupira, traîna le pas jusqu'au salon et alluma quelques bûches dans la cheminée. Elle s'enfonça dans son fauteuil et grelotta toute la soirée, malgré la chaleur du feu. En plongeant par la fenêtre son regard dans la nuit noire, elle eut la conviction qu'elle ne reverrait jamais Diane. Cette évidence la hanta jusqu'à ce que le sommeil la rattrape.

*

À peine rentré chez Diane, Michael alluma le téléviseur. Depuis la veille, le dernier message de Noël de George W. Bush en qualité de président tournait en boucle sur les chaînes et à la radio. Il y exhortait les Américains à prier pour les hommes et les femmes qui se battaient, au nom des valeurs des États-Unis, pour défendre la paix et la liberté partout dans le monde. Il y refaisait l'apologie de George Washington, rappelant, la larme à l'œil, que le cri de ralliement de ses troupes au moment de vaincre les Anglais fût « la victoire ou la mort ». Il y saluait cette armée dont il était sincèrement triste de quitter le commandement.

Pas une seule allusion à la crise. Pas un mot de sympathie pour les millions d'Américains qui passaient les fêtes sans emploi, pour les milliers d'entrepreneurs qui avaient vu leur rêve s'évaporer faute de crédits, pour tous ceux que la tourmente allait encore toucher.

Il fut pris de remords. *Qu'avons-nous fait ?* À son échelle, il avait contribué à l'effondrement du système financier. À son niveau, il portait une part de responsabilité dans ce terrible gâchis. Quatre mois après la chute de Lehman Brothers, les États avaient reporté les problèmes. En s'endettant parfois jusqu'à l'insoutenable pour sauver les banques qui pouvaient l'être, ils avaient creusé le lit d'une crise plus aiguë, celle des dettes publiques. Mais avaient-ils eu le choix ? Michael en pressentit les conséquences et trembla devant le danger. Le bras de Diane le réconforta lorsqu'il le sentit glisser dans son dos.

— Qu'a-t-il dit ? demanda-t-elle.
— Rien. Pas un mot sur la vraie vie... Un simple cours d'histoire.
— Tu t'attendais à plus ?
— Un peu de compassion, peut-être...
— Obama fera mieux, tu verras...
— Je ne crois pas, Diane. Je n'y crois plus...

*

Catherine Swann passa Noël seule. Elle avait perdu sa mère à la fleur de l'âge et un entrefilet dans la presse lui avait appris l'arrestation de son père, dans le cadre d'un délit d'initié sur Victoria. Salomée avait trouvé sa voie. Elle lui avait annoncé un soir, en se rhabillant après un moment de plaisir à deux.

— Maîtresse… Vous vous souvenez ? Vous m'aviez prévenue que je m'émanciperais de vous un jour. Je pense que ce jour est arrivé.

— Vas-y, ma petite Salomée, avait répondu Catherine. Que les vents te soient favorables. Hisse ta voile. Laisse-toi emporter vers l'infini. Ne te contente jamais d'une rivière quand tu peux voir l'océan. J'espère que l'homme que tu as rencontré te fera vivre le bonheur que j'ai éprouvé.

— Je le crois. Je n'oserais pas me séparer de vous si je n'en étais pas convaincue.

Elle déboucha une bouteille de champagne et se servit une coupe. Voilà, se dit-elle. Je reviens du plus beau des voyages. J'ai tout connu, je ne revivrai rien. Pourquoi n'ai-je pas rendu tout l'amour que j'ai reçu ? Où me suis-je trompée ?

Elle avala une gorgée et se noya dans ses pensées, face à la Place des Vosges vide et sombre. Les larmes montèrent. Elle se retourna et fit quelques pas avant de s'asseoir devant la table en verre de son salon.

L'espace d'un instant, elle se sentit terriblement malheureuse. *Michael… Michael…* Noël ne serait plus jamais une fête pour elle.

25

Mardi 27 janvier 2009

Paris

— Bravo ! Bravo !

Cinq cents personnes se levèrent spontanément. Un tonnerre d'applaudissements gronda sous le Carrousel du Louvre lorsque Catherine se glissa à travers les pans du rideau noir qui cachait les coulisses et avança sous le feu des projecteurs pour saluer le public, venu en masse découvrir sa nouvelle collection de haute couture. La *Fashion Week* battait son plein à Paris et la vedette incontestée en était d'ores et déjà la Maison Swann, dont les créations avaient subjugué tout ce que la Ville Lumière comptait de *fashionistas* et d'élégantes.

D'un baiser envoyé de la main, Catherine remercia le parterre d'actrices, de mannequins, de célébrités et de journalistes accourus des quatre coins du monde pour partager avec elle ce moment magique, l'apothéose d'un parcours intense, marqué par cinquante modèles d'une beauté éblouissante. Elle était au faîte de son art. Elle avait signé un chef-d'œuvre absolu. Elle pencha la tête devant cette ovation et fit une ultime révérence avant de se retirer sous les vivats enthousiastes de la foule.

L'image que diffusaient les écrans de télévision se focalisa progressivement sur le visage d'une présentatrice qui porta un micro à ses lèvres.

— Et voici qui clôture ce défilé tant attendu de la Maison Swann. J'ai à mes côtés Fanny Morgan, notre chroniqueuse mode, pour un premier commentaire. Alors, Fanny ? Vous avez des étoiles plein les yeux, me semble-t-il !

— Vous ne pouvez mieux décrire ma première impression, chère Claire ! Je vous avoue que les rumeurs allaient bon train depuis quelques semaines déjà et que nous anticipions une collection exceptionnelle. Mais là ! Nous avons assisté à la renaissance d'une griffe. Un vrai coup d'éclat ! J'en reste sans voix !

— Qu'en retenez-vous ?

— Tout ! L'originalité, la créativité, le choix subtil des matières, l'alliance inédite du cuir et de la soie, l'extravagance des dentelles, l'exubérance des broderies. Cette collection est tout simplement miraculeuse.

— Peut-on parler d'un vent de renouveau pour cette maison qui n'avait plus participé à la *Fashion Week* depuis plusieurs années ?

— Assurément, Claire. J'irais même plus loin : il s'agit d'une véritable résurrection ! Je ne suis pas Catherine Swann, mais je pense que seule une femme accomplie pouvait signer une œuvre d'une telle intensité. Je parle d'œuvre, car ces modèles vont, selon moi, bien au-delà d'un banal exercice de stylisme haut de gamme. J'ose y voir un authentique message d'amour, peut-être l'extériorisation de l'état de grâce dans lequel était Catherine Swann lorsqu'elle les a conçus, l'été dernier.

— Mademoiselle Swann aurait-elle trouvé le grand amour ? demanda Claire, l'œil pétillant.

— Catherine Swann est très discrète sur sa vie privée. Mais rien n'est à exclure !

Dans les coulisses du Carrousel du Louvre, Catherine savoura une coupe de champagne au milieu de ses mannequins. Son triomphe était sans égal. Elle savait que ses robes feraient la couverture de tous les magazines de mode dès le lendemain, que les plus belles femmes du monde la supplieraient pour décrocher un rendez-vous et se faire tailler sur mesure ces tenues féeriques, que la pérennité de la Maison Swann était assurée. *Maman, ton nom brille enfin au firmament…*

Elle semblait hors du temps, malgré le brouhaha des félicitations qui se succédaient, les micros qui s'amoncelaient devant elle, le crépitement des dizaines d'appareils photo qui l'immortalisaient à l'apogée de sa virtuosité. Elle avait tout, mais elle n'avait rien. Elle avait sublimé la féminité en cinquante créations d'une fulgurance géniale, mais la femme qu'elle était se sentait dépossédée de l'irremplaçable amour qui lui avait inspiré ce prodige. Elle improvisa un sourire épanoui pour répondre à la presse.

Ce soir-là, elle accorda une interview à la télévision, puis rentra sagement Place des Vosges, après avoir décliné d'innombrables mondanités. Confrontée à elle-même dans le silence de son salon, elle s'assit à son bureau, prit un crayon et griffonna machinalement quelques lignes sur une feuille de papier en se laissant envahir par le vague à l'âme.

Elle avait réussi à vaincre son assuétude à la drogue quelques semaines plus tôt. Il ne lui restait plus qu'à surmonter une dernière dépendance, la plus dure, pour en finir avec cet épisode déchirant de sa vie. En serait-elle un jour capable ? Elle se leva et se dirigea vers sa chambre, abandonnant sur sa table le croquis qu'elle avait inconsciemment réalisé du visage de Michael…

26

— Tu as mon billet de train ?
— Oui, mon chéri… Attends, le voici.
— Et mon passeport ?
— Dans la poche de ton sac…

Comme toujours, Diane avait tout organisé à la perfection. Michael l'embrassa en bouclant sa valise. Catherine ne s'était plus manifestée depuis des mois et il ne cherchait pas à en savoir davantage. La blessure causée par son départ s'était cicatrisée. Il pensait encore souvent à elle et chassait aussitôt ces fantômes du passé. Les braises de cette passion incandescente ne s'éteindraient jamais, mais le faisaient trop souffrir. Depuis Noël et son arrivée à Londres, il avait réinventé sa vie aux côtés de Diane. Il lui avait un jour expliqué qu'elle l'étouffait. Elle lui avait confié qu'il était trop distant. Ils s'étaient corrigés et leur couple y avait gagné un nouveau souffle.

— Tu as l'adresse de l'hôtel ? demanda-t-elle. Je t'y ai aussi réservé une chambre.
— Oui, aucun souci.
— Avec qui as-tu rendez-vous ?
— Sarah ne m'a pas donné le nom du client. Apparemment, une grosse fortune parisienne qui souhaite nos services pour la gestion de son patrimoine. Je ne sais rien d'autre… Nous verrons…
— Paris ! Que de souvenirs !
— Je ne crois pas, Diane… C'est de l'histoire ancienne. J'y vais pour le boulot, c'est tout.

Elle lui toucha les lèvres du bout des doigts.

— Ne fais pas de bêtises. Promis ?
— Rassure-toi. Tu m'as appelé un taxi ?

— Il t'attend depuis cinq minutes !

— Tu es adorable… À demain !

Michael embarqua dans la voiture. Il vivait à Londres depuis bientôt trois mois, mais ne s'était toujours pas habitué à la conduite à gauche. Chaque virage que négociait habilement le chauffeur lui inspirait un effroi sans nom et l'obligeait à fermer les yeux. Diane s'était, quant à elle, très vite acclimatée à la frivolité de la capitale britannique. Ils travaillaient tous les deux pour Lewis & Bartlett, une banque d'affaires réputée pour les conseils qu'elle prodiguait à des personnalités plus férues des pages *people* de la presse que de la rubrique financière.

Il arriva à la gare de Saint-Pancras quelques minutes avant le départ de son train, prit rapidement place dans son fauteuil de première classe et entama la lecture du briefing que lui avait préparé Sarah. Tout était clair. Le propriétaire anonyme d'une enseigne de renom souhaitait recourir à Lewis & Bartlett pour prendre en charge la gestion de sa fortune. Malgré la crise, il avait engrangé un patrimoine suffisant pour justifier les services d'un *private banker* londonien et donnait rendez-vous à Michael au bar d'un palace, une exigence assez courante pour un premier contact. Il avait appris que la discrétion dont s'entourent certaines célébrités laisse parfois libre cours à des excentricités bien plus insolites.

Il rangea ses documents et s'assoupit en abordant le tunnel sous la Manche. Il se dandina vingt minutes sur son siège, dans un demi-sommeil, avant d'être ébloui par un soleil radieux. Le train fila ensuite à 300 kilomètres/heure vers Paris, où il arriva à midi.

*

Paris

Tout ce qu'il ressentit en quittant son wagon lui stimula les sens. En sortant de la Gare du Nord, Michael retrouva d'emblée la frénésie à laquelle il était habitué. Des odeurs familières lui titillèrent les narines et la chaleur déjà printanière lui réchauffa le corps. Il indiqua à un taxi l'adresse de l'hôtel où il devait se rendre. *Paris n'a pas changé*, se dit-il en repassant par la Concorde. Un embouteillage les bloqua sur les Champs-Élysées.

— Monsieur ? Si vous le souhaitez, je connais un itinéraire qui pourrait nous faire gagner du temps.

— Je vous fais confiance, répondit-il. J'ai un rendez-vous à 13 heures.

Le chauffeur vira à droite, puis s'enfonça dans un dédale d'artères étroites avant de déboucher sur la rue de Berri. La vision fugace de son ancien appartement glaça Michael. Chaque instant des trois jours de bonheur et d'insouciance qu'il y avait vécus avec Catherine lui revint immédiatement à l'esprit. *C'est du passé. Rien ne m'oblige à y penser.* La voiture s'arrêta à 12 h 30 devant les portes d'un hôtel de luxe. Michael régla la course, sortit et se dirigea vers la réception.

— Bonjour. Mon nom est Sommers. J'ai une réservation pour la nuit.

— En effet, Monsieur Sommers, confirma le concierge. Vous avez la chambre 204. Attendez… Vous avez de la chance, elle est déjà prête. Voici votre carte d'accès.

— Je vous remercie.

Il prit l'ascenseur et arriva au deuxième étage où il s'installa dans la suite que Diane lui avait trouvée. Tout n'y était que confort. Il déposa son sac sur un fauteuil, changea rapidement de veste et rassembla quelques documents avant de descendre au bar, dont le décor le laissa pantois. Une grande baie vitrée donnait sur un jardin fleuri et les murs tapissés de panneaux en acajou conféraient un charme unique à l'endroit. Quatre chaises hautes faisaient face au comptoir, surplombé d'une multitude de liqueurs hors d'âge.

Il était seul et choisit une table près de la fenêtre. Il commanda un cocktail dont il savoura une gorgée et se consacra aux tableaux de performance du fonds d'investissement qu'il envisageait de présenter à son client. Il se sentit très vite mal et dut desserrer le nœud de sa cravate.

Une tension croissante monta en lui au fur et à mesure qu'il tournait les pages. Une fébrilité inhabituelle l'envahit. Une bouffée de chaleur le submergea. Son instinct l'avertit d'une présence, sans qu'il puisse définir laquelle. Il se frotta un instant les yeux. *Cette attraction. Ce parfum pénétrant. Non...* Il se replongea dans ses feuilles, mais sans parvenir à se concentrer. Il avait la désagréable sensation que quelqu'un se penchait sur son dos. Un vif émoi le paralysa d'un coup lorsqu'une ombre obscurcit son champ de vision. Il se leva brusquement, se retourna et fut crucifié sur place.

La silhouette qui s'offrait à lui portait un pull échancré clair qui laissait paraître la nudité d'une épaule, un pantalon trois quarts foncé et des bottillons noirs. Une étole blanche rehaussait l'ensemble en lui donnant une délicieuse note bohème. La blondeur de la femme qu'il avait en face de lui se mariait à merveille à son teint. Sa grâce n'avait d'égal que son élégance. Le charisme qu'elle diffusait était plus impressionnant encore que dans ses souvenirs.

— Catherine ? Catherine, c'est toi ?

— Oui Michael, c'est moi, répondit-elle d'un ton mélodieux.

— Quelle... Quelle coïncidence ! Oh, pardonne-moi, j'ai... J'attends quelqu'un... Veux-tu...

Comme au premier jour, il sentit ses jambes le lâcher et les mots l'abandonner. Comme si rien n'était arrivé, il était terrassé par sa beauté. Dominé par son aura. Fauché par la féminité qui émanait d'elle.

— Aucun souci. Ton rendez-vous, c'est moi.

— Que... Que veux-tu dire ?

— J'ai eu du mal à te retrouver. Mais j'y suis parvenue. Tu es là, je suis là.

— Je dois voir un client qui souhaite faire appel à nos services... Je ne pensais pas... Je...

318

— Tais-toi, ordonna-t-elle en posant un doigt sur ses lèvres. Je te le répète, ton rendez-vous, c'est moi. Et comme tu crois que tout a un prix entre nous, sache que tu n'es pas venu pour rien. Ma dernière collection a remporté un franc succès. J'ai besoin de ton aide pour gérer la suite.

— Ta... Ta collection a eu du succès ? Je te félicite. Tu le mérites.

Il planait dans une autre dimension, incapable d'articuler. Tout cela ne pouvait être qu'un rêve. Elle ne pouvait pas être là, devant lui. Et pourtant... Il la vit s'asseoir et le caresser d'un regard incisif.

— Merci, Michael. Qu'as-tu à me proposer ?

— Je... Je suppose que vous avez un profil financier neutre, Mademoiselle Swann, dit-il en se replongeant avec professionnalisme dans les caractéristiques de ses fonds. J'ai ici une formule en actions qui pourrait vous assurer un rendement adéquat, malgré la crise actuelle. Une sélection de titres défensifs, mais qui offrent des dividendes intéressants... Il y a des valeurs pétrolières, des laboratoires pharmaceutiques, des...

— C'est parfait, je te fais confiance. Qu'as-tu d'autre à me proposer ?

— Je... Je ne vous suis pas... Que voulez-vous que je vous propose d'autre ?

— Arrête cette comédie. Tu sais très bien de quoi je parle. Je suis en manque de toi. Et je crois que je ne serai jamais sevrée.

Elle le fixa intensément. Il sentit ses vaisseaux sanguins se dilater sous sa peau. En une seconde, la flamme de leur passion se ralluma au plus profond de lui. Elle était plus troublante que jamais, mais il y avait désormais Diane. Il avait choisi et Catherine le remettait d'un coup face à un dilemme insoluble, ravivant une déchirure qu'il espérait refermée.

— Tu loges à Paris ? demanda-t-elle au bout d'un long moment de silence. Tu veux venir passer la nuit chez moi ?

— Non. Je te remercie... J'ai une chambre dans cet hôtel.

— Tu as une chambre ici ? Et si nous montions pour parler ? Nous serions plus à l'aise…

Il se leva comme un automate et l'accompagna. Elle lui lança un sourire dans l'ascenseur et lui effleura la main. Il glissa rapidement dans le lecteur la carte qui leur donna accès à la suite qu'il occupait. Il lui céda le passage, envoûté par son odeur toujours aussi capiteuse. Catherine entra, s'enthousiasma pour la décoration raffinée de la pièce, puis s'assit dans un fauteuil.

— Catherine, je tiens à te dire… J'ai… J'ai Diane. J'ai refait ma vie avec Diane. Je voudrais… J'aimerais que…

— Rassure-toi... Tu m'invites simplement dans ta chambre par souci de discrétion. Rien de plus. Quoique... Ce serait dommage. Ce grand lit me semble tellement accueillant... Pas à toi ?

— Je ne dois pas. Je ne peux pas. J'ai Diane. Mets-toi à ma place…

— As-tu quelque chose à boire ?

— Oui… Pardonne-moi, je manque à tous mes devoirs… Un vin blanc ? demanda-t-il en ouvrant le minibar.

— Avec plaisir. Parle-moi de toi. Comment vas-tu ?

— Je… J'habite à Londres… Mais je suppose que tu le sais, puisque tu m'as retrouvé…

— En effet. Mais encore ?

— J'y vis avec Diane…

— Tu me l'as déjà fait comprendre, Michael.

— Diane est... Diane n'a pas...

— Elle n'a pas ma fougue ? Elle n'a pas ma rage ? C'est ça ?

Il la rappela sèchement à l'ordre.

— Ne sois pas blessante ! Diane a des qualités que tu n'as pas.

— J'en suis ravie pour toi, dit-elle amèrement en fixant le fond de son verre.

— Elle est... Elle m'a accueilli quand tu m'as abandonné... Et à deux reprises, si tu t'en souviens bien.

— À New York, tu m'as fait un mauvais procès. C'est différent.

— Il y avait ton père entre toi et moi. Tu veux que je te rafraîchisse la mémoire ?

— Je vois. Encore cette vieille histoire, hein ? Je n'ai jamais donné à Bernard la moindre information qui aurait pu te faire du tort. J'insiste sur ce point. Il m'avait promis de me rendre ma maison de couture en échange de renseignements, je te l'avoue. Mais j'ai toujours réussi à maquiller la vérité...

— Nous nous sommes tout dit à ce sujet, Catherine. Au fond, peu importe ce que tu as raconté à Royant. Tu aurais dû m'en parler. Tu ne m'as pas fait confiance. C'est tout ce que j'en retiens.

— Michael... Et si nous faisions table rase de ce passé ? Mon père est en prison. Il n'est plus un obstacle.

— Il a été arrêté ?

— Oui. Quelques jours avant Noël. Pour délit d'initié sur Victoria et fraude aggravée.

— Et... Et il ne t'a pas impliquée ? Il aurait pu te dénoncer...

— Non. Il s'est évertué à me tenir à l'écart. J'y vois le seul signe d'amour qu'il pouvait me témoigner. C'est sa façon à lui de me dire que nous sommes quittes. Tu permets ? demanda-t-elle en dénouant lascivement son étole.

Michael se braqua immédiatement. La lionne en elle tentait à nouveau de le dévoyer, mais il avait appris à lire dans son jeu. Il se raidit et se fit ombrageux.

— Catherine, il est trop tard pour me jouer la scène de la femme fatale. Je n'y crois plus. Ce n'est pas de cette femme-là que j'étais amoureux.

— J'ai changé. Je t'ai dit un jour qu'il fallait que j'arrive au terme de mon voyage. J'y suis parvenue grâce à toi. J'ai partagé mon expérience avec une élève. Je suis enfin devenue la femme que je devais devenir. J'ai accompli mon destin. Tu m'as ouvert les portes des univers que j'ai tant désiré atteindre et j'aimerais que tu continues à me les ouvrir. Tu saisis ?

Elle se leva tout à coup et retroussa son pull, montrant sa poitrine nue.

— Catherine, Catherine... Je suis désolé, mais il est trop tard...

— Il n'est jamais trop tard. Tu vois ? Je te suis restée fidèle. J'ai respecté le seul et unique serment qu'une femme puisse faire à un homme.

Elle enleva ses bottes, son pantalon et apparut resplendissante dans sa nudité, opportunément mise en lumière par un rayon de soleil. Elle s'assit sur le lit.

— Je suis soumise comme je te l'ai promis. Je suis à toi. Je ne te ferai plus jamais de mal. Je ne te ferai plus jamais souffrir. J'ai trop d'amour à te rendre. Trop d'amour à te donner. Je l'ai compris. Tu n'as plus la féline en face de toi. Tu as simplement la vraie Catherine Swann, sans fard. Cette femme que tu es venu chercher un matin à la Pitié-Salpêtrière et à qui tu as dit « *Je t'aime* ». Tu te souviens ? Michael... Laisse-nous une chance. Laisse-moi une chance. Laisse-moi te prouver que je sais maintenant comment faire ton bonheur. Je... Je t'en supplie.

Elle tressaillit, se recroquevilla sur elle-même d'une flexion des reins et lui envoya un regard implorant.

— Viens me rejoindre. Je t'en prie, viens me rejoindre... Je n'ai que toi au monde.

— Quand je t'ai emmenée aux États-Unis, tu m'as dit que je devrais choisir. En fait, tu ne m'as jamais donné le choix. Tu es partie deux fois. Diane m'a accueilli deux fois. J'ai passé trois mois à pleurer ton absence. Puis trois mois à remonter la pente. Diane était là. Tu n'y étais pas. Je ne veux plus endurer cette douleur. Pardonne-moi.

Catherine fondit en larmes. Elle se glissa la main dans les cheveux, se releva et se rhabilla.

— J'ai compris, sanglota-t-elle. J'ai compris, rassure-toi. Oublie-moi, je disparaîtrai de ta vie. Je croyais... Je croyais que tu ne pourrais pas tirer un trait sur ce que nous avons vécu. Je pensais que tu retiendrais ce qui nous a unis et pas ce qui nous a séparés. Je me suis trompée, c'est tout.

Elle s'assit au bord du lit et sombra dans un immense chagrin. Elle se plia et s'affaissa lentement sur le sol, dans un râle de souffrance.

— Je... Je propose que nous en restions là... Je te recommande de demander à un autre conseiller de notre entreprise de suivre ton dossier. Je ne pourrai pas me charger de la gestion de ton patrimoine.

Il fit quelques pas jusqu'à la porte et l'ouvrit, le cœur lourd. Du fond de la chambre, la voix de Catherine lui parvint, noyée dans un gémissement implorant.

— Michael... Je t'en supplie... Laisse-nous une chance. Ne me laisse pas. Ne me laisse plus jamais. Je n'ai que toi...

— Catherine, Catherine... Je t'en prie... Il y a Diane... Il y a Diane...

— J'ai besoin de toi pour vivre... Ne m'abandonne pas... Je ne peux pas continuer sans toi...

Elle n'était plus qu'un murmure inaudible. La main sur la poignée, il tourna la tête et la vit agenouillée sur le tapis. La tristesse lui défigurait les traits, mais elle était sublime. Elle était tordue par la douleur, mais plus irrésistible que jamais. Les sanglots déformaient son visage, mais ils révélaient la véritable Catherine Swann, celle qu'il avait aimée jusqu'au vertige et dont il pleurait secrètement l'absence chaque seconde, depuis des mois.

Il lut l'authenticité dans les yeux voilés par les larmes qu'elle leva vers lui en tremblant et en lui tendant un bras. Il perçut la vérité absolue dans les spasmes qui la secouaient. Elle laissait enfin s'exprimer la femme qu'elle était pleinement devenue. Une femme revenue de l'enfer pour découvrir le paradis avec lui. Une simple femme qui ne cherchait qu'à reconquérir l'homme de sa vie. Une femme sans défense, vulnérable, seule, désespérée, qui voulait rendre trop vite, trop fort, l'amour qu'elle avait reçu.

Tout s'éclaircit. Ce regard cristallin qu'elle jeta sur lui fit exploser les murs du donjon dans lequel Michael s'était enfermé depuis six mois. Il revit en un éclair chaque coup de pinceau du tableau d'Anton Liber lui brûler la rétine. L'évidence de l'amour abyssal que lui avait inspiré Catherine dès la première seconde l'aveugla. Un amour fusionnel. Un amour immortel. Un amour… irréel ?

Il comprit l'étendue du chemin qu'elle avait parcouru depuis ce soir de juillet 2008, où elle lui était apparue sous le masque d'un fauve indomptable. À ce moment précis, son destin ne tenait qu'à un pas. Il pouvait sortir de cette chambre ou y rester. Se livrer corps et âme à la démesure ou choisir la voie de la sagesse. Il fit un mouvement et... referma derrière lui. Pour clore cette porte et toutes les autres, maintenant et pour toujours.

Il se sentit léger, l'espace d'un instant. Enfin en paix avec lui-même. Pour la première fois depuis des années, il avait pris une décision sans se laisser guider par une suite de chiffres affichés en vert et en rouge sur ses écrans. Michael Sommers venait de donner un sens à sa vie. Des larmes inondèrent ses joues aussi.

Épilogue

Une voiture glissa lentement entre les massifs d'agaves et s'immobilisa face à un portail en fer forgé, en attendant l'ouverture des grilles. L'homme d'une trentaine d'années qui la pilotait accéléra doucement et arrêta le moteur vingt mètres plus loin, devant une villa néo-provençale au goût exquis. Il sortit du véhicule et déploya un corps athlétique, entièrement vêtu de blanc. Il se sentit d'emblée grisé par la chaleur moite de ce bel après-midi d'été. Il laissa ses yeux se perdre dans l'immensité du paysage en fermant la portière et huma avec délice les parfums d'herbes sauvages qui flottaient dans l'air. Tout n'était que paix et sérénité. Seul le chant d'un oiseau troublait le silence.

— Papa ! Papa ! cria un petit garçon en courant maladroitement vers lui.
— Bonjour, Vincent ! répondit Michael, en pliant les jambes pour l'embrasser.

Il remercia intérieurement la providence pour ce cadeau que lui avait fait le destin. Vincent était né trois ans plus tôt et portait la promesse d'un avenir resplendissant. Il était l'apothéose d'un bonheur total, d'un ciel sans nuage après la tempête.

Michael fit quelques enjambées dans le gravier, monta quatre marches en pierre et s'accouda au parapet qui bordait la maison. Le panorama qui s'offrit à lui sur le golfe de Saint-Tropez était grandiose et magique. Il s'en était soûlé des milliers de fois, mais n'imaginait pas s'en lasser un jour. La Méditerranée renvoyait une lumière éclatante et un vent léger faisait danser la mer, au large. Un bruissement de pas troubla sa douce rêverie. Il se retourna et sourit.

Elle était là. Rayonnante, magnifiquement belle dans la simple tunique qui l'habillait. Elle baissa la tête et vint le rejoindre en se passant les doigts dans les cheveux pour chasser une mèche qui lui couvrait le visage. La femme de sa vie. Celle qui avait enfin donné un sens à tout. Celle qui, contre toute attente, l'avait rendu heureux au-delà de toute espérance. Il l'enlaça tendrement et se grisa de son odeur en la serrant contre lui.

Ils s'étaient établis dans le Var au printemps 2009, quelques mois après la débâcle qui avait tout emporté. Michael y était reparti de zéro et ne s'intéressait plus à la finance. Sa tentative de reconversion à Londres lui avait laissé un goût amer et il s'était lancé avec brio dans l'expertise immobilière sur la Côte d'Azur. Sa parfaite connaissance du français et de l'anglais avait fait de lui un intermédiaire prisé pour les transactions haut de gamme avec des partenaires étrangers. L'illusion d'un monde où tout a un prix avait cédé la place à un havre de paix, rythmé par les saisons et l'ivresse quotidienne d'une union indissoluble.

M'aimeras-tu encore ?, la toile prophétique d'Anton Liber, était le seul vestige du passé qu'il avait conservé. Elle trônait au-dessus de leur lit et chaque regard qu'il posait sur cet homme, sur cette femme, sur ce décor apocalyptique, sublimés par le talent de l'artiste, lui rappelait avec la même violence le souvenir d'une passion vertigineuse et d'une souffrance inouïe.

Ils se cherchèrent du bout des lèvres et s'embrassèrent sans échanger un mot. Leur amour était un tel miracle qu'il était indicible. *Apprenez à vous exprimer d'une autre manière*, avait jadis entendu Michael. Il appliquait cet enseignement à la perfection.

Il relâcha son étreinte pour mieux admirer cette femme qu'il aimait tant. Elle dégageait une sensualité sans bornes. Elle s'était affranchie de ses limites, de ses doutes, de ses inhibitions. Elle incarnait la féminité absolue et l'assurance d'une douceur sans fin. La maturité avait tracé sur sa peau les fins sillons d'une immense bonté et sa grâce innée se reflétait désormais sans artifices dans chacun de ses gestes.

— *I love you*, murmura Michael.

— *I will always love you*, lui glissa-t-elle à l'oreille en se lovant contre lui.

Blottis l'un contre l'autre, ils contemplèrent un instant l'horizon en silence. Leur regard portait au loin, enfin dans la même direction. Leurs cœurs battaient à l'unisson. Une larme de gratitude coula sur la joue de Catherine Swann quand son visage s'illumina d'un sourire de plénitude.

Elle était belle de l'extérieur, elle se sentait infiniment plus belle encore de l'intérieur. Elle était la femme qu'elle avait toujours rêvé d'être. Une colombe libérée de la cage qui l'avait empêchée de déployer ses ailes pendant tant d'années. Elle ferma les yeux et se laissa bercer par la brise. Rien n'entraverait plus leur bonheur, elle en avait la conviction. Désormais, l'éternité leur appartenait.

FIN

Postface

La crise de 2008 a broyé d'innombrables destins. Celui d'acteurs de premier plan des faits, mais aussi celui de milliers d'anonymes, dont les collaborateurs de Lehman Brothers. Elle a illustré les carences et les dérives d'un système financier régi par la cupidité et le court terme.

Les Accords de Bâle III, publiés le 16 décembre 2010 à l'initiative des 20 pays les plus industrialisés du monde, tentent d'apporter une solution en exigeant des institutions bancaires qu'elles disposent de fonds propres suffisants pour couvrir d'éventuelles dégradations de leurs positions et assurer leur solvabilité. Leur mise en œuvre est toujours en cours.

Entre-temps, les banques se sont repenties en faisant profil bas et en payant des fortunes en intérêts et en amendes aux États pour effacer de la mémoire collective le terrible fiasco des subprimes. Elles renouent avec les bénéfices. Elles ont surtout trouvé une alternative encore plus rentable aux produits structurés pour générer des profits rapides. Avec le trading algorithmique à haute fréquence, elles gagnent des millions en quelques secondes, en laissant des robots sophistiqués prendre les décisions d'achat et de vente à la place de l'homme.

Le krach éclair du 6 mai 2010 témoigne de la vulnérabilité de ce modèle. Ce jour-là, le Dow Jones perdit 9,2 % en dix minutes à peine. Un ordinateur mal paramétré fut à l'origine d'une vague de panique, automatiquement amplifiée à l'échelle planétaire par une multitude d'autres logiciels interconnectés. Le rapport que la SEC consacra à cet incident fustige la fragilité extrême d'un marché où une simple transaction peut causer des dégâts collatéraux en chaîne. Il n'eut aucune suite et le trading à haute fréquence représentait près de 70 % des opérations sur actions aux États-Unis, en 2010. Quand aura lieu la prochaine crise ? Et quel sera son impact ? Une chose est sûre : elle sera encore plus violente qu'en 2008.

*

Mark Spencer fut fauché par un infarctus lors d'une partie de pêche avec Scottie, à l'été 2009. Au moment des adieux, son épouse s'effondra devant le visage serein et apaisé de son mari. Par une cruelle ironie du sort, son cœur n'avait apparemment pas résisté à une surdose de bonheur.

Dan Ashcroft anticipa une fois encore l'avenir à merveille. Il perçut d'emblée l'essor des technologies mobiles et s'est établi dans la Silicon Valley, en Californie, où il a lancé une entreprise spécialisée dans la conception d'applications Internet. Curieusement, il prépare son introduction en Bourse.

Fred Alistair n'a jamais surmonté le choc de la faillite de ses ambitions. Selon sa fille, il vit reclus dans sa maison du New Jersey depuis la fin 2008 et consacre l'essentiel de son temps à ressasser les souvenirs lointains d'une époque révolue.

Bernard Royant a été condamné à une longue peine de prison et à une amende record qui l'a ruiné. Le salon vert du manoir de Versailles n'accueille plus qu'un couple tranquille qui y coule des jours heureux, après avoir racheté la propriété au quart de sa valeur.

Une larme perla dans la mèche de cheveux noirs de Diane Preston, un soir de mars 2009, quand elle apprit que Michael s'était tourné vers Catherine Swann avant de refermer la porte de sa chambre d'hôtel. Minée par le chagrin, elle rentra aux États-Unis où elle trouva le bonheur qu'elle mérite en se mariant avec un professeur d'université. Elle mène une vie simple et paisible dans l'Illinois, où elle s'engage pleinement dans des projets sociaux en faveur de ceux à qui la crise a tout enlevé. Son regard bienveillant et débordant d'amour illumine aujourd'hui encore le quotidien des démunis de Detroit. Pour ceux qui en douteraient, qu'un immense hommage lui soit rendu : Diane est une vraie sainte...

Remerciements

Toute mon amitié à Sabine, Claire, Amélie, Laurence, Paul, Amandine, Hélène, Marie-Jeanne, Marlène et Paulette pour leurs commentaires et leur relecture. Il et (surtout) elles ont croisé dès le début la route de Catherine Swann. J'espère que ce parcours initiatique les a transcendés !

Un grand hourra au web et à tous ceux qui y entretiennent la mémoire du monde... Comment aurais-je pu savoir, par exemple, que Barack Obama a effectivement rencontré Ben Bernanke le 29 juillet 2008 sans leur aide ? Que ces millions d'anonymes soient mille fois remerciés pour leur travail. Un énorme bravo !

Un grand merci à mon éditeur. Publier des auteurs inconnus n'a rien de simple et représente un défi. Tant que des éditeurs oseront le relever en francophonie, nous n'avons aucun souci à nous faire quant à la pérennité de notre langue... la plus belle du monde ;-)

Une pensée, enfin, pour tous ceux que la crise a touchés de plein fouet. Nous sommes tous concernés. À nous d'éviter qu'elle se reproduise. Nous en avons les moyens. Réfléchissons. Agissons. Militons. Débattons. Mais démocratiquement. Ne nous laissons pas abattre. Faisons entendre notre voix. N'oublions jamais que les petits ruisseaux font les grands océans !

Achevé d'imprimer par CreateSpace pour le compte de Novasys

N° d'éditeur : 97829601479

Dépôt légal : mars 2014

Imprimé aux États-Unis d'Amérique